Einstellungstest Feuerwehr

Kurt Guth
Marcus Mery
Andreas Mohr

Einstellungstest Feuerwehr

Fit für den Eignungstest im Auswahlverfahren

Kurt Guth • Marcus Mery • Andreas Mohr
Einstellungstest Feuerwehr
Fit für den Eignungstest im Auswahlverfahren | Mathe, Sprache, Allgemeinwissen, Technik, Logik, Konzentration und mehr | Über 800 Aufgaben mit allen Lösungswegen

Ausgabe 2020

2. Auflage

Bibliografische Information der Deutschen Nationalbibliothek –
Die Deutsche Nationalbibliothek verzeichnet diese Publikation in der Deutschen Nationalbibliografie; detaillierte bibliografische Daten sind im Internet über http://dnb.dnb.de abrufbar.

Herausgeber: Ausbildungspark Verlag,
Gültekin & Mery GbR, Offenbach, 2020.

Gestaltung: bitpublishing / s.b. Design
Lektorat: Thorben Pehlemann

Bildnachweis:
Archiv des Verlages
Umschlagfotos: © Valua Vitaly – Shutterstock.com, © Stockfour – Shutterstock.com

Gedruckt auf chlorfrei gebleichtem Papier

© 2020 Ausbildungspark Verlag
Bettinastraße 69, 63067 Offenbach am Main
Printed in Germany

Satz: bitpublishing, Schwalbach
Druck: Druckerei Sulzmann, Obertshausen

ISBN 978-3-95624-064-5

Das Werk, einschließlich aller seiner Teile, ist urheberrechtlich geschützt. Jede Verwertung außerhalb der engen Grenzen des Urheberrechtsgesetzes ist ohne Zustimmung des Verlages unzulässig und strafbar. Das gilt insbesondere für Vervielfältigungen, Übersetzungen, Mikroverfilmungen und die Einspeicherung und Verarbeitung in elektronischen Systemen.

Inhaltsverzeichnis

Vorwort 7
   Was bringt Ihnen dieses Buch? ... 7
   10 Tipps für den Testerfolg 9

Allgemeinwissen **11**
   Staat und Politik 11
   Geografie und Landeskunde 13
   Geschichte und
   Kulturgeschichte 15
   Interkulturelles Wissen 17
   Naturwissenschaften 19
   PC und Internet 21
   Wirtschaft und Finanzen 23
   Begriffe einsetzen 25
   Aussagen überprüfen 27
   Lösungen: Allgemeinwissen 28

Fachbezogenes Wissen **47**
   Feuerwehr 47
   Verwaltungswissen
   (Öffentlicher Dienst) 49
   Technisches Verständnis 51
   Technisch-praktische
   Intelligenz 54
   Lösungen:
   Fachbezogenes Wissen 60

Sprachbeherrschung **70**
   Diktat 70
   Lückendiktat 72
   Kurzaufsatz: Situationen
   beurteilen 76
   Welche Schreibweise stimmt? ... 77
   „s", „ss" oder „ß"? 79

   Kommasetzung 80
   Text korrigieren 82
   Grammatik: Kurze Sätze 84
   Sinnverwandte Begriffe 87
   Ein Wort fällt aus der Reihe 89
   Textverständnis 91
   Definitionen 95
   Lösungen:
   Sprachbeherrschung 96

Fremdsprachenkenntnisse . 110
   Englisch: Wortbedeutungen 110
   Englisch: Ausdrücke und
   Wendungen 112
   Englisch: Lückentext 114
   Lösungen:
   Fremdsprachenkenntnisse 117

Mathematik **121**
   Grundrechenarten 121
   Bruchrechnen 122
   Kopfrechnen 124
   Maßeinheiten umrechnen 126
   Schätzaufgaben 128
   Gemischte Textaufgaben 130
   Dreisatz 134
   Prozentrechnen 137
   Diagramme und Tabellen 140
   Fläche und Volumen 147
   Geometrische Skizzen 150
   Rechnen mit Hindernis 152
   Lösungen: Mathematik 154

Logisches Denkvermögen... 174
Zahlenreihen 174
Buchstabenreihen 178
Zahlenmatrizen 182
Eine Figur passt nicht dazu 185
Wortanalogien 188
Oberbegriffe 190
Schlussfolgerungen 192
Bedingungen 196
Möglich oder unmöglich? 200
Datenanalyse 202
Lösungen:
Logisches Denkvermögen 208

Visuelles Denkvermögen 222
Figurenreihen 222
Visuelle Analogien 227
Figurenmatrizen 232
Musterwürfel zuordnen 239
Spielwürfel drehen 244
Gespiegelte Figuren 249
Formenpuzzle 250
Lösungen:
Visuelles Denkvermögen 254

Konzentration und Merkfähigkeit 261
Zahlensuche nach Rechenregel 261
Dispositionsliste merken 263
n/m-Test 268
Original und Abschrift 270
Codierte Wörter 272
Wortgruppen merken 275
Figuren wiederfinden 281
Geknickte Linien 283
Verschlüsselte Zeichen 285
Zeitungsbericht wiedergeben 289
Stadtplan: Route einprägen 293
Lösungen: Konzentration und Merkfähigkeit 295

Anhang 311
Tabelle: Maße und Einheiten .. 311

Vorwort

Wenige Auswahlverfahren sind so anspruchsvoll wie jene der Berufsfeuerwehr. Zum üblichen Programm gehören nicht nur schriftliche oder computergestützte Tests, sondern auch Sporttests, Vorstellungsgespräche, Rollenspiele und praktische Prüfungen wie das Drehleitersteigen. Durchfallquoten von mehr als 95 Prozent sind keine Seltenheit.

Dass die Prüfungshürden so hoch sind, hat seine Gründe. Denn nur die fähigsten Kandidaten sind dem Berufsalltag gewachsen. Der Dienst im Schichtverfahren, die oftmals gefährlichen Einsätze erfordern ein Höchstmaß an Belastbarkeit – körperlich wie geistig. Feuerwehrleute müssen auch in brenzligen Situationen stets kühlen Kopf bewahren, um im Team die Lage zu bewältigen.

Was bringt Ihnen dieses Buch?

Mit diesem Buch haben Sie alles zur Hand, was Sie brauchen, um sich auf Einstellungstests, Eignungstests und Assessment Center bei der Feuerwehr vorzubereiten. Sie lernen klassische und ungewöhnliche Aufgabentypen kennen, erfahren die besten Lösungsstrategien und machen sich mit der Prüfungssituation vertraut.

Auf den folgenden Seiten finden Sie eine Fülle von typischen Aufgaben aus allen wichtigen Testbereichen: Allgemeinwissen, fachbezogenes Wissen, Sprachbeherrschung, Mathematik, Logik, visuelles Denkvermögen, Konzentration und Merkfähigkeit. Der Lösungsteil am Schluss jedes Kapitels liefert nicht nur die richtigen Antworten, sondern erklärt auch die Lösungswege kompakt und verständlich. Dazu erhalten Sie Tipps und Tricks, um knifflige Aufgaben geschickt zu „knacken".

Eine grobe Richtschnur zur Einordnung Ihrer Ergebnisse: 50–60 % richtig gelöste Aufgaben können als ausreichend gelten, 60–70 % als befriedigend, 70–85 % als gut und höhere Werte als hervorragend – erfahrungsgemäß schafft das allerdings kaum jemand.

Wir wünschen Ihnen viel Erfolg!

Ihr Ausbildungspark-Team

Die Bewerbung zur Ausbildung bei Feuerwehr und Bundeswehr!

Bewerbung, Sporttest, Vorstellungsgespräch, Assessment Center: Das ultimative Handbuch zum Auswahlverfahren der Feuerwehr.

Erfolgreich bewerben ist keine Glückssache!

422 Seiten • ISBN 978-3-95624-023-2
29,90 €

Kontakt

Ausbildungspark Verlag
Kundenbetreuung
Bettinastraße 69
63067 Offenbach am Main

Telefon +49 (69) 40 56 49 73
Telefax +49 (69) 43 05 86 02
kontakt@ausbildungspark.com
www.ausbildungspark.com

10 Tipps für den Testerfolg

▶ **1. Gut vorbereiten.**
Beginnen Sie rechtzeitig mit der Vorbereitung, portionieren Sie den Lernstoff in kleine Einheiten, planen Sie Pausenzeiten ein. Wer sich in den letzten Tagen vor dem Test zu viel zumutet, läuft Gefahr, das Gelernte weder zu verstehen noch zu behalten.

▶ **2. Informieren.**
Fragen Sie frühzeitig nach: Welche Hilfsmittel (z. B. Taschenrechner) dürfen Sie benutzen? Welche Materialien (z. B. Stift, Papier, Lineal) müssen Sie mitbringen, welche werden Ihnen gestellt?

▶ **3. Entspannungshilfen finden.**
Eignen Sie sich Entspannungstechniken an, zum Beispiel Atemübungen oder autogenes Training. Am Prüfungstag lassen sich Denkblockaden damit leichter überwinden.

▶ **4. Aufgeräumt ankommen.**
Erscheinen Sie ausgeschlafen und pünktlich, achten Sie auf Ihren äußeren Eindruck – die Prüfer tun es auch. Und vergessen Sie das Frühstück nicht: Wer mit nüchternem Magen in die Prüfung startet, baut schneller ab und ist weniger leistungsfähig.

▶ **5. Lieber einmal mehr fragen.**
Nutzen Sie die Möglichkeit, den Testleitern Fragen zu stellen, um Unklarheiten auszuräumen.

▶ **6. Aufgabenstellungen aufmerksam lesen.**
Studieren Sie die Fragen und Bearbeitungshinweise sorgfältig. Manchmal sind kleine Finten eingebaut, die den unkonzentrierten Teilnehmer entlarven.

▶ **7. Zügig arbeiten.**
Behalten Sie die Uhr im Auge und teilen Sie sich Ihre Zeit gut ein. Oft steigt das Schwierigkeitsniveau innerhalb einer Aufgabenkategorie zum Ende hin an. Eventuell hilft es, zuerst in jeder Kategorie die einfachen

Aufgaben zu lösen. Planen Sie etwas Zeit ein, um Ihre Antworten auf Flüchtigkeitsfehler und andere kleine Patzer zu kontrollieren.

▶ **8. Nicht verrückt machen lassen.**
Der Test ist in der vorgegebenen Zeit beim besten Willen nicht zu schaffen? Dieser Eindruck kann völlig richtig sein. Viele Prüfungen sind so konzipiert, dass kaum jemand im vorgegebenen Zeitrahmen alle Aufgaben korrekt lösen kann. So wird zugleich das Arbeitsverhalten unter Druck getestet.

▶ **9. Nicht festbeißen.**
Anstatt minutenlang an einer Aufgabe zu verzweifeln, gehen Sie lieber zur nächsten über. Mit den übersprungenen Fragen können Sie sich – angefangen bei der leichtesten – später noch beschäftigen. So manch kniffliger Fall entpuppt sich als leichte Übung, wenn die erste Anspannung überwunden ist.

▶ **10. Zur Not einfach raten.**
Die schlechteste Antwort ist meistens keine Antwort: Falsche Lösungen werden nur selten mit Punktabzügen bestraft. Bei Multiple-Choice-Aufgaben mit mehreren Antwortvorschlägen lässt sich das richtige Ergebnis einkreisen, indem man die falschen Lösungen eine nach der anderen aussortiert.

Allgemeinwissen

Staat und Politik   *Bearbeitungszeit 5 Minuten*

Beantworten Sie bitte die folgenden Aufgaben, indem Sie jeweils den richtigen Lösungsbuchstaben markieren.

1) Von wem wird der Bundestag gewählt?
   A. Bundesrat
   B. Volk
   C. Bundesversammlung
   D. Bundesminister
   E. Keine Antwort ist richtig.

2) Welches politische System hat die Bundesrepublik Deutschland?
   A. Parlamentarische Demokratie
   B. Parlamentarische Monarchie
   C. Militärdiktatur
   D. Sozialismus
   E. Keine Antwort ist richtig.

3) Wer wählt in Deutschland den Bundespräsidenten?
   A. Das Volk
   B. Die Minister
   C. Der Bundestag
   D. Die Bundesversammlung
   E. Keine Antwort ist richtig.

4) Was versteht man unter „Gewaltenteilung"?
   A. Die Unabhängigkeit von Legislative, Exekutive und Judikative
   B. Die Bundeshoheit des Militärs
   C. Die Trennung von Politik und Kirche
   D. Die Trennung von Demokraten und Republikanern
   E. Keine Antwort ist richtig.

5) Wo residiert der französische Staatspräsident?
   A. Montparnasse
   B. Louvre
   C. Bastille
   D. Élysée-Palast
   E. Keine Antwort ist richtig.

6) Welche Institution wurde durch den Vertrag von Maastricht gegründet?
   A. Europäische Union
   B. Bund Europäischer Landwirte
   C. Europäischer Gerichtshof
   D. Europäisches Parlament
   E. Keine Antwort ist richtig.

7) Wen meint man mit dem Begriff „Unionsparteien"?
A. Die an einer Regierungskoalition beteiligten Parteien
B. CDU und CSU
C. Alle nicht an der Regierung beteiligten Parteien
D. Alle Parteien, die den Zentralismus befürworten
E. Keine Antwort ist richtig.

8) Beim EU-Grenzverkehr sind allgemeine Grenzkontrollen …?
A. an allen EU-Binnengrenzen obligatorisch.
B. an den meisten EU-Binnengrenzen abgeschafft.
C. vollständig abgeschafft.
D. nur in 10 EU-Mitgliedsstaaten abgeschafft.
E. nur in 7 EU-Mitgliedsstaaten abgeschafft.

9) Welches Land gehört nicht zur NATO?
A. Deutschland
B. Schweiz
C. Türkei
D. Frankreich
E. Keine Antwort ist richtig.

10) Was erklärte die NATO erstmals in ihrer Geschichte nach den Anschlägen des 11. September 2001?
A. Ernstfall
B. Bundesgarantie
C. Bündnisfall
D. NATO-Erweiterung
E. Keine Antwort ist richtig.

Geografie und Landeskunde

Bearbeitungszeit 5 Minuten

Beantworten Sie bitte die folgenden Aufgaben, indem Sie jeweils den richtigen Lösungsbuchstaben markieren.

11) Wie heißt die Landeshauptstadt von Nordrhein-Westfalen?
A. Köln
B. Essen
C. Düsseldorf
D. Dortmund
E. Keine Antwort ist richtig.

12) Durch welches Bundesland fließt die Elbe?
A. Sachsen
B. Nordrhein-Westfalen
C. Rheinland-Pfalz
D. Saarland
E. Keine Antwort ist richtig.

13) Aus wie vielen Bundesländern besteht die Bundesrepublik Deutschland?
A. 12
B. 14
C. 15
D. 16
E. Keine Antwort ist richtig.

14) An wie viele Länder grenzt Deutschland?
A. 5
B. 9
C. 11
D. 14
E. Keine Antwort ist richtig.

15) Welche Stadt liegt nicht in Bayern?
A. Augsburg
B. Regensburg
C. Oldenburg
D. Würzburg
E. Keine Antwort ist richtig.

16) Wie heißt die Landeshauptstadt von Sachsen?
A. Chemnitz
B. Dresden
C. Leipzig
D. Zwickau
E. Keine Antwort ist richtig.

17) Wie heißt die Meerenge zwischen Schwarzem Meer und Mittelmeer?
A. Bosporus
B. Straße von Gibraltar
C. Sueskanal
D. Straße von Tunis
E. Keine Antwort ist richtig.

18) Wo liegt Panama?
A. Afrika
B. Europa
C. Asien
D. Amerika
E. Keine Antwort ist richtig.

19) Welches Land grenzt nicht ans Schwarze Meer?
A. Rumänien
B. Griechenland
C. Bulgarien
D. Türkei
E. Keine Antwort ist richtig.

20) Die dunkelgraue Fläche ist das Staatsgebiet …?

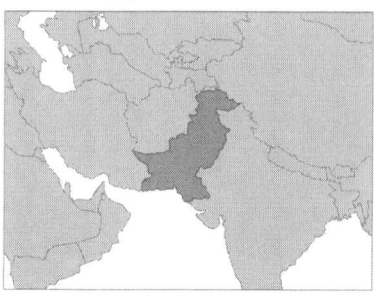

A. Irans.
B. Afghanistans.
C. Pakistans.
D. Bangladeschs.
E. Keine Antwort ist richtig.

Geschichte und Kulturgeschichte *Bearbeitungszeit 5 Minuten*

Beantworten Sie bitte die folgenden Aufgaben, indem Sie jeweils den richtigen Lösungsbuchstaben markieren.

21) In welchem Land kam es 1979 zur sogenannten „Islamischen Revolution"?
A. Pakistan
B. Saudi-Arabien
C. Iran
D. Thailand
E. Keine Antwort ist richtig.

22) Wann fand der Erste Weltkrieg statt?
A. 1913–1919
B. 1914–1918
C. 1939–1945
D. 1940–1945
E. Keine Antwort ist richtig.

23) Welche außenpolitische Maxime verfolgte der Bundeskanzler Willy Brandt?
A. Europäische Währungsunion
B. Verständigung mit den Staaten des Ostblocks
C. Auflösung der Sowjetunion
D. Isolation der DDR
E. Keine Antwort ist richtig.

24) Der Dreißigjährige Krieg endete mit …?
A. dem Westfälischen Frieden.
B. dem Pakt von Windsor.
C. dem Vertrag von Versailles.
D. der Genfer Konvention.
E. Keine Antwort ist richtig.

25) Welchen US-Präsidenten brachte die Watergate-Affäre zu Fall?
A. George Bush
B. Ronald Reagan
C. Dwight D. Eisenhower
D. Richard Nixon
E. Keine Antwort ist richtig.

26) Was wurde im geheimen Zusatzprotokoll des Hitler-Stalin-Pakts vereinbart?
A. Austausch von Rüstungsgütern
B. Gemeinsamer Angriff auf Großbritannien
C. Aufteilung Polens
D. Ausbeutung der Ölreserven im Nahen Osten
E. Keine Antwort ist richtig.

27) Wann wurde die Berliner Mauer errichtet?
A. 1958
B. 1961
C. 1968
D. 1974
E. Keine Antwort ist richtig.

28) Wann begann die Französische Revolution?
A. 1689
B. 1778
C. 1789
D. 1812
E. Keine Antwort ist richtig.

29) Wie viele europäische Länder besaßen 1945 Kolonien in Afrika?
A. 3
B. 5
C. 8
D. 10
E. Keine Antwort ist richtig.

30) 2011 blickte die EU zurück auf ...?
A. die Einführung des Euro 10 Jahre zuvor.
B. die deutsche Wiedervereinigung 20 Jahre zuvor.
C. die Gründung der Europäischen Gemeinschaften (EG) 30 Jahre zuvor.
D. die Gründung des Militärbündnisses NATO 50 Jahre zuvor.
E. die Gründung der Europäischen Gemeinschaft für Kohle und Stahl (EGKS) 60 Jahre zuvor.

Interkulturelles Wissen

Bearbeitungszeit 5 Minuten

Beantworten Sie bitte die folgenden Aufgaben, indem Sie jeweils den richtigen Lösungsbuchstaben markieren.

31) Auf welchem Kontinent leben die meisten Menschen?
A. Afrika
B. Asien
C. Südamerika
D. Europa
E. Keine Antwort ist richtig.

32) Das Ziel eines Buddhisten ist der Austritt aus dem ewigen Kreislauf von Leid und Wiedergeburt und der Eintritt …?
A. ins Nirwana.
B. ins Sanskrit.
C. in den Himalaya.
D. nach Gondwana.
E. Keine Antwort ist richtig.

33) Im späten 18. und im 19. Jahrhundert diente Australien als …?
A. holländischer Militärstützpunkt.
B. japanische Expeditionsbasis.
C. britische Sträflingskolonie.
D. spanisches Erzabbaugebiet.
E. Keine Antwort ist richtig.

34) Was enthält die Tora?
A. Verhaltensregeln für Diplomaten
B. Wichtige religiöse Texte des Judentums
C. Völkerrechtliche Verträge
D. Verfassungstexte von UNO-Staaten
E. Keine Antwort ist richtig.

35) Wer ist der Gründer der modernen Türkei?
A. Osman I.
B. Orhan Pamuk
C. Recep Tayyip Erdoğan
D. Mustafa Kemal Atatürk
E. Keine Antwort ist richtig.

36) Was ist die Scharia?
A. Das islamische Recht
B. Ein Katalog von Verhaltensregeln während einer Pilgerfahrt
C. Eine altägyptische Göttin, die auch heute noch verehrt wird
D. Ein politisches Bündnis arabischer Staaten
E. Keine Antwort ist richtig.

37) Aus welcher Strophe des „Deutschlandliedes" von Hoffmann von Fallersleben (1798–1874) besteht die deutsche Nationalhymne?
A. Aus der ersten Strophe
B. Aus der zweiten Strophe
C. Aus der dritten Strophe
D. Aus der vierten Strophe
E. Keine Antwort ist richtig.

38) „Freiheit, Gleichheit, Brüderlichkeit" ist der Wahlspruch …?
A. Österreichs.
B. Schwedens.
C. Frankreichs.
D. Russlands.
E. Keine Antwort ist richtig.

39) Der Begriff „Maghreb" bezeichnet eine Region …?
A. in Südamerika.
B. auf der Arabischen Halbinsel.
C. in Afghanistan.
D. in Nordafrika.
E. Keine Antwort ist richtig.

40) Zaire war von 1971 bis 1997 der offizielle Name …?
A. Ruandas.
B. Südafrikas.
C. der Demokratischen Republik Kongo.
D. Äthiopiens.
E. Keine Antwort ist richtig.

Naturwissenschaften

Bearbeitungszeit 5 Minuten

Beantworten Sie bitte die folgenden Aufgaben, indem Sie jeweils den richtigen Lösungsbuchstaben markieren.

41) Welches „Stresshormon" steigert Blutdruck und Herzfrequenz?
A. Insulin
B. Adrenalin
C. Melatonin
D. Leptin
E. Keine Antwort ist richtig.

42) Welche elektrische Größe wird in Volt angegeben?
A. Elektrischer Widerstand
B. Elektrische Spannung
C. Elektrische Stromstärke
D. Grundeinheit des elektrischen Stroms
E. Keine Antwort ist richtig.

43) Was wird mit einem Barometer gemessen?
A. Temperatur
B. Luftfeuchtigkeit
C. Luftdruck
D. Kohlendioxidgehalt
E. Keine Antwort ist richtig.

44) Welcher der folgenden festen Stoffe ist besonders leicht entzündlich?
A. PVC
B. Magnesiumspäne
C. Holz
D. Diamanten
E. Keine Antwort ist richtig.

45) Wofür sind die weißen Blutkörperchen zuständig?
A. Sauerstofftransport im Blut
B. Abwehr von Krankheitserregern
C. Schnelle Blutgerinnung
D. Transport von Nährstoffen
E. Keine Antwort ist richtig.

46) Wie viele Liter Blut hat ein erwachsener Mensch ungefähr?
A. 1–3
B. 3–5
C. 5–7
D. 7–9
E. Keine Antwort ist richtig.

47) Welche Formel zum ohmschen Gesetz ist richtig?

A. $\dfrac{R}{U} = I$
B. $U \times R = I$
C. $\dfrac{U}{R} = I$
D. $U \times I = R$
E. Keine Antwort ist richtig.

48) Wie wird in der Physik die Arbeit (W) definiert?

A. Kraft (F) mal Weg (s)
B. Kraft (F) mal Widerstand (R)
C. Weg (s) mal Zeit (t)
D. Geschwindigkeit (v) mal Weg (s)
E. Keine Antwort ist richtig.

49) Bei welchem Stoff handelt es sich um eine chemische Verbindung?

A. Wasserstoff
B. Kohlendioxid
C. Kohlenstoff
D. atomarer Sauerstoff
E. Keine Antwort ist richtig.

50) Welches Element zählt nicht zur Gruppe der Edelgase?

A. Helium
B. Neon
C. Brom
D. Krypton
E. Keine Antwort ist richtig.

PC und Internet

Bearbeitungszeit 5 Minuten

Beantworten Sie bitte die folgenden Aufgaben, indem Sie jeweils den richtigen Lösungsbuchstaben markieren.

51) Worauf lassen sich unberechtigte Zugriffe auf Computer häufig zurückführen?
A. Auf Cookies
B. Auf unsichere Passwörter
C. Auf instabile Betriebssysteme
D. Auf überholte Hardware
E. Keine Antwort ist richtig.

52) Welche Aussage zur Firewall ist richtig?
A. Eine Firewall ist ein Programm, das Schutz vor unberechtigtem Zugriff aus dem Internet bietet.
B. Eine Firewall kann nur zwischen zwei WAN-Netzwerken („Wide Area Networks") geschaltet werden.
C. Eine Firewall muss zwischen ein LAN- („Local Area Network") und ein WAN-Netzwerk („Wide Area Network") geschaltet werden.
D. Eine Firewall kann nur zwischen zwei LAN-Netzwerken („Local Area Networks") geschaltet werden.
E. Keine Antwort ist richtig.

53) Über einen Account kann man ...?
A. Dateiformate beliebig umwandeln.
B. den Computerstart beschleunigen.
C. sich an Computern, Mailkonten oder Online-Diensten anmelden.
D. den Speicherplatz seines PCs vergrößern.
E. Keine Antwort ist richtig.

54) Über eine IP-Adresse findet man ...?
A. Produzenten und Herstellungsorte der gekauften Hard- und Software.
B. Internet-Produktdienstleister, die sich im IP-Verband zusammengeschlossen haben.
C. Geräte, die an ein Netzwerk angeschlossen sind.
D. die E-Mail-Kontaktdaten zu jeder Person mit E-Mail-Konto.
E. Keine Antwort ist richtig.

55) Welche Reihe sortiert die jeweiligen Datenmengen in aufsteigender Folge?
A. Byte, Kilobyte, Gigabyte, Megabyte
B. Byte, Bit, Kilobyte, Megabyte
C. Kilobyte, Terabyte, Megabyte, Gigabyte
D. Byte, Kilobyte, Megabyte, Gigabyte
E. Keine Antwort ist richtig.

56) Was wird in der IT als „Tool" bezeichnet?
A. Eine spezielle Software, nämlich ein Dienstprogramm zur Systemverwaltung
B. Ein spezielles Werkzeug zum Einbau von Hardware
C. Ein Adapter, durch den z. B. Mäuse und Drucker an unübliche Anschlüsse angeschlossen werden können
D. Der Anhang einer E-Mail
E. Keine Antwort ist richtig.

57) Welche Komponente fällt aus der Reihe?
A. Festplatte
B. CD-ROM
C. USB-Stick
D. Arbeitsspeicher
E. Keine Antwort ist richtig.

58) Was ist ein Motherboard?
A. Die Schnittstelle zu einem Server
B. Der Sockel zum Einsetzen der Grafikkarte
C. Die Hauptplatine zur Unterbringung der Komponenten
D. Ein Computergehäuse
E. Keine Antwort ist richtig.

59) Per Drag & Drop lassen sich …?
A. Computer schnell auseinanderbauen und wieder zusammensetzen.
B. Objekte auf grafischen Benutzeroberflächen einfach verschieben.
C. Peripheriegeräte problemlos anschließen.
D. Kabel- leicht durch Funkverbindungen ersetzen.
E. Keine Antwort ist richtig.

60) Welches Dateiformat fällt aus der Reihe?
A. .jpg
B. .exe
C. .com
D. .bat
E. Keine Antwort ist richtig.

Wirtschaft und Finanzen   *Bearbeitungszeit 5 Minuten*

Beantworten Sie bitte die folgenden Aufgaben, indem Sie jeweils den richtigen Lösungsbuchstaben markieren.

61) Welcher Begriff bezeichnet die Differenz von Soll und Haben?
A. Skonto
B. Saldo
C. Storno
D. Giro
E. Keine Antwort ist richtig.

62) Wie nennt man den Gewinnanteil, der an die Aktionäre ausgeschüttet wird?
A. Prämie
B. Zinsen
C. Bonus
D. Dividende
E. Keine Antwort ist richtig.

63) Welche Aussage zur Aktie ist richtig?
A. Alle Aktien werden an der Börse gehandelt.
B. Nur die Belegschaft darf Aktien erwerben.
C. Die Aktien werden vom Staat ausgegeben.
D. Es gibt Namensaktien und Inhaberaktien.
E. Keine Antwort ist richtig.

64) Was versteht man unter dem Begriff „Inflation"?
A. Preisniveaustabilität
B. Anstieg des Preisniveaus
C. Sinkende Preise
D. Geldaufwertung
E. Keine Antwort ist richtig.

65) Welche Wirtschaftsform sieht das Grundgesetz für die Bundesrepublik Deutschland vor?
A. Soziale Marktwirtschaft
B. Liberale Marktwirtschaft
C. Planwirtschaft
D. Das Grundgesetz sieht keine Wirtschaftsform ausdrücklich vor.
E. Keine Antwort ist richtig.

66) Was sind Subventionen?
A. Sonderzahlungen an das Militär
B. Strafen, die bei Gesetzesverstößen angeordnet werden
C. Mindestlöhne in der Landwirtschaft
D. Finanzielle Unterstützungen des Staates für Unternehmen
E. Keine Antwort ist richtig.

67) Welche Aussage zur Umsatzsteuer („Mehrwertsteuer") trifft nicht zu?
A. Die Umsatzsteuer beträgt für alle entgeltlich erbrachten Leistungen 19 Prozent.
B. Die Umsatzsteuer ist in der Regel eine indirekte Steuer.
C. Die Umsatzsteuer ist für einige Warengruppen (z. B. Lebensmittel, Bücher) ermäßigt.
D. Die Umsatzsteuer ist für Unternehmen vorsteuerabzugsfähig, der Endverbraucher muss die volle Steuerlast tragen.
E. Keine Antwort ist richtig.

68) Was versteht man volkswirtschaftlich unter dem „tertiären Sektor"?
A. Rohstoffgewinnung
B. Rohstoffverarbeitung
C. Dienstleistungsbereich
D. Konsumgüterindustrie
E. Keine Antwort ist richtig.

69) Was versteht man unter „Rezession"?
A. Einen wirtschaftlichen Aufschwung
B. Wirtschaftliche Stabilität
C. Einen Rückgang der Wirtschaftskraft
D. Steigende Gewinne
E. Keine Antwort ist richtig.

70) Wie heißt der Index für die 30 größten und umsatzstärksten Unternehmen an der Frankfurter Wertpapierbörse?
A. TecDax
B. MDax
C. SDax
D. Dax
E. Keine Antwort ist richtig.

Begriffe einsetzen

Bearbeitungszeit 5 Minuten

Welcher Begriff ergänzt die Lücke sachlich korrekt?

Beantworten Sie bitte die folgenden Aufgaben, indem Sie jeweils den richtigen Lösungsbuchstaben markieren.

71) Eine _____ kann man nur durch 1 und sich selbst teilen.
A. Primzahl
B. Kubikzahl
C. Quadratwurzel
D. Potenz
E. Keine Antwort ist richtig.

72) Die _____ des Menschen ist unantastbar. (Artikel 1, Satz 1 des Grundgesetzes)
A. Freiheit
B. Seele
C. Ehre
D. Würde
E. Keine Antwort ist richtig.

73) Die menschlichen _____ sind in Chromosomen gebündelt.
A. Blutkörperchen
B. Erbinformationen
C. Zellen
D. Nervenbahnen
E. Keine Antwort ist richtig.

74) Eine _____ verbrieft einen Anteil an einer Gesellschaft.
A. Rendite
B. Aktie
C. Subvention
D. Dividende
E. Keine Antwort ist richtig.

75) Alle Tiere haben _____ .
A. Nasen
B. Ohren
C. Lungen
D. einen Stoffwechsel
E. Keine Antwort ist richtig.

76) Ohne _____ kann Eisen nicht rosten.
A. Kohlenstoff
B. Stickstoff
C. Sauerstoff
D. Wasserstoff
E. Keine Antwort ist richtig.

Allgemeinwissen

77) Im Rahmen des demografischen Wandels steigt hierzulande der Anteil _____ in der Bevölkerung.
A. unverheirateter Menschen
B. konfessionsloser Menschen
C. jüngerer Menschen
D. älterer Menschen
E. Keine Antwort ist richtig.

78) Vitamin D kann der menschliche Körper mithilfe von _____ selbst bilden.
A. Sonnenlicht
B. Mineralwasser
C. sportlicher Betätigung
D. Getreideprodukten
E. Keine Antwort ist richtig.

79) Mit einem _____ misst man die Luftfeuchtigkeit.
A. Nanometer
B. Manometer
C. Hygrometer
D. Thermometer
E. Keine Antwort ist richtig.

80) _____ sind Lösungen mit einem niedrigen pH-Wert.
A. Emulsionen
B. Basen
C. Säuren
D. Laugen
E. Keine Antwort ist richtig.

Aussagen überprüfen

Bearbeitungszeit 5 Minuten

Wie gut kennen Sie die Gesellschaft, in der Sie leben?

In diesem Abschnitt erhalten Sie verschiedene statistische Angaben zur Bevölkerung in Deutschland. Welche davon treffen zu und welche nicht?

Beantworten Sie bitte die folgenden Aufgaben, indem Sie jeweils „stimmt" oder „stimmt nicht" markieren.

81) Fast 80 Prozent der privaten Haushalte in Deutschland haben einen Internetanschluss.
☐ stimmt ☐ stimmt nicht

82) Die Mehrheit der Deutschen befürwortete die Einführung des gesetzlichen Mindestlohns grundsätzlich.
☐ stimmt ☐ stimmt nicht

83) Knapp zwei Drittel der Erwachsenen in Deutschland rauchen.
☐ stimmt ☐ stimmt nicht

84) Rein statistisch gesehen kommt in Deutschland auf jeden Einwohner mehr als ein Pkw.
☐ stimmt ☐ stimmt nicht

85) Fast jeder zweite Jugendliche zwischen 10 und 18 Jahren besitzt ein Mobiltelefon.
☐ stimmt ☐ stimmt nicht

86) Wer heute in Deutschland geboren wird, hat eine Lebenserwartung von über 75 Jahren.
☐ stimmt ☐ stimmt nicht

87) Mehr als 20 Prozent der deutschen Bevölkerung sind Vegetarier oder Veganer.
☐ stimmt ☐ stimmt nicht

88) Die Sportvereine in Deutschland haben zusammen über 20 Millionen Mitglieder.
☐ stimmt ☐ stimmt nicht

89) Weniger als ein Viertel der Bevölkerung gehört keiner Religionsgemeinschaft an.
☐ stimmt ☐ stimmt nicht

90) Über 40 Prozent der rund 40 Millionen Privathaushalte in Deutschland wohnen im Wohneigentum.
☐ stimmt ☐ stimmt nicht

Lösungen: Allgemeinwissen

1) B	31) B	61) B
2) A	32) A	62) D
3) D	33) C	63) D
4) A	34) B	64) B
5) D	35) D	65) D
6) A	36) A	66) D
7) B	37) C	67) A
8) B	38) C	68) C
9) B	39) D	69) C
10) C	40) C	70) D
11) C	41) B	71) A
12) A	42) B	72) D
13) D	43) C	73) B
14) B	44) B	74) B
15) C	45) B	75) D
16) B	46) C	76) C
17) A	47) C	77) D
18) D	48) A	78) A
19) B	49) B	79) C
20) C	50) C	80) C
21) C	51) B	81) stimmt nicht
22) B	52) A	82) stimmt
23) B	53) C	83) stimmt nicht
24) A	54) C	84) stimmt nicht
25) D	55) D	85) stimmt nicht
26) C	56) A	86) stimmt
27) B	57) D	87) stimmt nicht
28) C	58) C	88) stimmt
29) B	59) B	89) stimmt nicht
30) E	60) A	90) stimmt

Staat und Politik (Aufgaben 1–10)

Zu 1) B. Volk

Der Deutsche Bundestag, das Parlament der Bundesrepublik Deutschland mit Sitz in Berlin, wird als einziges Verfassungsorgan des Bundes direkt durch das Volk gewählt und legitimiert. Die Hälfte der Parlamentssitze besetzen die erfolgreichen Kandidaten aus der Direktwahl in den 299 Wahlkreisen („Direktmandate"). Die andere Hälfte wird so verteilt, wie es dem Anteil einer Partei an der Gesamtzahl der Sitze entspricht, unter Anrechnung der Direktmandate aus den Landeslisten.

Zu 2) A. Parlamentarische Demokratie

In einer parlamentarischen Demokratie werden die wichtigsten politischen Entscheidungen von einem Parlament getroffen, das aus einer freien Volkswahl hervorgegangen ist und daraus seine Legitimation ableitet. Die parlamentarische Demokratie ist eine repräsentative Demokratie: Die gewählten Abgeordneten sollen das Volk vertreten, von dem als Souverän die Staatsgewalt ausgeht.

Zu 3) D. Die Bundesversammlung

Der deutsche Bundespräsident wird für fünf Jahre von der Bundesversammlung gewählt, die der Bundestagspräsident ausschließlich zu diesem Zweck einberuft. Die Bundesversammlung besteht aus den Mitgliedern des Bundestages und Abgesandten der Landesparlamente.

Zu 4) A. Die Unabhängigkeit von Legislative, Exekutive und Judikative

„Gewaltenteilung" bezeichnet das Prinzip, die Staatsgewalt auf mehrere Staatsorgane zu verteilen, um ihre Macht zu begrenzen und dadurch Freiheit und Gerechtigkeit zu sichern. Man unterscheidet drei Gewalten: die Gesetzgebung (Legislative), die ausführende Gewalt (Exekutive) und die Rechtsprechung (Judikative).

Zu 5) D. Élysée-Palast

Der Amtssitz des französischen Staatspräsidenten ist der Élysée-Palast in Paris. Er wurde 1718 bis 1722 erbaut und befindet sich unweit der Champs-Élysées.

Zu 6) A. Europäische Union

Der Vertrag von Maastricht heißt offiziell „Vertrag über die Europäische Union". Der Gründungsvertrag der EU wurde 1992 verabschiedet und schuf einen übergeordneten Verbund für die existierenden Vereinbarungen im Rahmen der Europäischen Gemeinschaften. Die EU fußt auf einer gemeinsam koordinierten Agrar-, Wirtschafts-, Bildungs- und Sozialpolitik sowie gemeinsamem Verbraucherschutz, beinhaltet eine gemeinsame Außen- und Sicherheitspolitik und entwickelt die polizeiliche und justizielle Zusammenarbeit ihrer Mitgliedsstaaten.

Zu 7) B. CDU und CSU

Als „Unionsparteien" bezeichnet man die Schwesterparteien CDU (Christlich Demokratische Union) und CSU (Christlich-Soziale Union). Bei Wahlen tritt in Bayern nur die CSU an, außerhalb des Freistaats nur die CDU. Im Bundestag bilden sie eine Fraktionsgemeinschaft.

Zu 8) B. an den meisten EU-Binnengrenzen abgeschafft.

Im Grenzverkehr zwischen den Staaten, die das Schengener Abkommen vollständig umsetzen, finden planmäßig keine allgemeinen Personenkontrollen mehr statt. In Ausnahmesituationen – wie z. B. während der Flüchtlingskrise 2016 – können die Kontrollen jedoch vorübergehend wieder aufgenommen werden. Der Schengen-Raum umfasst derzeit (Stand 2018) 26 europäische Länder: 22 davon Mitgliedsländer der EU, zusätzlich Island, Liechtenstein, Norwegen und die Schweiz. Bulgarien, Kroatien, Rumänien und Zypern wollen das Abkommen noch unterzeichnen, das Vereinigte Königreich und Irland sind nicht beigetreten.

Zu 9) B. Schweiz

Die Schweiz versteht sich als außenpolitisch neutrales Land. Daher beteiligt sie sich nicht an kriegerischen Konflikten zwischen Staaten und ist auch nicht in Militärorganisationen wie der NATO vertreten.

Zu 10) C. Bündnisfall

Nach den Terroranschlägen auf das World Trade Center in New York am 11. September 2001 erklärte die NATO erstmals in ihrer Geschichte den Bündnisfall: Dieser besagt laut den NATO-Statuten, dass ein militärischer Angriff auf ein Bündnismitglied als militärischer Angriff auf alle Mitglieder betrachtet wird und diese daher verpflichtet sind, in einen Krieg des Bündnispartners bzw. zum Schutze des Bündnispartners einzutreten.

Geografie und Landeskunde (Aufgaben 11–20)

Zu 11) C. Düsseldorf

Düsseldorf, mit über 610.000 Einwohnern die siebtgrößte Stadt Deutschlands, ist die Landeshauptstadt von Nordrhein-Westfalen. Sie liegt in der Metropolregion Rhein-Ruhr, der mit über zehn Millionen Einwohnern bevölkerungsreichsten Region Deutschlands, zu der auch Essen, Bochum, Dortmund und Gelsenkirchen gehören. In der Messestadt haben mehrere börsennotierte Unternehmen ihren Sitz, sie ist umsatzstärkster deutscher Werbe- und Modestandort und zweitwichtigster Banken- und Börsenplatz der Bundesrepublik. Die erste schriftliche Erwähnung Düsseldorfs stammt aus dem Jahr 1135.

Zu 12) A. Sachsen

Die Elbe entspringt in Tschechien, fließt durch Deutschland und mündet in die Nordsee. Auf ihrem Weg durchquert sie die Bundesländer Sachsen, Sachsen-Anhalt, Brandenburg, Mecklenburg-Vorpommern, Niedersachsen, Hamburg und Schleswig-Holstein.

Zu 13) D. 16

Die Bundesrepublik Deutschland besteht aus 16 Bundesländern. In alphabetischer Folge: Baden-Württemberg, Bayern, Berlin, Brandenburg, Bremen, Hamburg, Hessen, Mecklenburg-Vorpommern, Niedersachsen, Nordrhein-Westfalen, Rheinland-Pfalz, Saarland, Sachsen, Sachsen-Anhalt, Schleswig-Holstein, Thüringen.

Zu 14) B. 9

Deutschland hat gemeinsame Grenzen mit neun weiteren Ländern. Im Uhrzeigersinn: Dänemark, Polen, Tschechien, Österreich, Schweiz, Frankreich, Luxemburg, Belgien, Niederlande.

Zu 15) C. Oldenburg

Die Orte A, B und D sind allesamt bayerische Großstädte: Augsburg ist die Hauptstadt des Regierungsbezirks Schwaben, Regensburg die Hauptstadt des Regierungsbezirks Oberpfalz und Würzburg die Hauptstadt des Regierungsbezirks Unterfranken. Oldenburg ist eine kreisfreie Stadt in Niedersachsen.

Zu 16) B. Dresden

Die Landeshauptstadt von Sachsen zählt rund 530.000 Einwohner und heißt Dresden. Aufgrund ihrer herausragenden kulturellen Bedeutung – z. B. als Standort von Zwinger, Semperoper und Frauenkirche –, ihrer barocken Architektur und der Lage am Elbufer wird die Stadt oft auch „Elbflorenz" genannt.

Zu 17) A. Bosporus

Der Bosporus, die Meerenge zwischen Europa und Kleinasien, verbindet das Schwarze Meer mit dem Marmarameer, einem Binnenmeer des Mittelmeers. An seinen Ufern erstreckt sich die Stadt Istanbul.

Zu 18) D. Amerika

Die Präsidialrepublik Panama liegt in Mittelamerika und wird vom Panamakanal durchquert, der die Karibische See mit dem Pazifischen Ozean verbindet.

Zu 19) B. Griechenland

Griechenland liegt am Mittelmeer.

Zu 20) C. Pakistans.

Dunkelgrau eingezeichnet ist das Staatsgebiet der Islamischen Republik Pakistan. Das Land grenzt im Südwesten an den Iran, im Westen und Nordwesten an Afghanistan, im Nordosten an China und im Osten und Südosten an Indien. Pakistan entstand 1947 aus den größtenteils muslimisch geprägten Gebieten des aufgelösten Kolonialreichs Britisch-Indien. Damals beinhaltete das Staatsgebiet noch den Landesteil Ostpakistan, der 1971 unter dem Namen Bangladesch unabhängig wurde.

Geschichte und Kulturgeschichte (Aufgaben 21–30)

Zu 21) C. Iran

Aus ersten Demonstrationen und Streiks erwuchs im Iran 1978 eine revolutionäre Massenbewegung, maßgeblich beeinflusst von der im Exil lebenden Symbolfigur Ayatollah Chomeini. Der Regent Schah Mohammad Reza Pahlavi wurde gestürzt, und mit ihm die Monarchie. Im Februar 1979 kehrte Chomeini in den Iran zurück. Seine Anhänger schalteten die Vertreter der übrigen Oppositionsbewegungen aus, es kam zu zahlreichen Verhaftungen und Hinrichtungen. Die damals ausgerufene Islamische Republik Iran ist eine theokratische Staatsform mit einem „Obersten Rechtsgelehrten" an der Spitze, der Legislative, Exekutive und Judikative kontrolliert und von einem „Expertenrat" auf Lebenszeit gewählt wird.

Zu 22) B. 1914–1918

Der Erste Weltkrieg wurde von 1914 bis 1918 in Europa, dem Nahen Osten, Afrika und Ostasien geführt. Kriegsparteien waren auf der einen

Seite die Mittelmächte Deutsches Reich, Österreich-Ungarn, später noch das Osmanische Reich und Bulgarien. Auf der anderen Seite standen zunächst die Entente-Mächte Frankreich, Großbritannien und Russland sowie Serbien. 1917 griffen die USA auf Seiten der Entente entscheidend in den Krieg ein. Im Ersten Weltkrieg starben insgesamt rund neun Millionen Soldaten.

Zu 23) B. Verständigung mit den Staaten des Ostblocks

Willy Brandt (1913–1992), Bundeskanzler von 1969 bis 1974, verfolgte zusammen mit seinem Außenminister Egon Bahr eine neue Ostpolitik, die unter dem Motto „Wandel durch Annäherung" stand. Das Verhältnis zu den Ostblockstaaten – insbesondere zur DDR – sollte durch gemeinsame Abkommen und Gespräche verbessert werden, um beiderseitiges Vertrauen herzustellen und die Sicherheit in Europa zu gewährleisten. Im Rahmen dieser Annäherung wurden zahlreiche Verträge („Ostverträge") geschlossen: darunter der Moskauer Vertrag (1970), in dem sich die Sowjetunion und die Bundesrepublik zur Wahrung des Friedens und zur Förderung der politischen Entspannung verpflichteten, oder der Warschauer Vertrag (1970), in dem die Bundesrepublik und Polen wechselseitig ihre Außengrenzen anerkannten.

Zu 24) A. dem Westfälischen Frieden.

Der Dreißigjährige Krieg brach 1618 mit dem Aufstand der böhmischen Stände gegen die Herrschaft der Habsburger aus. Im Verlauf des Kriegs griffen alle Großmächte Europas auf den mitteleuropäischen Kriegsschauplätzen ein, mit verheerenden Folgen für die Bevölkerung. Nach fünfjährigen Verhandlungen der involvierten Parteien konnten 1648 in Münster und Osnabrück die endgültigen Friedensverträge beschlossen werden. Sie führten zu einer politischen und territorialen Neuordnung Europas.

Zu 25) D. Richard Nixon

1972 wurden mehrere Männer bei dem Versuch ertappt, in die Zentrale der Demokratischen Partei im Washingtoner Watergate-Gebäudekomplex einzudringen und dort Abhörinstrumente zu installieren. Schon bald führten Spuren zu den Drahtziehern im engsten Umfeld des republikanischen Präsidenten Richard Nixon. Im weiteren Verlauf der Ermittlungen wurden weitere gravierende Fälle von Amtsmissbrauch durch die Regierung aufgedeckt. Am 9. August 1974 trat Nixon schließlich zurück.

Zu 26) C. Aufteilung Polens

Am 28. September 1939 unterzeichneten der deutsche Außenminister Ribbentrop und sein sowjetischer Amtskollege Molotow den deutsch-sowjetischen Nichtangriffspakt (auch „Hitler-Stalin-Pakt"). Hitler erhielt dadurch die Sicherheit, für seinen geplanten Krieg gegen Polen freie Hand zu haben und während des anschließenden Feldzugs gegen Frankreich einen Zweifrontenkrieg verhindern zu können. Im geheimen Zusatzprotokoll grenzten das Deutsche Reich und die Sowjetunion ihre Interessensphären in Ostmitteleuropa voneinander ab. Unter anderem vereinbarten sie darin, wie das zerschlagene Polen zwischen beiden Mächten aufgeteilt werden sollte.

Zu 27) B. 1961

Die Berliner Mauer trennte vom 13. August 1961 bis zum 9. November 1989 West-Berlin vom Ostteil der Stadt und dem umliegenden Gebiet der DDR. Sie war eines der bekanntesten Symbole für den Kalten Krieg und die Teilung Deutschlands. Bei dem Versuch, die 167,8 Kilometer lange Grenzanlage in Richtung West-Berlin zu überschreiten, wurden nach derzeitigem Forschungsstand zwischen 125 und 206 Menschen getötet.

Zu 28) C. 1789

Die Französische Revolution zählt zu den einschneidendsten Ereignissen der europäischen Geschichte. Sie bewirkte tiefgreifende soziale und politische Veränderungen und prägte das neuzeitliche Demokratieverständnis. Ausgelöst 1789 durch soziale Unruhen, zogen bis zum Jahr 1799 mehrere revolutionäre Wellen durch Frankreich. In der ersten Revolutionsphase kämpften verschiedene gesellschaftliche Gruppen vor allem für bürgerliche Freiheitsrechte. Die absolutistische Alleinherrschaft des Königs wurde durch eine gemäßigte konstitutionelle Monarchie abgelöst. Als Reaktion darauf formierten sich gegenrevolutionäre Kräfte im In- und Ausland, und die Revolution trat in ihre zweite Phase ein: Eine Revolutionsregierung riss 1792 die Macht an sich, schuf eine Republik mit radikaldemokratischen Zügen und übte eine Schreckensherrschaft aus mit dem Ziel, alle „Feinde der Revolution" zu vernichten. In der dritten Phase (ab 1795) wurde Frankreich von einem fünfköpfigen Direktorium regiert, das besitzbürgerliche Interessen gegen sozialistische und monarchistische Strömungen verteidigte.

Zu 29) B. 5

Im Jahr 1945 war das gesamte afrikanische Territorium bis auf Äthiopien und Ägypten unter fünf europäischen Mächten aufgeteilt: in Nord- und Nordwestafrika dominierten die Franzosen (u. a. Marokko, Tunesien, Algerien), in Nordost-, Ost- und Südafrika die Briten (u. a. Nigeria, Kamerun, Südafrika) und in Zentralafrika die Belgier (Belgisch-Kongo). Kleinere Gebiete besaßen Spanien (Spanisch-Westafrika und Guinea) und Portugal (u. a. Angola, Portugiesisch-Kongo).

Zu 30) E. die Gründung der Europäischen Gemeinschaft für Kohle und Stahl (EGKS) 60 Jahre zuvor.

Im Jahr 1951 schlossen sich Deutschland, Italien, Frankreich und die Benelux-Staaten (Belgien, Niederlande, Luxemburg) zur Europäischen Gemeinschaft für Kohle und Stahl (EGKS) zusammen. Die EGKS war eine Vorläuferin der 1993 ins Leben gerufenen Europäischen Gemeinschaft (EG), die wiederum bis 2009 den Kern der Europäischen Union bildete. Die NATO gibt es seit 1949, die deutsche Wiedervereinigung geschah 1990. Der Euro wurde 1999 als Buchgeld und drei Jahre später als Bargeld eingeführt.

Interkulturelles Wissen (Aufgaben 31–40)

Zu 31) B. Asien

Asien (rund 4,4 Mrd. Einwohner) ist richtig – immerhin befinden sich hier mit China (1,4 Mrd.) und Indien (1,3 Mrd.) die bevölkerungsreichsten Länder der Erde. Auf Rang 2 liegt Afrika mit über 1,1 Milliarden Menschen, gefolgt von Europa (740 Mio.), Nordamerika (530 Mio.), Südamerika (420 Mio.) und zu guter Letzt Australien/Ozeanien (40 Mio.).

Zu 32) A. ins Nirwana.

Das Ziel eines Buddhisten ist das Nirwana – ein unbeschreibbarer Zustand nach dem Austritt aus dem Kreislauf von Werden und Vergehen. Im Nirwana sind der religiösen Lehre nach alle mit dem Dasein verbundenen Wünsche und Vorstellungen überwunden (Ich-Sucht, Gier …). Der Himalaya ist das höchste Gebirge der Welt, Sanskrit eine altindische Sprache und Gondwana heißt ein Großkontinent, der vor 250–300 Millionen

Jahren einen Großteil der Landmasse der Erde umfasste.

Zu 33) C. britische Sträflingskolonie.

Tatsächlich entdeckten die Holländer den Inselkontinent Anfang des 17. Jahrhunderts zuerst; sie erkannten darin aber keinen besonderen Nutzen. James Cook nahm Australien 1770 für die englische Krone in Besitz, die das Gebiet kurz darauf zur Sträflingskolonie erklärte. Bis zur Mitte des 19. Jahrhunderts wurden rund 160.000 britische Sträflinge nach Australien verbannt.

Zu 34) B. Wichtige religiöse Texte des Judentums

Die Tora (auch „Thora") ist der erste Teil der hebräischen Bibel, der wichtigsten religiösen Schrift des Judentums. Sie besteht aus den fünf Büchern Mose. Oft meint man mit dem Begriff auch die Torarolle, eine handgeschriebene Pergamentrolle mit dem Text der Tora, aus der in jüdischen Gottesdiensten gelesen wird.

Zu 35) D. Mustafa Kemal Atatürk

Die Türkei ging nach dem Ersten Weltkrieg aus dem Osmanischen Reich hervor. Der Staatsgründer Mustafa Kemal Atatürk wollte die Türkei durch zahlreiche gesellschaftliche Reformen nach dem Vorbild europäischer Nationalstaaten modernisieren. Zunächst wurde im Jahre 1922 das Sultanat, 1924 dann das Kalifat beseitigt. Im Folgenden schaffte die Türkei die Scharia ab und verbot in einer umfassenden Kleiderreform den Fez – eine männliche Kopfbedeckung – und den Schleier für die Frau. Zudem wurde die Gemeinschaftserziehung von Jungen und Mädchen eingeführt.

Zu 36) A. Das islamische Recht

„Scharia" nennt man das islamische Recht, das der religiösen Lehre nach auf die Umsetzung der göttlichen Vorschriften und die Verwirklichung einer göttlichen Ordnung abzielt. Dem religiösen Verständnis zufolge gelten die Gesetze der Scharia bis auf wenige Ausnahmen für alle Menschen, auch für Nichtmuslime. In manchen Ländern ist die Scharia Grundlage der staatlichen Gesetzgebung.

Zu 37) C. Aus der dritten Strophe

Das Deutschlandlied wurde 1922 mit allen drei Strophen die Nationalhymne des Deutschen Reiches. Im nationalsozialistischen „Dritten Reich" wurde nur noch die erste Strophe gesungen, die mit ihrem überschwänglichen „Deutschland, Deutschland über alles" und der überholten Grenzziehung „von der Maas bis an die Memel, von der Etsch bis an den Belt" heute als diskreditiert gilt. 1952 entschied man, das Deutschlandlied als Nationalhymne beizubehalten, aber zu offiziellen Anlässen nur die dritte Strophe zu singen. Nach dem Mauerfall verständigten sich 1991 Bundespräsident Richard von Weizsäcker und Bundeskanzler Helmut Kohl darauf, die dritte Strophe zur Nationalhymne des wiedervereinigten Deutschlands zu erklären.

Zu 38) C. Frankreichs.

„Freiheit, Gleichheit, Brüderlichkeit" (französisch „Liberté, Égalité, Fraternité") wurde im Nachhinein zur Parole der Französischen Revolution von 1789 erklärt und nach dem Zweiten Weltkrieg in die Verfassung aufgenommen. Als Teil des nationalen französischen Erbes ist der Wahlspruch heute auf vielen öffentlichen Gebäuden, auf Münzen und Briefmarken zu finden.

Zu 39) D. in Nordafrika.

„Maghreb" (arabisch für „Westen") bezeichnet den westlichen Teil des Verbreitungsgebiets des Islam. Der Maghreb umfasst die nordafrikanischen Länder Marokko, Tunesien und Algerien, teilweise auch Libyen und Mauretanien.

Zu 40) C. der Demokratischen Republik Kongo.

Die Demokratische Republik Kongo – der drittgrößte Staat Afrikas – ging 1960 aus der belgischen Kolonie Belgisch-Kongo hervor. Ab 1971 hieß das Land Zaire. Nachdem Laurent-Désiré Kabila 1997 mit seiner Rebellenarmee den seit 1965 regierenden Diktator Mobutu gestürzt hatte, benannte er das Land wieder in Kongo um.

Naturwissenschaften (Aufgaben 41–50)

Zu 41) B. Adrenalin

Die Funktion des „Stresshormons" Adrenalin liegt ursprünglich darin, den Körper auf Gefahren- und Kampfsituationen vorzubereiten. Der Körper schüttet es bei körperlicher und seelischer Belastung aus, bei Verletzungen, Infektionen und niedrigem Blutzuckerspiegel. Insulin ist notwendig zum Glucose-Transport und zur Senkung des Blutzuckerspiegels, das „Schlafhormon" Melatonin regelt den Tag-Nacht-Rhythmus des Körpers. Leptin hemmt das Hungergefühl und trägt zur Regulierung des Fettstoffwechsels bei.

Zu 42) B. Elektrische Spannung

Das Volt – benannt nach dem italienischen Physiker Alessandro Volta – ist die international genormte SI-Einheit für elektrische Spannung mit dem Einheitenzeichen „V".

Zu 43) C. Luftdruck

Mit Barometern misst man den Luftdruck. Man nutzt sie in diversen Formen und Typen vor allem in der Meteorologie; sie gehören zur Grundausstattung nahezu jeder Wetterstation. Da der Luftdruck mit steigender Höhe abnimmt, eignen sie sich auch zur Höhenmessung in Flugzeugen.

Zu 44) B. Magnesiumspäne

Magnesium reagiert recht heftig mit dem Luftsauerstoff, sodass sich Magnesiumspäne an der Luft ohne weiteres bis zur Selbstentzündung erhitzen können. Ebenfalls heftig ist die Reaktion mit Wasser, die schon bei niedrigen Temperaturen größere Mengen Wasserstoffs freisetzt, woraus in Verbindung mit Sauerstoff das explosive Knallgas entstehen kann.

Zu 45) B. Abwehr von Krankheitserregern

Weiße Blutkörperchen (Leukozyten) sind Teil der Immunabwehr und finden sich im Blut, im Rücken- und Knochenmark und in anderen Geweben beteilen. Ihre Hauptaufgabe liegt in der Abwehr von Krankheitserregern.

Zu 46) C. 5–7

Im Körper eines erwachsenen Menschen befinden sich etwa fünf bis sieben Liter Blut.

Zu 47) C. $\frac{U}{R}=I$

Das ohmsche Gesetz besagt, dass sich die Stromspannung (gemessen in Volt) aus dem Produkt von Stromstärke (gemessen in Ampere) und Widerstand (gemessen in Ohm) ergibt:

Elektrische Spannung (U)
= Elektrischer Widerstand (R)
× Elektrischer Strom (I)

Umgeformt gilt demnach auch:

$$\frac{\text{Elektrische Spannung (U)}}{\text{Elektrischer Widerstand (R)}} = \text{Elektrischer Strom (I)}$$

Antwort C ist korrekt.

Zu 48) A. Kraft (F) mal Weg (s)

In der Physik ist Arbeit definiert als das Produkt aus Kraft und Weg:

Arbeit (W) = Kraft (F) × Weg (s)

Die Einheit der Arbeit ist das Joule, nach dem britischen Physiker James Prescott Joule (1818–1889).

Zu 49) B. Kohlendioxid

Wasserstoff (Abkürzung: H), Kohlenstoff (C) und atomarer Sauerstoff (O) sind Elemente. Chemische Verbindungen sind Stoffe aus mindestens zwei Elementen und mit einer eindeutigen chemischen Struktur. Kohlendioxid (CO_2) ist ein solcher Stoff: Seine Moleküle bestehen aus einem Kohlenstoffatom und zwei Sauerstoffatomen.

Zu 50) C. Brom

Brom (Ordnungszahl 35) zählt wie auch Fluor, Chlor, Astat und Iod zur Elementgruppe der Halogene.

PC und Internet (Aufgaben 51–60)

Zu 51) B. Auf unsichere Passwörter

Benutzer authentifizieren sich durch Passwörter, um auf Computer, Programme oder Online-Dienste zuzugreifen. Unsichere Passwörter rühren meist daher, dass Anwender relativ einfache Zeichenfolgen oder Begriffe wählen, die zwar einprägsam sind, sich aber leicht erraten oder ermitteln lassen: zum Beispiel Eigennamen, Geburtstage, Adressen oder ihre einfache Kombination. Schwerer zu merken, aber dafür sicherer sind Passwörter, die per Zufallsgenerator erzeugt werden.

Zu 52) A. Eine Firewall ist ein Programm, das Schutz vor unberechtigtem Zugriff aus dem Internet bietet.

Eine Firewall überwacht den Datenverkehr zwischen zwei Netzwerken. Anhand festgelegter Regeln entscheidet sie, welche Netzwerkpakete durchgelassen werden und welche nicht, vor allem zum Schutz vor unerlaubten Zugriffen. So lässt sich beispielsweise ein privates Netz gegen ungewollte Zugriffe aus dem Internet sichern.

Zu 53) C. sich an Computern, Mailkonten oder Online-Diensten anmelden.

Ein Account ist eine Zugangsberechtigung, mit der man auf ein personalisiertes Nutzerkonto bei Computern, E-Mail-Diensten oder weiteren im Internet verfügbaren Angeboten, etwa von Versandhäusern oder sozialen Netzwerken, zugreifen kann. Ein Account besteht üblicherweise aus einem Benutzernamen und einem Passwort.

Zu 54) C. Geräte, die an ein Netzwerk angeschlossen sind.

Eine IP-Adresse ist eine Kennziffer, die es ermöglicht, jedes Gerät in einem auf Basis des Internetprotokolls

(IP) eingerichteten Netzwerk zu identifizieren. Der lange Jahre vorherrschende IPv4-Standard definiert eine IP-Adresse als 32 Bit langes Datenwort. Es besteht in der bekanntesten Notation aus vier Zahlen zwischen 1 und 255, die durch einen Punkt getrennt sind. Rechnerisch lassen sich so knapp 4,3 Milliarden Adressen darstellen. Da dieser Vorrat nicht mehr ausreicht, hat man mittlerweile das IPv6-Verfahren eingeführt: Es erlaubt 128 Bit lange Adressen in Hexadezimal-Schreibweise.

Zu 55) D. Byte, Kilobyte, Megabyte, Gigabyte

Acht Bit ergeben ein Byte, 1.000 Byte ein Kilobyte, 1.000 Kilobyte ein Megabyte und 1.000 Megabyte ein Gigabyte; es folgen Terabyte, Petabyte und Exabyte. Die Einheiten sind aber (noch) nicht endgültig standardisiert; parallel zur genannten gibt es auch die binäre Zählweise: Hier entspricht ein Kilobyte 2^{10} = 1.024 Byte, ein Gigabyte 1.024 Kilobyte usw. An der abgefragten Reihenfolge ändert sich dadurch nichts.

Zu 56) A. Eine spezielle Software, nämlich ein Dienstprogramm zur Systemverwaltung

Tools sind in der IT nützliche Dienstprogramme, u. a. zur Konfiguration von Hardware, zur Wartung des Systems und zur Analyse der Systemauslastung. Einige Tools gehören in der Regel zum Lieferumfang des Betriebssystems, außerdem bieten verschiedene Anbieter im Internet diverse Tools zum Herunterladen an.

Zu 57) D. Arbeitsspeicher

Alle Komponenten dienen zur Datenspeicherung. Im Gegensatz zu Festplatten, CD-ROMs und USB-Sticks sichert der Arbeitsspeicher diese Informationen jedoch nicht dauerhaft. Nach einer Stromunterbrechung sind sie daher in der Regel auf diesem Medium nicht mehr vorhanden.

Zu 58) C. Die Hauptplatine zur Unterbringung der Komponenten

„Motherboard", „Mainboard" oder „Systemplatine" nennt man die Hauptplatine eines Computers, auf der sich in der Regel folgende Systemkomponenten befinden: die CPU, der PCI-Bus mit den Slots für die Erweiterungskarten, die Steckplätze für den Arbeitsspeicher, verschiedene Schnittstellen, der Cache, die Echtzeituhr, BIOS-ROM und CMOS-RAM, die verschiedenen Controller und der Tastatur-Prozessor. Die Konzeption des Mainboards beeinflusst systemrelevante Parameter wie die Systemleistung, die Zukunftssicherheit und die Kompatibilität zu Systemkomponenten (Anschlüsse, Erweiterbarkeit).

Zu 59) B. Objekte auf grafischen Benutzeroberflächen einfach verschieben.

Drag & Drop (engl. für „ziehen und fallenlassen") steht für eine Methode, auf grafischen Benutzeroberflächen Objekte mit der Maus zu bewegen. Auf diese Weise lassen sich z. B. Dateien leicht von einem Ordner in einen anderen kopieren oder Textpassagen innerhalb von Dokumenten verschieben.

Zu 60) A. .jpg

Dateien mit den Endungen „.exe", „.com" und „.bat" sind ausführbar: Sie können nach ihrem Aufruf als Programm starten. Eine „.jpg"-Datei ist eine Bilddatei. Oft enthalten schädliche Mails virenverseuchte Anhänge, die sich z. B. als harmlose Bilddatei tarnen, aber anhand ihrer Namenserweiterung als ausführbare Programmdatei zu erkennen sind.

Wirtschaft und Finanzen (Aufgaben 61–70)

Zu 61) B. Saldo

Die Differenz von Soll und Haben heißt Saldo. Ein Skonto ist ein Preisnachlass, den ein Käufer erhält, wenn er den Rechnungsbetrag innerhalb einer bestimmten Frist zahlt. „Storno" steht für das Rückgängigmachen einer Kontobuchung oder die Rückabwicklung eines Vertrags. Den Ausdruck „Giro" kennt man unter anderem vom Girokonto – einem Konto, über das der (bargeldlose) Zahlungsverkehr abgewickelt wird.

Zu 62) D. Dividende

Dividenden sind Gewinnbeteiligungen, die eine Aktiengesellschaft an ihre Aktionäre ausschüttet. Die Verwendung des Bilanzgewinns einer AG – und damit die Dividendenhöhe – wird vom Vorstand vorgeschlagen, vom Aufsichtsrat geprüft und von der Hauptversammlung beschlossen. Die Dividende ist von der allgemeinen Geschäftslage abhängig und kann daher von Jahr zu Jahr schwanken oder sogar ganz ausfallen.

Zu 63) D. Es gibt Namensaktien und Inhaberaktien.

Die Aktie ist ein Wertpapier, das einen Anteil am Grundkapital einer Aktiengesellschaft verbrieft. Aktien können an einer Wertpapierbörse oder auch außerbörslich gehandelt werden.

Inhaber von Namensaktien (engl. „registered share") werden namentlich im Aktienregister eingetragen, mit Adresse, Geburtsdatum und der Stückzahl der erworbenen Aktien. Die verbreiteteren Inhaberaktien hingegen laufen nicht auf eine bestimmte Person: Sie können ohne besondere Formalitäten ge- und verkauft werden und eignen sich daher gut für den Börsenhandel.

Zu 64) B. Anstieg des Preisniveaus

„Inflation" nennt man eine Geldentwertung: Das Austauschverhältnis von Geld zu allen anderen Gütern verändert sich zulasten des Geldes. Zur Berechnung der Inflationsrate können unterschiedliche Preisindizes herangezogen werden; das Statistische Bundesamt der Bundesrepublik nutzt den Lebenshaltungsindex für Haushalte: Anhand eines festgelegten Warenkorbs bestimmt man die Entwicklung der Lebenshaltungskosten und dadurch die Inflationsrate.

Zu 65) D. Das Grundgesetz sieht keine Wirtschaftsform ausdrücklich vor.

Das Grundgesetz der Bundesrepublik Deutschland legt keine bestimmte Wirtschaftsform fest. Das Bundesverfassungsgericht betrachtet das Grundgesetz daher als wirtschaftlich neutral. Abweichende Meinungen wie die des Rechtswissenschaftlers Hans Carl Nipperdey, wonach das Grundgesetz die soziale Marktwirtschaft vorsehe, konnten sich nicht durchsetzen.

Zu 66) D. Finanzielle Unterstützungen des Staates für Unternehmen

Subventionen sind finanzielle Vorteile, die ein Staat bestimmten Branchen oder Unternehmen gewährt. In Form direkter Subventionen kann der Staat Zuschüsse, günstige Kredite, Bürgschaften oder Förderungskapital vergeben. An indirekten Subventionen zu nennen sind Steuererlasse, Zollbefreiungen, Rückvergütungen, Erstattungen sowie der Verzicht auf Abgaben und sonstige Verbindlichkeiten.

Zu 67) A. Die Umsatzsteuer beträgt für alle entgeltlich erbrachten Leistungen 19 Prozent.

Die Umsatzsteuer ist eine Abgabe, die auf Umsätze erhoben wird, die aus entgeltlich erbrachten Leistungen entstehen. Der Umsatzsteuersatz liegt nach der letzten Erhöhung zum 1. Januar 2007 bei 19 Prozent. Für bestimmte Warengruppen (Lebensmittel, Bücher, Zeitschriften, bestimmte Kunstgegenstände) gilt ein ermäßigter Umsatzsteuersatz von aktuell 7 Prozent. Die Umsatzsteuer ist nach der Lohnsteuer die wichtigste Einnahmequelle des Staates.

Zu 68) C. Dienstleistungsbereich

Der primäre Sektor steht für die Gewinnung und der sekundäre für die Verarbeitung von Rohstoffen. Der tertiäre Sektor bezeichnet den Dienstleistungsbereich. Nach der Drei-Sektoren-Hypothese entwickelt sich eine Volkswirtschaft vom Ausgangsstadium mit einer hohen Ausdehnung des primären Sektors (geringer Maschineneinsatz) über das zweite Stadium mit fortschreitender Automatisierung (Manufakturen, Fließbandfertigung) zum dritten Stadium: Hier ist die Rohstoffgewinnung und -verarbeitung so weit automatisiert, dass dafür kaum noch Arbeitskraft benötigt wird – der Übergang zur Dienstleistungsgesellschaft ist vollzogen.

Zu 69) C. Einen Rückgang der Wirtschaftskraft

„Rezession" steht für einen wirtschaftlichen Abschwung, eine anhaltende konjunkturelle Schwäche. Kennzeichen von Rezessionsphasen sind: pessimistische wirtschaftliche Erwartungen, fallende Börsenkurse, eine schrumpfende Nachfrage, überfüllte Lager, ein Überstundenabbau, beginnende Kurzarbeit, ausbleibende Investitionen, eine teilweise Stilllegung von Produktionsanlagen sowie stagnierende oder sinkende Preise, Löhne und Zinsen. Nach herrschender Auffassung besteht eine Rezession, wenn die Wirtschaftsleistung in zwei aufeinanderfolgenden Quartalen im Vergleich zum Vorjahr stagniert oder schrumpft und somit ein gleichbleibendes oder sinkendes Bruttoinlandsprodukt zu erwarten ist.

Zu 70) D. Dax

Der Dax wurde gemeinsam von der Arbeitsgemeinschaft der deutschen Wertpapierbörsen, der Frankfurter Wertpapierbörse und der Börsen-Zeitung entwickelt und am 1. Juli 1988 eingeführt. Als Leitindex des deutschen Aktienmarkts ist er der wichtigste deutsche Aktienindex. Der Dax gibt Auskunft über den Stand und die Entwicklung der Aktienkurse der 30 größten und umsatzstärksten deutschen Unternehmen an der Frankfurter Wertpapierbörse.

Begriffe einsetzen (Aufgaben 71–80)

Zu 71) A. Primzahl

Primzahlen sind nur durch 1 und sich selbst ohne Rest teilbar. Die Primzahlen bis 100 lauten: 2, 3, 5, 7, 11, 13, 17, 19, 23, 29, 31, 37, 41, 43, 47, 53, 59, 61, 67, 71, 73, 79, 83, 89, 97.

Zu 72) D. Würde

Artikel 1 des Grundgesetzes lautet: „Die Würde des Menschen ist unantastbar. Sie zu achten und zu schützen ist Verpflichtung aller staatlichen Gewalt."

Zu 73) B. Erbinformationen

Die menschlichen Erbinformationen sind in den Genen codiert. Mehrere Gene reihen sich jeweils zu einem langen, dünnen Faden aneinander, der wiederum zu einer kompakten Struktur, einem Chromosom aufgewickelt ist. Der Mensch besitzt 23 verschiedene Chromosomenpaare, also insgesamt 46 Chromosomen. Darunter findet sich nur bei Frauen ein xx-Chromosomenpaar und ausschließlich bei Männern ein xy-Paar.

Zu 74) B. Aktie

Die Rede ist von der Aktie. Dividenden sind Gewinnbeteiligungen, die Aktiengesellschaften an ihre Aktionäre ausschütten. Subventionen sind finanzielle Vorteile, die ein Staat Privathaushalten, Unternehmen oder anderen Staaten gewährt. Die Rendite beziffert den mit einer Geldanlage erzielten Gewinn im Verhältnis zum eingesetzten Kapital.

Zu 75) D. einen Stoffwechsel

Einem Tier, das weder Nase, noch Ohren oder Lunge besitzt, begegnet man recht häufig – dem Regenwurm. Wie alle anderen Lebewesen hat er jedoch einen Stoffwechsel, das heißt: Sein Organismus wandelt chemische Stoffe in andere Stoffe um, die er braucht, um seine Körpersubstanz zu erhalten, Energie zu gewinnen und seine Körperfunktionen aufrechtzuerhalten. Ein weiterer Stoffwechsel-Prozess ist die Umwandlung schädlicher Stoffe in ausscheidbare Stoffe.

Zu 76) C. Sauerstoff

Rost entsteht, wenn Eisen oder Stahl in Gegenwart von Wasser mit Sauerstoff oxidiert. Dabei verliert das Metall Elektronen an eine Wasser-Sauerstoff-Verbindung, wodurch sich seine Eigenschaften und seine Funktionalität verändern. Man nennt diesen Prozess auch Korrosion.

Zu 77) D. älterer Menschen

Als demografischen Wandel bezeichnet man die hiesigen Tendenzen in der Bevölkerungsentwicklung. Maßgebliche demografische Faktoren sind die Geburten- und Sterbezahlen sowie Zu- und Fortzüge. In Deutschland liegt seit Beginn der 70er-Jahre die Sterberate über der Geburtenrate, sodass die Bevölkerung insgesamt abnimmt. Gleichzeitig steigt der Bevölkerungsanteil der älteren Menschen.

Zu 78) A. Sonnenlicht

Die Substanz Cholecalciferol – auch als Vitamin D bekannt – kann der menschliche Körper in der Haut selbst herstellen. Eine Voraussetzung dafür ist die Einwirkung von UVB-Strahlung, wie sie im Sonnenlicht vorkommt. Vitamin D übernimmt wichtige Aufgaben im Organismus, beispielsweise beim Knochenaufbau.

Zu 79) C. Hygrometer

Zur Bestimmung der Luftfeuchtigkeit nutzt man ein Hygrometer. Der Name des Instruments setzt sich zusammen aus den altgriechischen Wörtern „hygrós" („feucht", „nass") und „métron" („Maß", „Maßstab"). Mit einem Thermometer misst man Temperaturen, mit einem Manometer Drücke. Das Nanometer ist eine Längeneinheit und entspricht einem milliardstel Meter.

Zu 80) C. Säuren

Der pH-Wert gibt an, wie sauer bzw. basisch eine wässrige Lösung ist. Niedrige Werte haben beispielsweise Zitronensaft (pH-Wert 2,4), Magensäure (1–1,5) und Batteriesäure (<1). Am anderen Ende der Skala finden sich Basen wie Seife (9–10), Bleichmittel (12,5) oder Natronlauge (13,5–14). Emulsionen sind Gemische zweier normalerweise nicht mischbarer Flüssigkeiten (ohne sichtbare Entmischung), „Lauge" ist ein umgangssprachlicher Ausdruck für eine bestimmte Art von Basen.

Aussagen überprüfen (Aufgaben 81–90)

Zu 81) stimmt nicht

Wie das Statistische Bundesamt anhand von Stichproben ermittelte, verfügen rund 90 Prozent der Privathaushalte in Deutschland über einen Internetanschluss. Darin eingeschlossen sind auch mobile Verbindungen.

Zu 82) stimmt

Zum 1. Januar 2015 wurde in Deutschland ein flächendeckender allgemeiner Mindestlohn von 8,50 Euro brutto pro Stunde eingeführt. Umfragen ergaben dazu eine Zustimmungsquote von über 80 Prozent unter der wahlberechtigten Bevölkerung.

Zu 83) stimmt nicht

Studien zufolge raucht etwa ein Drittel der Erwachsenen in Deutschland, das sind rund 20 Millionen Menschen.

Zu 84) stimmt nicht

Laut Kraftfahrt-Bundesamt sind derzeit rund 45 Millionen Pkw zugelassen, während die Bevölkerungszahl bei gut 81 Millionen Menschen liegt.

Zu 85) stimmt nicht

Verschiedene repräsentative Umfragen haben ergeben, dass hierzulande inzwischen über 90 Prozent der 10- bis 18-Jährigen ein Handy oder Smartphone besitzen.

Zu 86) stimmt

Das Statistische Bundesamt bezifferte 2015 die durchschnittliche Lebenserwartung neugeborener Mädchen mit 83,1 Jahren, diejenige neugeborener Jungen mit 78,2 Jahren. Die durchschnittliche Lebenserwartung nahm in den vergangenen Jahrzehnten stetig zu.

Zu 87) stimmt nicht

Gestützt durch verschiedene Umfragen, rechnet der deutsche Vegetarierbund mit rund 8 Millionen Vegetariern und knapp einer Million Veganern. Bei gut 81 Millionen Einwohnern kommen beide Gruppen zusammen auf einen Bevölkerungsanteil von ungefähr 11 Prozent.

Zu 88) stimmt

Laut der jährlichen Bestandserhebung des Deutschen Olympischen Sportbundes haben die hiesigen Sportvereine zwischen 23 und 24 Millionen Mitglieder.

Zu 89) stimmt nicht

Hierzulande ist etwas mehr als jeder dritte Einwohner konfessionslos, das heißt, er gehört keiner Religionsgemeinschaft an. Ungefähr 60 Prozent der Bevölkerung sind Christen und schätzungsweise 2 bis 5,5 Prozent Muslime. Die übrigen Religionsgemeinschaften – darunter Buddhisten und Juden – kommen zusammen auf einen Bevölkerungsanteil von rund 1 Prozent.

Zu 90) stimmt

Eine Auswertung des Statistischen Bundesamtes zeigt: Rund 28 Prozent der 40 Millionen Privathaushalte in Deutschland leben im eigenen Einfamilienhaus, 15 Prozent in einer Eigentumswohnung bzw. im eigenen Mehrfamilienhaus.

Fachbezogenes Wissen

Feuerwehr *Bearbeitungszeit 5 Minuten*

Beantworten Sie bitte die folgenden Aufgaben, indem Sie jeweils den richtigen Lösungsbuchstaben markieren.

1) Was zählt nicht zum typischen Aufgabenspektrum einer Feuerwehr?
A. Strafen
B. Bergen
C. Schützen
D. Löschen
E. Retten

2) Welcher ist kein Organisationstyp der Feuerwehr?
A. Berufsfeuerwehr
B. Bundesfeuerwehr
C. Pflichtfeuerwehr
D. Freiwillige Feuerwehr
E. Werkfeuerwehr

3) Die Feuerwehr- und Brandschutzgesetzgebung obliegt in Deutschland ...?
A. der Bundesregierung.
B. dem jeweiligen Bundesland.
C. der jeweiligen Gemeinde.
D. der örtlichen Feuerwehrkommission.
E. dem jeweiligen Feuerwehrleiter.

4) Welche Aussage zum Aufgabenprofil einer modernen Berufsfeuerwehr trifft zu?
A. Die Feuerwehr ist vor allem da, um Brände zu löschen.
B. Feuerwehraufgaben und Katastrophenschutz sind streng voneinander getrennt.
C. Das Technische Hilfswerk ist ein Teil der Feuerwehr.
D. Die Feuerwehr übernimmt zunehmend polizeiliche Aufgaben.
E. Die Feuerwehr ist eine Behörde zur Abwehr vielfältiger Gefahren.

5) Die grundlegende Ausbildung jedes Feuerwehrangehörigen ist die Ausbildung zum ...?
A. Truppmann.
B. Maschinisten.
C. Gruppenführer.
D. ABC-Spezialisten.
E. Erste-Hilfe-Fachmann.

6) Wonach richtet sich die personelle und materielle Ausstattung einer Feuerwache nicht?
A. Infrastruktur vor Ort
B. Einwohnerzahl
C. Anzahl und Art der Unternehmen vor Ort
D. Fünfjahresplan des Innenministers zur Feuerwehrentwicklung
E. Distanz zur nächstgelegenen Feuerwache

7) Was bezeichnet die sogenannte „Hilfsfrist"?
A. Die Zeit, die vom Eingang des Notrufs bis zur Ankunft der Einsatzkräfte vor Ort verstreicht
B. Die gesamte Einsatzdauer, vom Ausrücken der Löschzüge bis zu ihrer Rückkehr
C. Die Zeit, nach der eine Einheit im Einsatz Unterstützung anfordern darf
D. Die Zeit, in der ein Brand noch durch einen einfachen Feuerlöscher per Selbsthilfe gelöscht werden kann – und muss, um die Feuerwehr nicht unnötig zu beanspruchen
E. Die maximal erlaubte Einsatzdauer – nach einer gewissen Zeitspanne lohnt sich die Fortführung des Einsatzes nicht mehr

8) Warum wird brennendes Fett nicht mit Wasser gelöscht?
A. Unter Hitzeeinwirkung reagieren Wasser und Fett zu einer hochgiftigen Säure.
B. Heißes Fett lässt Wasser blitzartig verdampfen, es entsteht ein explosiver Fettnebel.
C. Fett und Wasser bilden beim Abkühlen eine Art Gel, das sich kaum beseitigen lässt.
D. Das verdunstende Fett würde die Löschschläuche verstopfen.
E. Heißes Fett ist umweltschädlich und darf nicht mit dem Löschwasser abfließen.

9) Die meisten Feuerwehren in Deutschland sind …?
A. Freiwillige Feuerwehren.
B. Berufsfeuerwehren.
C. Werkfeuerwehren.
D. Jugendfeuerwehren.
E. Pflichtfeuerwehren.

10) Wie viele Feuerwehrangehörige gibt es in Deutschland?
A. 145.000
B. 395.000
C. 560.000
D. 880.000
E. 1,3 Mio.

Verwaltungswissen (Öffentlicher Dienst)

Bearbeitungszeit 5 Minuten

Beantworten Sie bitte die folgenden Aufgaben, indem Sie jeweils den richtigen Lösungsbuchstaben markieren.

11) Im Verwaltungsbereich bezeichnet „Gemeinde" …?

A. die kleinste geografisch-administrative Einheit im Verwaltungsaufbau.
B. eine politisch-religiöse Interessengemeinschaft.
C. einen Wirtschaftsverband öffentlicher und privater Organisationen.
D. eine Kommune, die noch kein Stadtrecht hat.
E. einen Wahlkreis.

12) Der Deutsche Beamtenbund …?

A. ist eine Interessenvertretung von Beamten und Angestellten.
B. ist eine Arbeitsgemeinschaft deutscher Bundesbeamter.
C. war eine staatstragende Partei der Weimarer Republik.
D. war ein Zusammenschluss preußischer und österreichischer Beamter im 19. Jahrhundert.
E. ist eine Grundsatzvereinbarung der Beamten mit dem Staat.

13) Ein föderalistischer Staat …?

A. versucht den Übergang von Planwirtschaft zu Marktwirtschaft.
B. ist stark abhängig von Rohstoffimporten.
C. subventioniert seine Unternehmen mit Steuergeldern.
D. verfolgt das Ziel, seine Exporte zu maximieren.
E. besteht aus einzelnen Teilstaaten, die relativ eigenständig sind.

14) Ein Beamter auf Probe …?

A. ist noch nicht verbeamtet.
B. macht ein Praktikum in einer Behörde.
C. muss sich nach einem Disziplinarvergehen bewähren.
D. hat in der Regel ein Studium oder eine Ausbildung absolviert.
E. beginnt bald mit seinem Vorbereitungsdienst.

Fachbezogenes Wissen

15) Der Amtseid ist …?
A. eine gerichtsfeste Aussage über im Dienst beobachtete Vorkommnisse.
B. eine schriftliche Erklärung zur Verschwiegenheit über Dienstgeheimnisse.
C. eine (regelmäßig wiederholte) Einwilligung, die Vorgaben des Dienstherrn zu erfüllen.
D. ein mündliches Bekenntnis zur Verfassung und zur gewissenhaften Erfüllung der Dienstpflichten.
E. die vertragliche Bindung an den Dienstherrn für einen gewissen Zeitraum.

16) Welche Einrichtung gehört streng genommen nicht zum öffentlichen Dienst?
A. Bundeswehr
B. Deutsche Bundesbank
C. Deutsche Rentenversicherung
D. Deutsche Bahn
E. Bundeszollverwaltung

17) Der größte Teil des öffentlichen Dienstes gehört zur …?
A. Judikative.
B. Investigative.
C. Exekutive.
D. Regulative.
E. Legislative.

18) Der Begriff „Dezernat" bezeichnet …?
A. eine Organisationseinheit öffentlicher Verwaltungen.
B. eine kommunale Steuer.
C. den verbindlichen Erlass eines Bürgermeisters.
D. die Wartezeit bis zur nächsten regulären Beförderung.
E. den Akt, mit dem ein Beamter in den Ruhestand versetzt wird.

19) Wie viele Menschen beschäftigt die öffentliche Hand aktuell ungefähr?
A. 2,1 Millionen
B. 8,9 Millionen
C. 11,2 Millionen
D. 4,7 Millionen
E. 6,2 Millionen

20) Berufssoldaten …?
A. sind Teil des öffentlichen Dienstes, aber keine Beamte.
B. gehören nicht zum öffentlichen Dienst.
C. sind immer Beamte.
D. sind nur zum Teil verbeamtet.
E. sind Angestellte der Bundeswehr.

Technisches Verständnis *Bearbeitungszeit 5 Minuten*

Beantworten Sie bitte die folgenden Aufgaben, indem Sie jeweils den richtigen Lösungsbuchstaben markieren.

21) Woraus besteht Beton?
A. Aus Zement, Wasser und Gesteinskörnern
B. Aus Kalziumsulfat
C. Aus Lehm, Wasser und Sand
D. Aus zermahlenem Eisenerz und einer speziellen chemischen Lösung
E. Keine Antwort ist richtig.

22) Welche Funktion hat die Kupplung eines Kraftwagens?
A. Die Kupplung sorgt dafür, dass der Motor schnell gestartet werden kann.
B. Die Kupplung sorgt dafür, dass das Kraftfahrzeug Höchstleistungen erbringen kann.
C. Die Kupplung kontrolliert den Kraftfluss zwischen Motor und Getriebe.
D. Die Kupplung schützt den Motor vor Überlastungen.
E. Keine Antwort ist richtig.

23) Aus welchen Bestandteilen setzt sich ein einfacher Stromkreis zusammen?
A. Spannungsquelle, Verbraucher, Leitungen und Stromkasten
B. Leitungen, Spannungsquelle und ein Verbraucher
C. Spannungsquelle, Verbraucher, Leitungen und ein Transistor
D. Spannungsquelle, Verbraucher, Leitungen und eine Sicherung
E. Keine Antwort ist richtig.

24) Mit einem Generator kann man …?
A. chemische in mechanische Energie umwandeln.
B. elektrische Energie in Wärmeenergie umwandeln.
C. mechanische in elektrische Energie umwandeln.
D. elektrische in mechanische Energie umwandeln.
E. Keine Antwort ist richtig.

25) Bei der unvollständigen Verbrennung fester oder flüssiger Brennstoffe entsteht besonders viel …?
A. Ruß.
B. Kohlendioxid.
C. Hitze.
D. Schwefel.
E. Keine Antwort ist richtig.

26) Die Viskosität beschreibt die Fließfähigkeit z. B. von Schmierölen: Große Viskosität bedeutet dabei große Zähigkeit. Welche Aussage trifft zu?
A. Je dickflüssiger (viskoser) das Öl, desto besser seine Qualität.
B. Extrem dickflüssiges Öl erreicht schnell alle zu schmierenden Stellen.
C. Je dünnflüssiger das Öl ist, desto besser schmiert es.
D. Extrem dünnflüssiges Öl eignet sich besonders für schmale Zwischenräume.
E. Keine Antwort ist richtig.

27) Was ist kein Vorteil des Nietens gegenüber dem Schweißen?
A. Keine Gesundheitsgefahr durch Gase und Lichtstrahlung
B. Geringer Energieverbrauch
C. Keine Gefügeänderung in den zu verbindenden Blechen
D. Gewichtssenkung des Endprodukts
E. Keine Antwort ist richtig.

28) Ein Gewicht wird mithilfe eines einrolligen Flaschenzugs angehoben. Nun wird eine zusätzliche Rolle eingebaut. Verändert sich die erforderliche Zugkraft, um das Gewicht auf dieselbe Höhe zu ziehen?
A. Nein, die Zugkraft bleibt gleich.
B. Ja, die Zugkraft halbiert sich.
C. Ja, die Zugkraft ist um ein Viertel geringer.
D. Ja, die Zugkraft ist um ein Viertel höher.
E. Keine Antwort ist richtig.

29) Wasser wird durch eine Rohrleitung mit einem Durchmesser von 20 cm gepumpt. Auf der Hälfte der Leitungsstrecke ist ein engeres Rohrstück mit einem Durchmesser von 10 cm eingebaut. Wie verändert sich die Durchflussgeschwindigkeit bei gleichbleibendem Wasserdurchsatz?

A. Die Durchflussgeschwindigkeit bleibt gleich.
B. Die Durchflussgeschwindigkeit verdoppelt sich.
C. Die Durchflussgeschwindigkeit vervierfacht sich.
D. Die Durchflussgeschwindigkeit verdreifacht sich.
E. Keine Antwort ist richtig.

30) Worin unterscheiden sich Ketten nicht von Riemen?

A. Durch niedrigeren Schlupf
B. Durch grundsätzlich geringeren Platzverbrauch
C. Durch Unempfindlichkeit gegen äußere Einflüsse
D. Durch bessere Kraftübertragung
E. Keine Antwort ist richtig.

Technisch-praktische Intelligenz *Bearbeitungszeit 10 Minuten*

Beantworten Sie bitte die folgenden Aufgaben, indem Sie jeweils den richtigen Lösungsbuchstaben markieren.

31) Deiche werden nach unten hin breiter, um dem mit steigender Tiefe zunehmenden Wasserdruck standzuhalten. Betrachten Sie die Skizze: Deich 1 umgrenzt ein 2 Kilometer langes Rückhaltebecken, Deich 2 einen 200 Meter langen Badeteich – welcher Deich muss stärker sein?

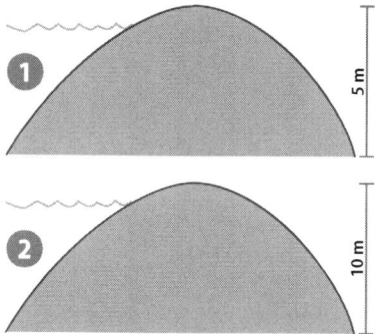

A. Deich 1 muss stärker sein.
B. Deich 2 muss stärker sein.
C. Beide Deiche müssen gleich stark sein.
D. Dazu müsste man das genaue Volumen der Gewässer kennen.
E. Keine Antwort ist richtig.

32) Wie hoch ist der Gesamtwiderstand im Stromkreis?

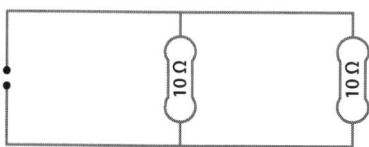

A. 100 Ω
B. 40 Ω
C. 20 Ω
D. 5 Ω
E. Keine Antwort ist richtig.

33) Welcher der vier Rahmen ist am stabilsten?

A. Rahmen 1
B. Rahmen 2
C. Rahmen 3
D. Rahmen 4
E. Keine Antwort ist richtig.

34) In welche Richtung dreht sich das Rad B, wenn sich der Antriebskolben A in Pfeilrichtung dreht?

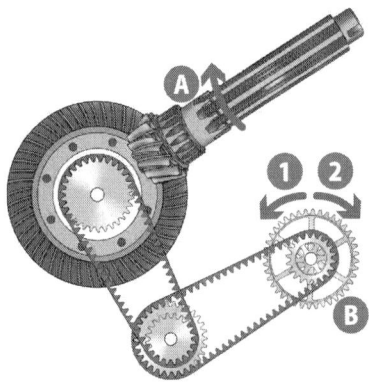

A. In Richtung 1
B. In Richtung 2
C. Hin und her
D. Gar nicht
E. Keine Antwort ist richtig.

35) Mit welchem Schraubenschlüssel lässt sich die Schraubenmutter am besten festziehen?

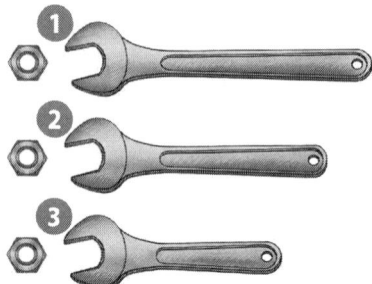

A. Mit Schraubenschlüssel 1
B. Mit Schraubenschlüssel 2
C. Mit Schraubenschlüssel 3
D. Die Schraube lässt sich mit den verschiedenen Schraubenschlüsseln gleich gut festziehen.
E. Keine Antwort ist richtig.

36) Ihnen liegen vier Kontaktanschlüsse 1 bis 4 vor. Welche zwei Kontaktanschlüsse müssen kurzgeschlossen werden, damit zwei der vier Lampen möglichst hell leuchten?

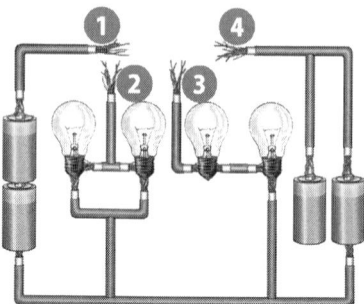

A. 1 und 2
B. 2 und 3
C. 3 und 4
D. 1 und 4
E. Keine Antwort ist richtig.

37) Welche der Räder drehen sich in die gleiche Richtung wie Rad 1?

A. 3 und 7
B. 2, 4 und 6
C. 2, 4, 5 und 7
D. 3 und 6
E. Keine Antwort ist richtig.

Hubkolbenpumpe: Aufbau und Funktion

Bitte sehen Sie sich das Schaubild an und beantworten Sie die dazu gestellten Fragen schriftlich.

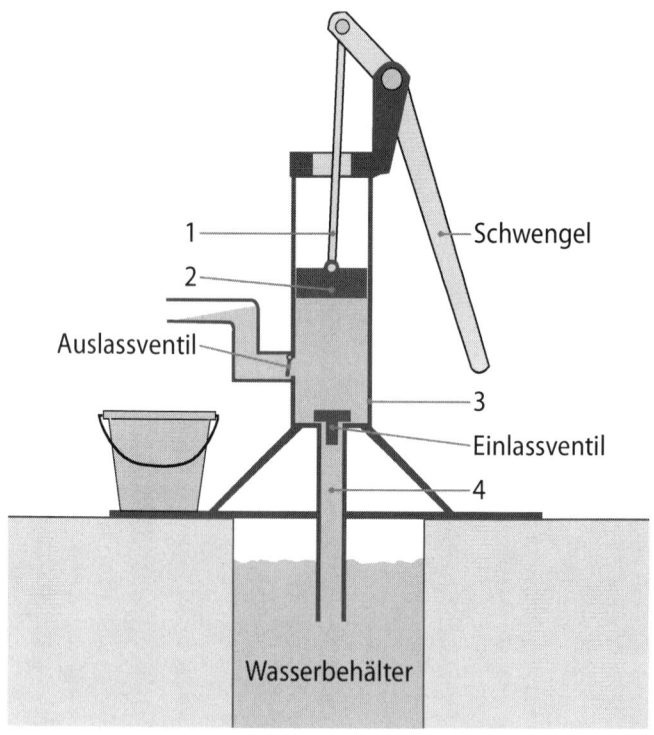

38) Mit welcher Zahl sind die folgenden Bauteile in der Skizze beschriftet?

Zylinder: _____

Kolbenstange: _____

Ansaugleitung: _____

Kolben: _____

39) Wie verändert sich der Kraftaufwand beim Pumpen, wenn der Wasserstand im Behälter steigt bzw. sinkt? Warum ist das so?

40) Bitte beschreiben Sie, wie der Pumpvorgang beim abgebildeten Pumpentyp abläuft.

Lösungen: Fachbezogenes Wissen

1) A	15) D	29) C
2) B	16) D	30) B
3) B	17) C	31) B
4) E	18) A	32) D
5) A	19) D	33) A
6) D	20) A	34) B
7) A	21) A	35) A
8) B	22) C	36) A
9) A	23) B	37) C
10) E	24) C	38)
11) A	25) A	39) siehe Erklärung
12) A	26) D	40)
13) E	27) D	
14) D	28) B	

Feuerwehr (Aufgaben 1–10)

Zu 1) A. Strafen

Der Wahlspruch der Feuerwehr lautet „Retten, Löschen, Bergen, Schützen". Die Rettung von Menschenleben steht natürlich an erster Stelle, doch auch der Gefahrenschutz, die Rettung von Tieren oder der Erhalt von Sachwerten spielen im Feuerwehralltag eine große Rolle.

Zu 2) B. Bundesfeuerwehr

Eine Berufsfeuerwehr gibt es in fast allen Groß- und einigen mittelgroßen Städten Deutschlands. Sie wird von der jeweiligen Kommune unterhalten und besteht hauptsächlich aus verbeamteten oder fest angestellten – also hauptberuflichen – Angehörigen. In Freiwilligen Feuerwehren sind meist ehrenamtliche Mitglieder tätig, die aber durch hauptamtliche Kräfte unterstützt werden können.

Eine Pflichtfeuerwehr wird eingerichtet, wenn es keine Berufsfeuerwehr gibt und eine Freiwillige Feuerwehr nicht zustande kommt: dann können geeignete Bürger und Bürgerinnen per Gesetz zum Feuerwehrdienst herangezogen werden. Große, gefahrenträchtige Betriebe – z. B. Industriebetriebe – sind gesetzlich zur Aufstellung einer Werkfeuerwehr verpflichtet, die haupt- und nebenberufliche Kräfte umfassen kann. Eine Bundesfeuerwehr gibt es nicht.

Zu 3) B. dem jeweiligen Bundesland.

Die Gesetzgebung über Feuerwehrwesen und Brandschutz ist in Deutschland Sache der Bundesländer. Für die Aufstellung und den Unterhalt einer Feuerwehr sind aber meist die Kommunen zuständig.

Zu 4) E. Die Feuerwehr ist eine Behörde zur Abwehr vielfältiger Gefahren.

Feuerwehren bekämpfen heute nicht nur Brände, sondern kümmern sich um die Abwehr ganz unterschiedlicher Gefahren: Sie helfen bei Naturkatastrophen, Verkehrsunglücken oder Öl- und Chemieunfällen und beteiligen sich an der medizinischen Notfallrettung. In der Regel ist eine Feuerwehr eng in den örtlichen Katastrophenschutz eingebunden, verzahnt mit anderen Behörden wie dem Technischen Hilfswerk, das nichtsdestotrotz eine eigenständige Einrichtung ist.

Zu 5) A. Truppmann.

Eine Feuerwehrausbildung gliedert sich in mehrere Teile: Die Truppmannausbildung vermittelt Grundkenntnisse im Lösch- und Hilfeleistungseinsatz; in der technischen Ausbildung erlernt man den Umgang mit den verschiedenen Geräten und Ausrüstungsgegenständen (z. B. Sprechfunk, Atemschutzgerät, Maschinen); in Rettungssanitäter-Lehrgängen erwirbt man notfallmedizinisches Know-how. Parallel dazu sind Praktika zu absolvieren. Für gehobene Positionen stehen außerdem spezielle Führungsausbildungen auf dem Plan, die zur Übernahme leitender Funktionen befähigen.

Zu 6) D. Fünfjahresplan des Innenministers zur Feuerwehrentwicklung

Die personelle und materielle Ausstattung einer Feuerwehr richtet sich nach dem Gefahrenpotenzial vor Ort. Ausschlaggebend dafür sind neben der Einwohnerzahl auch Art und Anzahl der angesiedelten Betriebe und nicht zuletzt die vorhandene Infrastruktur: Von ihr hängt nicht nur ab, wie die Einsatzkräfte zu einem Einsatzort gelangen, sondern sie stellt auch selbst einen möglichen Unfallschwerpunkt dar. Einen Fünfjahresplan des Innenministers zur Entwicklung der Feuerwehr gibt es nicht.

Zu 7) A. Die Zeit, die vom Eingang des Notrufs bis zur Ankunft der Einsatzkräfte vor Ort verstreicht

Die „Hilfsfrist" bezeichnet in der Regel den Zeitraum vom Eingang eines Notrufs bis zum Eintreffen der Einsatzkräfte. Mithilfe dieser Kennziffer plant man den Aufbau der Feuerwehr und des Rettungsdienstes vor Ort und überprüft deren Leistungsfähigkeit. Die Arbeitsgemeinschaft der Leiter der Berufsfeuerwehren (AGBF) nennt für kritische Wohnungsbrände eine angepeilte Hilfsfrist von höchstens 9,5 Minuten – 1,5 Minuten für das Gespräch mit dem Meldenden und die Einteilung des Einsatzes, 8 Minuten für die Anfahrtszeit. Bei Wohnungsbränden droht eingeschlossenen Personen nach 17 Minuten eine Rauchvergiftung.

Zu 8) B. Heißes Fett lässt Wasser blitzartig verdampfen, es entsteht ein explosiver Fettnebel.

Brennendes Fett hat eine Temperatur von über 100 °C, sodass auftreffendes Wasser schlagartig verdampft. Dadurch verspritzt das Wasser-Fett-Gemisch und es bildet sich ein fein verstäubter Fettnebel, der wegen seiner großen Oberfläche besonders heftig mit dem Luftsauerstoff reagiert – es kommt zu einer explosionsartigen Verbrennung, einer Fettexplosion.

Zu 9) A. Freiwillige Feuerwehren.

Aktuell existieren in Deutschland gut 25.000 Feuerwehren, nämlich rund 24.000 Freiwillige Feuerwehren, 100 Berufsfeuerwehren, 900 Werkfeuerwehren und knapp eine Handvoll Pflichtfeuerwehren. Außerdem gibt es mehr als 17.500 Jugendfeuerwehren.

Zu 10) E. 1,3 Mio.

Aktuell gibt es in Deutschland etwa 1,3 Millionen aktive Feuerwehrangehörige. Rund 29.000 davon sind in Berufsfeuerwehren tätig, 33.000 sind Teil einer Werkfeuerwehr. Den mit Abstand größten Anteil stellen die Freiwilligen Feuerwehren mit mehr als einer Million Mitgliedern, vor den Jugendfeuerwehren mit 250.000 Angehörigen.

Verwaltungswissen (Öffentlicher Dienst) (Aufgaben 11–20)

Zu 11) A. die kleinste geografisch-administrative Einheit im Verwaltungsaufbau.

„Gemeinde" wird meist gleichbedeutend mit „Kommune" verwendet und bezeichnet die kleinste geografisch-administrative Einheit der öffentlichen Verwaltung. Die Gemeindeebene umschließt kreisfreie und kreisangehörige Gemeinden (z. B. Städte) sowie Landkreise (Zusammenschlüsse der kreisangehörigen Ortschaften).

Zu 12) A. ist eine Interessenvertretung von Beamten und Angestellten.

Der Deutsche Beamtenbund (DBB) ist ein Dachverband mehrerer Gewerkschaften. Er vertritt die Interessen von Angehörigen des öffentlichen Dienstes und von Angestellten im privaten Dienstleistungsbereich, unter anderem bei Tarifverhandlungen. Nach dem Deutschen Gewerkschaftsbund (DGB) ist der DBB mit rund 1,3 Millionen Mitgliedern der zweitgrößte gewerkschaftliche Dachverband in Deutschland.

Zu 13) E. besteht aus einzelnen Teilstaaten, die relativ eigenständig sind.

„Föderalismus" steht für ein staatliches Organisationsprinzip: Ein föderalistischer Staat besteht aus mehreren, relativ eigenständigen Gliedern. Die Bundesrepublik Deutschland ist ein solches Staatswesen, dessen Teilstaaten – die Bundesländer – eigene Verwaltungen besitzen, eigene Steuern erheben und vieles mehr.

Zu 14) D. hat in der Regel ein Studium oder eine Ausbildung absolviert.

In der Regel haben Beamte auf Probe im Rahmen ihres Vorbereitungsdienstes ein Studium oder eine Ausbildung absolviert. Sie sind bereits verbeamtet und können nach Ablauf der Probezeit zu Beamten auf Lebenszeit ernannt werden.

Zu 15) D. ein mündliches Bekenntnis zur Verfassung und zur gewissenhaften Erfüllung der Dienstpflichten.

Durch seinen Amts- bzw. Diensteid bekennt sich ein Beamter, Verfassung und Gesetze zu achten und seine Pflichten gewissenhaft zu erfüllen. Die Vereidigung ist ein obligatorischer Bestandteil des Verbeamtungsprozesses; wer sich weigert, den Eid zu leisten, kann sogar entlassen werden.

Zu 16) D. Deutsche Bahn

Die Deutsche Rentenversicherung – Zusammenschluss der Träger der gesetzlichen Rentenversicherung – ist eine Körperschaft öffentlichen

Rechts. Gleiches gilt für die Deutsche Bundesbank, beide zählen zum (mittelbaren) öffentlichen Dienst. Bundeswehr und Zoll sind Teil des unmittelbaren öffentlichen Dienstes. Die Deutsche Bahn befindet sich zwar zu 100 Prozent im Staatsbesitz, ist aber eine privatrechtlich organisierte Aktiengesellschaft und gehört daher nicht zum öffentlichen Dienst im engeren Sinne.

Zu 17) C. Exekutive.

In Deutschland gilt das Prinzip der Aufteilung der Staatsgewalten in ausführende Gewalt (Exekutive), rechtsprechende Gewalt (Judikative) und gesetzgebende Gewalt (Legislative). Der öffentliche Dienst ist nahezu vollständig in der Exekutive organisiert, die die Gesetze ausführt und ihre Einhaltung überwacht (Polizei, Zoll, Finanzverwaltung, Steuerverwaltung, Allgemeine Verwaltung ...). Verwaltungskräfte der Judikative sind Richter, Justizfachwirte, Rechtspfleger und Staatsanwälte. Die Legislative unterhält die Verwaltungen des Bundestags und des Bundespräsidialamts. Gewalten namens „Regulative" oder „Investigative" gibt es nicht.

Zu 18) A. eine Organisationseinheit öffentlicher Verwaltungen.

Dezernate, in Ministerien oft „Referate" genannt, sind (Unter-)Abteilungen einer Behörde, eines Ministeriums oder anderer Verwaltungseinrichtungen. Sie können hierarchisch sehr weit oben stehen – vor allem in der Kommunalverwaltung – oder untergeordnete Bereiche größerer Abteilungen sein.

Zu 19) D. 4,7 Millionen

Im öffentlichen Dienst sind aktuell knapp 4,7 Millionen Menschen tätig: Rund 500.000 bei der Bundesverwaltung, 2,4 Millionen bei einer Landesverwaltung, 1,5 Millionen auf Kommunalebene und 370.000 bei den Trägern der Sozialversicherung. 1,8 Millionen der Beschäftigten sind Beamte.

Zu 20) A. sind Teil des öffentlichen Dienstes, aber keine Beamte.

Berufssoldaten sind Teil des öffentlichen Dienstes, aber keine Beamte: Ihre rechtliche Stellung regelt kein Beamtengesetz, sondern das Soldatengesetz.

Technisches Verständnis (Aufgaben 21–30)

Zu 21) A. Aus Zement, Wasser und Gesteinskörnern

Beton besteht aus Zement, Wasser und kleinen Gesteinskörnern. Auch bei Kalziumsulfat handelt es sich um einen populären Baustoff – allgemein bekannt unter der Bezeichnung „Gips".

Zu 22) C. Die Kupplung kontrolliert den Kraftfluss zwischen Motor und Getriebe.

Die Kupplung eines Kraftfahrzeugs verbindet das Getriebe mit der Kurbelwelle, die vom Motor in Rotation versetzt wird. Diese Verbindung kann durch elektrische, hydraulische oder mechanische Bauteile nach Bedarf hergestellt oder unterbrochen werden. Die Kupplung wird in Kraftfahrzeugen zum Anfahren und Schalten gebraucht.

Zu 23) B. Leitungen, Spannungsquelle und ein Verbraucher

Ein einfacher Stromkreislauf setzt sich zusammen aus einer Spannungsquelle – beispielsweise einem Fahrraddynamo –, Leitungen (Kabeln, Drähten) und einem Verbraucher (Fahrradlicht). Transistoren zum Schalten oder Verstärken elektrischer Signale werden in diesem einfachen Stromkreis ebenso wenig benötigt wie eine Sicherung oder ein Stromkasten.

Zu 24) C. mechanische in elektrische Energie umwandeln.

Ein Generator wandelt mechanische oder kinetische Energie (Bewegungsenergie) in elektrische Energie um. Erscheinungsformen sind z. B. brennstoffbetriebene Notstromaggregate, Stromerzeuger in Wasserkraftwerken oder Fahrrad-Dynamos.

Zu 25) A. Ruß.

Ruß ist ein schwarzer, pulverförmiger Feststoff, der fast ausschließlich aus Kohlenstoff besteht und zusammen mit Kohlenmonoxid (CO) bei unvollständigen Verbrennungsvorgängen anfällt. Je höher der Wirkungsgrad einer Heizanlage, desto vollständiger die Verbrennung – anstelle von Ruß und Kohlenmonoxid entsteht dann mehr Kohlendioxid (CO_2).

Zu 26) D. Extrem dünnflüssiges Öl eignet sich besonders für schmale Zwischenräume.

Wie viskos ein Schmieröl sein soll, hängt ganz von seinem Verwendungszweck ab: Dickflüssige Öle bilden einen stabileren Schmierfilm als dünnflüssigere, können jedoch unter Umständen nicht an alle engen

Schmierstellen vordringen. Die Qualität eines Öls wird nicht von seiner Viskosität bestimmt.

Zu 27) D. Gewichtssenkung des Endprodukts

Im Vergleich zum Schweißen verbraucht das Nieten weniger Energie, es verändert das Materialgefüge nicht und es gibt keine gesundheitsgefährdende Gas-, Licht- und Wärmeentwicklung. Außerdem kann man dadurch auch unterschiedliche Werkstoffe fügen oder solche mit veredelten (polierten, beschichteten) Oberflächen. Das Endprodukt wird durch das Nieten jedoch nicht leichter, sondern schwerer.

Zu 28) B. Ja, die Zugkraft halbiert sich.

Fügt man zur ersten noch eine zweite Rolle hinzu, halbiert sich der erforderliche Kraftbetrag, um das Gewicht auf dieselbe Höhe zu ziehen.

Zu 29) C. Die Durchflussgeschwindigkeit vervierfacht sich.

Wird der Durchmesser der Rohrleitung von 20 cm auf 10 cm halbiert, verkleinert sich der Rohrquerschnitt um drei Viertel, wie sich anhand der Formel zur Berechnung von Kreisflächen erkennen lässt:

$$A_{Rohr1} = \pi \times r^2 = \pi \times \left(\frac{d}{2}\right)^2 = \pi \times \left(\frac{20\,cm}{2}\right)^2$$
$$= \pi \times 100\,cm^2$$

$$A_{Rohr2} = \pi \times r^2 = \pi \times \left(\frac{d}{2}\right)^2 = \pi \times \left(\frac{10\,cm}{2}\right)^2$$
$$= \pi \times 25\,cm^2$$

Damit der Wasserdurchsatz (d. h. die in einem Zeitraum durch das Rohr geleitete Wassermenge) gleich bleibt, muss sich die Durchflussgeschwindigkeit des Wassers zum Ausgleich des schmaleren Rohrquerschnitts vervierfachen.

Zu 30) B. Durch grundsätzlich geringeren Platzverbrauch

Da sich bei Riemenführungen der Treibriemen unter Belastung ausdehnt, kommt es zum Schlupf: Der Riemen rutscht leicht über die Riemenscheiben. Kettenführungen gewährleisten eine bessere Kraftübertragung und sind unempfindlicher gegen äußere Einflüsse wie etwa hohe Temperaturen. Sie müssen jedoch nicht unbedingt platzsparender sein als Riemenführungen.

Technisch-praktische Intelligenz (Aufgaben 31–40)

Zu 31) B. Deich 2 muss stärker sein.

Wie stark ein Damm sein muss, hängt allein vom Wasserdruck ab, dem er standhalten soll. Der Wasserdruck wiederum steigt oder fällt nicht mit der Fläche oder dem Volumen eines Gewässers, sondern mit dessen Tiefe. Und da der Teich tiefer ist als das Rückhaltebecken, muss Deich 2 entsprechend stärker sein.

Zu 32) D. 5 Ω

Abgebildet ist der Schaltkreis einer Parallelschaltung, bei der sich der Gesamtwiderstand wie folgt berechnet:

$$\frac{1}{R_{gesamt}} = \frac{1}{R_1} + \frac{1}{R_2} = \frac{1}{10\,\Omega} + \frac{1}{10\,\Omega}$$

$$= \frac{2}{10\,\Omega} = \frac{1}{5\,\Omega}$$

$R_{gesamt} = 5\,\Omega$

Der Gesamtwiderstand beträgt 5 Ohm.

Zu 33) A. Rahmen 1

Die Stabilität der Rahmen hängt ab von ihrer jeweiligen Kräfteaufnahme und -verteilung, wobei ein guter Rahmen bei Belastungen gleich welcher Art und Richtung durch gute Kraftverteilung formstabil bleiben sollte. Die mittlere Stützstrebe von Rahmen 3 hilft jedoch nur bei zentral angreifenden, senkrecht wirkenden Kräften, die zudem schlecht verteilt werden. Rahmen 2 wiederum verteilt waagerechte und senkrechte Kräfte schlecht, diagonale Kräfte gar nicht. Nur bei Rahmen 1 werden Kräfte, egal aus welcher Richtung sie angreifen, an sämtliche Streben des Rahmens weitergegeben, die sich so gegenseitig stabilisieren können.

Zu 34) B. In Richtung 2

Greift der Kolben wie skizziert in die Vertiefungen des Zahnkranzes, wird dieser in eine Rotation im Uhrzeigersinn versetzt. Da die Zahnräder über Ketten miteinander verbunden sind, ändert sich dieser Drehsinn anschließend nicht.

Zu 35) A. Mit Schraubenschlüssel 1

Um die Schraubenmutter mit möglichst wenig Mühe festzuziehen, benötigt man einen Schraubenschlüssel mit einer großen Hebelwirkung. Das heißt: Der Griff des Schraubenschlüssels sollte so lang wie möglich sein. Schraubenschlüssel 1 ist demnach der geeignetste.

Zu 36) A. 1 und 2

Dargestellt wird ein einfacher Stromkreis aus Widerstand (Lampen), Verbindungen (Kabel, Drähte) und Spannungsquelle (Batterien). Damit Strom fließen kann, muss ein Stromkreis geschlossen werden, was sowohl durch die Verbindung der Enden 1 und 2 als auch durch die Verbindung der Enden 1 und 3 oder 3 und 4 geschehen kann. Die Helligkeit der Lampen hängt nun ab von ihrer Leistung, die sich nach folgender Formel berechnet:

P (elektrische Leistung) = U (elektrische Spannung) × I (elektrischer Strom)

Da sich durch die Verbindung von 1 und 2 eine Parallelschaltung ergibt, liegt an beiden linken Lampen eine gleich hohe Spannung an, erzeugt von zwei Batterien. Sie geben daher mehr Leistung ab als die rechten Lampen, die sich bei einem Kurzschluss von 1 und 3 in Reihenschaltung befänden: Hier läge an jeder Lampe nur die halbe Spannung zweier Batterien an. Bei der Verbindung von 3 und 4 würde im entstandenen Stromkreis sogar nur die einfache Batteriespannung herrschen, da die zweite Batterie von rechts nicht in den Stromkreis integriert ist.

Zu 37) C. 2, 4, 5 und 7

Wenn ein Zahnrad in ein zweites greift und seine Rotation dadurch überträgt, dann dreht sich das zweite Rad im entgegengesetzten Drehsinn. Überträgt das zweite Zahnrad seine Rotation wiederum auf ein drittes, bewegt sich dieses entgegengesetzt zum zweiten, also in der gleichen Drehrichtung wie das erste. Anders ausgedrückt: In einer Kette miteinander verbundener Zahnräder rotieren immer die jeweils übernächsten in derselben Drehrichtung. In die gleiche Richtung wie Rad 1 drehen sich demnach die Räder 2, 4, 5 und 7.

Zu 38)

Zylinder: 3
Kolbenstange: 1
Ansaugleitung: 4
Kolben: 2

Zu 39)

Bei sinkendem Wasserstand im Behälter muss der Pumpende mehr, bei steigendem Wasserstand weniger Kraft aufwenden als vorher. Der Grund: Je tiefer das Wasser steht, desto mehr Wasser befindet sich beim Pumpvorgang über dem Wasserspiegel (in der Ansaugleitung und im Zylinder). Und diese Wassersäule übt eine der Pumprichtung entgegengesetzte Gewichtskraft aus. Das Wasser drückt also gewissermaßen gegen den im Zylinder erzeugten Unterdruck nach unten in den Behälter zurück.

Zu 40)

In der Abbildung befindet sich der Schwengel, der einarmige Hebel der Pumpe, in seiner niedrigsten Stellung. Zieht man ihn nach oben, fährt der Kolben nach unten und drückt gegen das Wasser im Zylinder: Dadurch öffnet sich das Auslassventil, und das Wasser fließt in den Eimer. Das Einlassventil bleibt währenddessen geschlossen. Hat der Schwengel seine höchste Position erreicht, ist im Zylinder praktisch kein Wasser mehr. Drückt man den Schwengel nun zurück nach unten, fährt der Kolben nach oben, was im Zylinder einen Unterdruck erzeugt. Dadurch wird das Auslassventil in seine Verschlussposition gezogen und das Einlassventil öffnet sich: Jetzt strömt das Wasser aus dem Behälter durch die Ansaugleitung in den Zylinder hinein.

Sprachbeherrschung

Diktat *Bearbeitungszeit 15 Minuten*

1) Nehmen Sie nun bitte etwas Schreibpapier zur Hand und suchen Sie sich einen Partner, der Ihnen den vorliegenden Text Satzteil für Satzteil vorliest (Punkte werden mitdiktiert). Im Anschluss werten Sie das Diktat im Abgleich mit der Vorlage sorgfältig aus (Kommasetzung nicht vergessen). Insgesamt sollten Sie nicht mehr als 15 Fehler machen – je weniger, desto besser. Einen Bewertungsschlüssel finden Sie im Lösungsteil.

Das Grundgesetz: Fundament der deutschen Demokratie

Wozu braucht man überhaupt einen Staat, wodurch legitimiert er sich? Eine häufig herangezogene Antwort stammt vom englischen Staatstheoretiker Thomas Hobbes, der im Kern wie folgt argumentierte: Wenn jeder selbst für seine Freiheit und Sicherheit verantwortlich wäre, gerieten diese Existenzparameter in Gefahr, denn es käme zum Kampf aller gegen alle, bei dem schließlich die Gewalttätigsten die Oberhand behielten. Also übertragen die Bürger die Verantwortung für ihre Sicherheit dem Staat, der das Gewaltmonopol übernimmt, allgemeine Grundregeln des Zusammenlebens festlegt und diese durchsetzt.

Der grundlegende Katalog von Regeln, Werten und Ordnungsvorstellungen ist in Deutschland das Grundgesetz. Darin sind die Leitlinien des Staatsprinzips niedergelegt: Demokratie, Republik, Rechts- und Sozialstaatlichkeit, Föderalismus sowie die Gewaltenteilung in Legislative, Exekutive und Judikative.

Das Grundgesetz lässt sich in mehrere Hauptteile untergliedern. Auf die Präambel, eine Art Vorwort, folgt der erste Hauptabschnitt mit den Artikeln 1 bis 19, in denen die Grundrechte behandelt werden. Die weiteren Abschnitte widmen sich primär dem Staatsorganisationsrecht, also den Bestimmungen zum Aufbau, zur Funktion und zur Aufgabenverteilung der Staatsorgane.

Doch von den nüchternen Paragrafen *(alternativ: Paragraphen)* einmal abgesehen: Eine Demokratie lebt natürlich erst durch die aktive Teilhabe ihrer mündigen Bürger. Auch vor diesem Hintergrund erweist sich das am 23. Mai 1949 in Kraft getretene Grundgesetz als hochaktuell. Immer wieder entzünden sich politische Kontroversen an der Auslegung und Änderung verschiedener Bestimmungen.

Lückendiktat

Bearbeitungszeit 10 Minuten

Bei dieser Diktat-Variante schreiben Sie nicht den kompletten Text auf, sondern füllen nur die Lücken in Ihrer Vorlage auf der nächsten Seite. Suchen Sie sich dazu einen Partner, der Ihnen den unten abgedruckten Originaltext Satz für Satz vorliest. Die einzusetzenden Wörter sind fett formatiert und werden an jedem Satzende noch einmal langsam und deutlich wiederholt.

Ein gutes Ergebnis erreichen Sie mit höchstens zwei falsch geschriebenen Wörtern.

Feuerwehren im Großeinsatz

Mehrere Großeinsätze hielten am **2 Samstagabend** die Berufsfeuerwehren **3 Baden-Württembergs** auf **4 Trab**. In Freiburg **5 alarmierten** gegen 14 Uhr Mitarbeiter verschiedener Pflegeheime die **6 Leitstelle**: Aufgrund eines **7 weiträumigen** Stromausfalls waren Beatmungsgeräte und andere **8 medizinische 9 Apparate** ausgefallen. Die umgehend **10 angerückten** Rettungskräfte stellten mit ihren **11 Aggregaten** eine **12 Notstromversorgung** her. Zahlreiche Senioren mussten **13 notärztlich** versorgt werden, in einigen Fällen war eine **14 Überführung** ins Krankenhaus nötig.

Währenddessen ereignete sich in Karlsruhe eine **15 verheerende 16 Explosion** auf dem Gelände der örtlichen **17 Schifffahrtsgesellschaft**. Als die **18 Löschzüge** der Feuerwehr eintrafen, standen die **19 Betriebsgebäude** bereits in **20 helllichten** Flammen. Mit angelegten **21 Atemschutzmasken** gelang es den Einsatzkräften, alle eingeschlossenen Personen aus dem **22 Inferno** zu retten. Wie durch ein Wunder wurde **23 niemand** schwer oder gar **24 tödlich** verletzt. Es entstand ein **25 beträchtlicher** Sachschaden. Noch einige hundert Meter entfernt fand man Ersatzteile von **26 Schiffszylindern**, die durch die Wucht der Explosion **27 davongeschleudert** worden waren. Die **28 Unglücksursache** ist bislang unklar, die Kriminalpolizei ermittelt in alle Richtungen.

Am **29 Spätnachmittag** kam es schließlich auf der A 6 bei Mannheim zu einem weiteren Unglück. Kurz nach **30 Einsetzen** des **31 Stoßverkehrs** wurde gegen 16 Uhr ein **32 katastrophaler** Unfall gemeldet. Den **33 herbeigeeilten**

Feuerwehreinheiten bot sich ein nahezu **34 apokalyptisches** Bild: Neben **35 Dutzenden** *(alternativ: dutzenden)* beschädigter Pkws fanden sie auch einen auf der Fahrerseite liegenden **36 Sattelzug** vor. Viele Fahrzeuginsassen konnten nur mithilfe von **37 hydraulischem 38 Rettungsgerät** aus den **39 Wracks** befreit werden. Aus dem Tank des Lkw liefen unterdessen große Mengen **40 Dieselkraftstoff** aus, der durch Ölbinder **41 unschädlich** gemacht werden musste.

Dieser Text ist frei erfunden.

Bitte lassen Sie sich nun den Diktattext vorlesen und ergänzen Sie die fehlenden Wörter.

Feuerwehren im Großeinsatz

Mehrere Großeinsätze hielten am 2) _____ die Berufsfeuerwehren 3) _____ auf

4) _____. In Freiburg 5) _____ gegen 14 Uhr Mitarbeiter verschiedener Pflegeheime die 6) _____ : Aufgrund eines 7) _____ Stromausfalls waren Beatmungsgeräte und andere 8) _____

9) _____ ausgefallen. Die umgehend

10) _____ Rettungskräfte stellten mit ihren

11) _____ eine

12) _____ her. Zahlreiche Senioren mussten 13) _____ versorgt werden, in einigen

Fällen war eine 14) _____ ins Krankenhaus nötig.

Währenddessen ereignete sich in Karlsruhe eine

15) _____ 16) _____ auf dem Gelände der örtlichen

17) _____. Als die

18) _____ der Feuerwehr eintrafen, standen die

19) _____ bereits in

20) _____ Flammen. Mit angelegten

21) _____ gelang es den Einsatzkräften,

alle eingeschlossenen Personen aus dem 22) _____ zu retten.

Wie durch ein Wunder wurde 23) _____ schwer oder gar

24) _____ verletzt. Es entstand ein

25) _____ Sachschaden. Noch einige hundert Meter entfernt fand man Ersatzteile von

26) _____, die durch die Wucht der Explosion 27) _____ worden waren. Die

28) _____ ist bislang unklar, die Kriminalpolizei ermittelt in alle Richtungen.

Am 29) _____ kam es schließlich auf der A 6 bei Mannheim zu einem weiteren Unglück. Kurz nach

30) _____ des

31) _____ wurde gegen 16 Uhr ein

32) _____ Unfall mit Lkw-Beteiligung gemeldet. Den 33) _____ Feuerwehreinheiten

bot sich ein nahezu 34) _____ Bild: Neben

35) _____ beschädigter Pkws fanden sie auch einen auf

der Fahrerseite liegenden 36) _____ vor. Viele Fahrzeuginsassen konnten nur mithilfe von 37) _____

38) _____ aus den 39) _____ befreit

werden. Aus dem Tank des Lkw liefen unterdessen große Mengen

40) _____ aus, der durch Ölbinder

41) _____ gemacht werden musste.

Kurzaufsatz: Situationen beurteilen

Bearbeitungszeit 10 Minuten

Diese Aufgabe prüft Ihr sprachliches Geschick und Ihre Urteilsfähigkeit.

In manchen Einstellungstests konfrontiert man Sie mit berufsnahen Szenarien: Stellen Sie sich vor, Sie sehen ein brennendes Haus, ein havariertes Fahrzeug oder eine alte Dame, die auf dem Gehweg zusammenbricht – was würden Sie tun? Expertenwissen brauchen Sie nicht, es genügt, wenn Sie Zivilcourage und gesunden Menschenverstand beweisen. Daneben zählen selbstverständlich auch Ausdrucksvermögen, Rechtschreibung und Grammatik.

Nehmen Sie nun bitte etwas Schreibpapier zur Hand und beginnen Sie mit dem Kurzaufsatz.

42) Sie fahren in Ihrem Pkw – als einziger Fahrzeuginsasse – auf einer zweispurigen Landstraße. Plötzlich kommt auf der Gegenspur ein schwer demoliertes Auto in Ihr Sichtfeld, das anscheinend gerade eben verunglückt ist. Wie gehen Sie vor, worauf achten Sie?

Welche Schreibweise stimmt? *Bearbeitungszeit 6½ Minuten*

In diesem Abschnitt werden Ihre Rechtschreibkenntnisse geprüft.

Wie wird das Wort richtig geschrieben? Beantworten Sie bitte die folgenden Aufgaben, indem Sie jeweils den Lösungsbuchstaben der richtigen Schreibweise markieren.

43)
A. Skise
B. Skize
C. Skitze
D. Skizze
E. Keine Antwort ist richtig.

44)
A. Milliardestel
B. Milliardstel
C. Miliardstel
D. Miliardestel
E. Keine Antwort ist richtig.

45)
A. Mikroprozezor
B. Microprozessor
C. Mikroprozessor
D. Mikroprozesor
E. Keine Antwort ist richtig.

46)
A. Palafer
B. Palaffer
C. Palaaver
D. Palaver
E. Keine Antwort ist richtig.

47)
A. Konjukturanstieg
B. Konjunkturanstieg
C. Konjunkturanstig
D. Koniunkturanstieg
E. Keine Antwort ist richtig.

48)
A. Hallogen
B. Halogeen
C. Halogen
D. Hallogeen
E. Keine Antwort ist richtig.

49)
A. Imobilien
B. Immobilien
C. Immobillien
D. Imobilen
E. Keine Antwort ist richtig.

50)
A. Fotossynthese
B. Fotosyntese
C. Photosynthese
D. Photosintese
E. Keine Antwort ist richtig.

51)
A. Atmosphäre
B. Atmosfähre
C. Atmosphere
D. Atmosfäre
E. Keine Antwort ist richtig.

52)
A. Porzelanvase
B. Porzellanvase
C. Porzellanvahse
D. Porzellanwase
E. Keine Antwort ist richtig.

53)
A. Rababer
B. Rharbarber
C. Rhabarber
D. Rarbarber
E. Keine Antwort ist richtig.

54)
A. Engagment
B. Angagment
C. Angagement
D. Engagement
E. Keine Antwort ist richtig.

55)
A. Peripherrie
B. Peripherie
C. Periferie
D. Perriferie
E. Keine Antwort ist richtig.

„s", „ss" oder „ß"?

Bearbeitungszeit 5 Minuten

Welche Schreibweise stimmt?

Bitte füllen Sie die Lücken korrekt, indem Sie jeweils „s", „ss" oder „ß" hineinschreiben. Es gelten die aktuellen Regeln der deutschen Rechtschreibung.

56) Jetzt reicht es mir aber, das Ma____ ist endgültig voll!

57) Die breite Ma____e der Bevölkerung stand hinter ihr.

58) Anstatt das Auto zu nehmen, ging sie lieber zu Fu____.

59) Unbekannte Randalierer warfen ein Moped in den Flu____.

60) Nach einer Woche gelang es, den Täter zu fa____en.

61) Mehr lä____t sich dazu im Moment noch nicht sagen.

62) Die Aufgabe war kein bi____chen schwierig.

63) Er wu____te, da____ die Sache nicht gut für ihn stand.

64) Mach dir deswegen keine Gewi____ensbi____e.

65) Bald rei____t ihr der Geduldsfaden wegen der Versäumni____e.

66) Um niemanden vor den Kopf zu sto____en, ging er äu____erst behutsam vor.

67) Da____ ich da____ noch einmal erleben darf, hätte ich nicht gedacht.

68) Bi____ zu den Ferien sind es noch fa____t zwei Wochen.

69) „Wa____er marsch!", hie____ es beim Tag der offenen Tür der Feuerwehr Dü____eldorf.

70) Plötzlich fiel drau____en an der Stra____e ein Schu____.

Kommasetzung

Bearbeitungszeit 5 Minuten

Welche Interpunktion stimmt? Bearbeiten Sie bitte die folgenden Aufgaben, indem Sie die fehlenden Kommas ergänzen.

71) Die Tatsache☐ dass sich die Erde um die Sonne dreht☐ galt vor wenigen Jahrhunderten noch als Irrglaube und Gotteslästerung.

72) Nachdem ich gesehen hatte☐ was sie mir hatte zeigen wollen☐ war ich so überwältigt☐ dass ich zuerst gar nicht sprechen konnte.

73) Er konnte sich nicht erklären☐ wie es sein konnte☐ dass er auf einmal mitten in einem Park stand☐ obwohl es seines Wissens in seiner Stadt☐ doch gar keine Grünflächen gab.

74) Bereits wenige Minuten☐ nachdem ein Passant die Polizei gerufen hatte☐ erschienen die Beamten☐ und nahmen die Randalierer fest.

75) Meist erzielt man bei Prüfungen ein besseres Ergebnis☐ wenn man nicht bis zur letzten Sekunde lernt☐ sondern sich stattdessen gezielt entspannt.

76) Wenn Sie einen Beruf☐ der Ihnen nicht gefällt☐ wegen guter Verdienstmöglichkeiten trotzdem ergreifen☐ werden Sie darin langfristig nicht glücklich werden.

77) Die meisten Menschen, die ein Haustier haben, sind der Meinung, dass ihr Tier das allerbeste auf der ganzen Welt ist.

78) Wenn ein Aktenvernichter Akten vernichtet und ein Schornsteinfeger den Schornstein fegt, was macht dann ein Zitronenfalter?

79) Angesichts des unbeständigen Wetters empfehle ich dir dringend, einen Regenschirm mitzunehmen, damit du nicht nass wirst.

80) Wenn ich mir so ansehe, was du hier machst, dann frage ich mich, ob das wirklich zum gewünschten Ergebnis führen kann.

Text korrigieren   *Bearbeitungszeit 5 Minuten*

Dem Verfasser eines Aufsatzes sind einige Fehler unterlaufen.

Wie viele Fehler finden Sie? Bitte gehen Sie den Text Zeile für Zeile durch: Jedes falsch geschriebene Wort, jedes falsch gesetzte Komma und jedes fehlende Komma zählt als 1 Fehler. Notieren Sie für jede Zeile die Anzahl der Fehler im rechten Feld.

Hierzu ein Beispiel

Aufgabe

1) Komisar Müller, rief per Funck seine Kollegen die unverzüglich am Tatort erschihnen,

2) um den Täter ding fest zu machen. Nach einer Stunde war der Einsatz beendet.

Antwort

1) ~~Komisar~~ Müller~~,~~ rief per ~~Funck~~ seine Kollegen**,** die unverzüglich am Tatort ~~erschihnen~~,   *5*

2) um den Täter ~~ding fest~~ zu machen. Nach einer Stunde war der Einsatz beendet.   *1*

Die erste Textzeile enthält fünf Fehler: Die Wörter „Kommissar", „Funk" und „erschienen" sind falsch geschrieben und hinter „Müller" darf kein Komma stehen, dafür fehlt ein Komma vor dem mit „die" eingeleiteten Relativsatz. In der zweiten Zeile findet sich nur ein Fehler – statt „ding fest" muss es „dingfest" heißen.

Bitte bearbeiten Sie nun die Aufgaben: Notieren Sie für jede Zeile die Anzahl der Fehler im rechten Feld. Sie haben dafür **5 Minuten** Zeit.

Anatomie des Menschen: Knochen und Gelenke

81) Menschliche Knochen sind enorm, belastbar und erstaunlich leicht. Insgesamt

82) machen die über 200 „Einzelteile" des menschlichen Skelets, nur rund zwölf Prozent

83) des Körpergewichts aus. Wo Knochen aufeinander treffen, befinden sich Gelenke.

84) Sie übernehmen, eine schwirige Doppelaufgabe: Einerseits müßen sie die Knochen

85) stabihl verbinden anderer seits sollen sie genügend Beweegungsfreiheit bieten.

86) Dies gelingt durch eine ausgefeilte Konnstruktion, aus verschiedenen Gewebearten:

87) Bender knüppfen die Gelenkknochen aneinander Knorrpel und Gelenkflüssigkeit

88) dienen als ellastische Pufer da zwischen, Muskeln initiieren Bewegungen und geben

89) zusetzlichen Halt. Im Lauf der Evolution hat sich für jede Belastungsform ein

90) geeigneter Gelenktyp herausgebildet. Scharniergelenke wie Elenbogen und Knie

91) kann man zum Beispiel nur um eine Achse, Kugelgelenke wie Hüfte oder Schulter

92) um alle drei Raumachsen drehen. Ihr komplechser Aufbau macht die Gelenke leider

93) relatiev anfellig. Nicht „konstruktionsgemäße" Drehungen oder Beugungen, in die

94) falsche Richtung können schlimmsten Falls zu Bänderdehnungen und -rißen

95) oder irreparablen Knorpelschäden führen.

Grammatik: Kurze Sätze *Bearbeitungszeit 5 Minuten*

Die folgenden Aufgaben prüfen Ihre Grammatikkenntnisse.
Beantworten Sie bitte die folgenden Aufgaben, indem Sie jeweils den richtigen Lösungsbuchstaben markieren.

96)
A. Statt zu verreisen, blieb ich lieber zu Hause.
B. Statt zu verreisen, bleibte ich lieber zu Hause.
C. Statt zu verreisen, bin ich lieber zu Hause gebleibt.
D. Statt zu verreisen, habe ich lieber zu Hause geblieben.
E. Keine Antwort ist richtig.

97)
A. Nach einen ausgedehnten Spaziergang sitzte sie sich erst einmal hin.
B. Nach einem ausgedehnten Spaziergang saß sie sich erst einmal hin.
C. Nach einem ausgedehnten Spaziergang setzte sie sich erst einmal hin.
D. Nach einen ausgedehnten Spaziergang setzt sie sich erst einmal hin.
E. Keine Antwort ist richtig.

98)
A. Als ich im Herbst nach Hause kommte, fielen schon die Blätter von den Bäumen.
B. Als ich im Herbst nach Hause kam, fällten schon die Blätter von den Bäumen.
C. Als ich im Herbst nach Hause gekommen bin, sind schon die Blätter von den Bäumen gefallt.
D. Als ich im Herbst nach Hause kam, fielen schon die Blätter von den Bäumen.
E. Keine Antwort ist richtig.

99)
A. Ich freue mich, unser neue Kollege begrüßen zu dürfen.
B. Ich freue mich, unseren neuen Kollegen begrüßen zu dürfen.
C. Ich freue mich, unserem neuen Kollegen begrüßen zu dürfen.
D. Ich freue mich, unseren neuen Kollegen zu begrüßen zu dürfen.
E. Keine Antwort ist richtig.

100)
A. Hättest du geschwiegen gehabt, würde die Angelegenheit glimpflicher ausgegangen sein.
B. Hast du geschwiegen, wäre die Angelegenheit glimpflicher ausgegangen.
C. Hättest du geschwiegen, ist die Angelegenheit glimpflicher ausgegangen.
D. Hättest du geschwiegen, wäre die Angelegenheit glimpflicher ausgegangen.
E. Keine Antwort ist richtig.

101)
A. Angesichts ihrer Qualitäten dürfte ihr die Aufgabe nicht schwerfallen.
B. Angesichts ihren Qualitäten dürfte ihr die Aufgabe nicht schwerfallen.
C. Angesichts ihrer Qualitäten dürfte ihr die Aufgabe nicht schwer fallen.
D. Angesichts ihren Qualitäten dürfte ihr die Aufgabe nicht schwer fallen.
E. Keine Antwort ist richtig.

102)
A. Entgegen seinen guten Vorsätzen hat er ständig zu schnell gefahren.
B. Entgegen seiner guten Vorsätze fuhr er ständig zu schnell.
C. Entgegen seinen guten Vorsätzen ist er ständig zu schnell gefahren.
D. Entgegen seine guten Vorsätze fährt er ständig zu schnell.
E. Keine Antwort ist richtig.

103)
A. Dieses Problem haben viele Leute in bestimmten Situationen.
B. Dieses Problem hat viele Leute in bestimmten Situationen.
C. Dieser Problem hat viele Leute in bestimmten Situationen.
D. Diesen Problem haben viele Leute in bestimmten Situationen.
E. Keine Antwort ist richtig.

104)
A. Vorgestern scheinte die Sonne.
B. Vorgestern hat die Sonne gescheint.
C. Vorgestern schien die Sonne.
D. Vorgestern hatte die Sonne geschient.
E. Keine Antwort ist richtig.

105)
- A. Als versierter Kenner griechischer Heldensagen kamen ihm Zweifel ob der Schlichtheit dieses Werks.
- B. Als versiertem Kenner griechischer Heldensagen kamen ihm Zweifel ob der Schlichtheit dieses Werks.
- C. Als versierte Kenner griechische Heldensagen kamen ihm Zweifel ob die Schlichtheit dieses Werks.
- D. Als versierten Kennern griechischen Heldensagen kamen ihm Zweifel ob der Schlichtheit dieses Werks.
- E. Keine Antwort ist richtig.

Sinnverwandte Begriffe

Bearbeitungszeit 5 Minuten

Finden Sie das Synonym: Welches Wort kommt dem vorgegebenen Begriff sinngemäß am nächsten? Bitte markieren Sie jeweils den zugehörigen Lösungsbuchstaben.

106) abtrünnig
A. abwertend
B. lustlos
C. negativ
D. untreu
E. willig

107) heikel
A. lustig
B. interessant
C. schwierig
D. unklar
E. verschieden

108) Inbrunst
A. Gier
B. Desinteresse
C. Leidenschaft
D. Vorgabe
E. Inhalt

109) Zwist
A. Faden
B. Duo
C. Tanz
D. Gummi
E. Streit

110) frönen
A. sich widmen
B. sich freuen
C. sich ärgern
D. sich schämen
E. sich verstecken

111) lethargisch
A. aktiv
B. träge
C. rege
D. rastlos
E. gefährlich

112) delinquent
A. schmackhaft
B. verbrecherisch
C. tödlich
D. entmutigt
E. defekt

113) Gebaren
A. Gabe
B. Hilfe
C. Benehmen
D. Versprechen
E. Äußerung

114) schüren
A. treiben
B. anheizen
C. binden
D. verwirren
E. laufen

115) honorieren
A. zuhören
B. bedanken
C. würdigen
D. ignorieren
E. erkennen

Ein Wort fällt aus der Reihe *Bearbeitungszeit 5 Minuten*

In diesem Abschnitt steht Ihr Sprachgefühl auf dem Prüfstand.

Pro Aufgabe erhalten Sie fünf Wörter, wovon vier sich in einer gewissen Weise entsprechen. Ein Begriff passt nicht in die Reihe – bitte markieren Sie den zugehörigen Lösungsbuchstaben.

Hierzu ein Beispiel

Aufgabe

1)
- A. Motorrad
- B. Personenkraftwagen
- C. Lastkraftwagen
- D. Traktor
- E. Rose

Antwort

(E.) Rose

Bei den ersten vier Antworten handelt es sich um Kraftfahrzeuge. Bei der fünften Antwort handelt es sich um eine Pflanze. „Rose" passt nicht – Lösungsbuchstabe ist daher das E.

Bitte bearbeiten Sie nun die Aufgaben: Markieren Sie jeweils den Lösungsbuchstaben des aus der Reihe fallenden Wortes.

116)
- A. Boutique
- B. Geschäft
- C. Stadion
- D. Kiosk
- E. Kaufhaus

117)
- A. bitter
- B. giftig
- C. süß
- D. sauer
- E. salzig

118)
A. Sommer
B. Winter
C. Ostern
D. Frühling
E. Herbst

119)
A. müssen
B. dürfen
C. kennen
D. wollen
E. sollen

120)
A. Barhocker
B. Lehne
C. Bank
D. Klappstuhl
E. Sofa

121)
A. beobachten
B. zuschauen
C. gucken
D. erblicken
E. erfahren

122)
A. bald
B. beinahe
C. kaum
D. fast
E. nahezu

123)
A. Löwe
B. Panther
C. Wolf
D. Gepard
E. Luchs

124)
A. schneiden
B. telefonieren
C. wissen
D. eisern
E. verweigern

125)
A. oval
B. rund
C. viereckig
D. rechteckig
E. kantig

Textverständnis

Bearbeitungszeit 15 Minuten

Nun erhalten Sie einen Ausschnitt aus der nordrhein-westfälischen Gemeindeordnung in der gültigen Fassung vom 14. Juli 1994 (Stand Februar 2019).

Bitte lesen Sie die folgenden Rechtsvorschriften aufmerksam durch und versuchen Sie, ihren inhaltlichen Kern zu verstehen. Anschließend sind einige Fragen zum Text zu beantworten.

§ 1 Wesen der Gemeinden

(1) Die Gemeinden sind die Grundlage des demokratischen Staatsaufbaues. Sie fördern das Wohl der Einwohner in freier Selbstverwaltung durch ihre von der Bürgerschaft gewählten Organe. Sie handeln zugleich in Verantwortung für die zukünftigen Generationen.

(2) Die Gemeinden sind Gebietskörperschaften.

(…)

§ 8 Gemeindliche Einrichtungen und Lasten

(1) Die Gemeinden schaffen innerhalb der Grenzen ihrer Leistungsfähigkeit die für die wirtschaftliche, soziale und kulturelle Betreuung ihrer Einwohner erforderlichen öffentlichen Einrichtungen.

(2) Alle Einwohner einer Gemeinde sind im Rahmen des geltenden Rechts berechtigt, die öffentlichen Einrichtungen der Gemeinde zu benutzen und verpflichtet, die Lasten zu tragen, die sich aus ihrer Zugehörigkeit zu der Gemeinde ergeben.

(…)

§ 77 Grundsätze der Finanzmittelbeschaffung

(1) Die Gemeinde erhebt Abgaben nach den gesetzlichen Vorschriften.

(2) Sie hat die zur Erfüllung ihrer Aufgaben erforderlichen Finanzmittel
   1. soweit vertretbar und geboten aus speziellen Entgelten für die von ihr erbrachten Leistungen,
   2. im Übrigen aus Steuern

   zu beschaffen, soweit die sonstigen Finanzmittel nicht ausreichen.

(…)

(4) Die Gemeinde darf Kredite nur aufnehmen, wenn eine andere Finanzierung nicht möglich ist oder wirtschaftlich unzweckmäßig wäre.

> **Bearbeitungshinweis**
>
> In jedem Bereich der öffentlichen Verwaltung gelten einschlägige Bestimmungen – daher sollten Sie auch komplizierte Gesetzestexte verstehen können. Diese gliedern sich in durchnummerierte Paragraphen (§), Absätze (im vorliegenden Fall (1), (2) und (4)) und schließlich einzelne Sätze.
>
> Versuchen Sie besser nicht, die Vorschriften komplett auswendig zu lernen: Es geht hier nicht um Ihr „fotografisches Gedächtnis". Konzentrieren Sie sich stattdessen auf die Kernaussagen, die Sie ohne Weiteres in eigenen Worten wiedergeben können, solange der Sinn gewahrt bleibt. Achten Sie bei Ihrer Antwort auf einen logischen Satzbau und eine korrekte Rechtschreibung.

Nachdem Sie sich den Gesetzestext durchgelesen haben, beantworten Sie bitte nun die folgenden Fragen schriftlich. Sie haben dafür **15 Minuten** Zeit.

126) Was ist eine Gemeinde laut § 1 der nordrhein-westfälischen Gemeindeordnung?

127) Welche Aufgaben hat eine Gemeinde?

128) Welche Rechte und Pflichten der Einwohner werden angesprochen?

129) Wie finanziert sich eine Gemeinde?

130) Welche Informationen liefert der Text zu der Frage, wer letztlich darüber entscheidet, wie eine Gemeinde verwaltet wird?

Definitionen

Bearbeitungszeit 5 Minuten

Im Folgenden werden verschiedene Begriffe erklärt.
Finden Sie für jede Definition den richtigen Begriff und tragen Sie ihn ein.

131) Zustand erhöhter Körpertemperatur, meist infolge einer Abwehrreaktion des Organismus

_____

132) Optisches Hilfsmittel aus einem Gestell, einem Bügel und zwei Gläsern, mit dem sich Fehlsichtigkeiten korrigieren lassen

_____

133) Bauwerk, das es Wasserfahrzeugen ermöglicht, unterschiedliche Wasserstände zwischen verschiedenen Abschnitten einer Wasserstraße zu überwinden

_____

134) Gerät zur akustischen Alarmierung oder Warnung, das typischerweise an- und abschwellende Heultöne erzeugt

_____

135) Markt, an dem regelmäßig zu bestimmten Zeiten Wertpapiere gehandelt werden

_____

136) Der Bruder des Vaters oder der Mutter

_____

137) Das Einbringen landwirtschaftlicher Gewächse oder Früchte

_____

138) Dicht bewachsener, sumpfiger, schwer durchdringlicher tropischer Wald

_____

139) Erstaufführung einer Operninszenierung, eines Films oder eines Theaterstücks

_____

140) Zeitspanne von zehn Tagen, Wochen, Monaten oder Jahren

_____

Lösungen: Sprachbeherrschung

1) siehe Erklärung
2) Samstagabend
3) Baden-Württembergs
4) Trab
5) alarmierten
6) Leitstelle
7) weiträumigen
8) medizinische
9) Apparate
10) angerückten
11) Aggregaten
12) Notstromversorgung
13) notärztlich
14) Überführung
15) verheerende
16) Explosion
17) Schifffahrtsgesellschaft
18) Löschzüge
19) Betriebsgebäude
20) helllichten
21) Atemschutzmasken
22) Inferno
23) niemand
24) tödlich
25) beträchtlicher
26) Schiffszylindern
27) davongeschleudert
28) Unglücksursache
29) Spätnachmittag
30) Einsetzen
31) Stoßverkehrs
32) katastrophaler
33) herbeigeeilten
34) apokalyptisches
35) Dutzenden | dutzenden
36) Sattelzug
37) hydraulischem
38) Rettungsgerät
39) Wracks
40) Dieselkraftstoff
41) unschädlich
42) siehe Erklärung
43) D
44) B
45) C
46) D
47) B
48) C
49) B
50) C
51) A
52) B
53) C
54) D
55) B
56) ß
57) ss
58) ß
59) ss
60) ss
61) ss
62) ss
63) ss | ss
64) ss | ss
65) ß | ss
66) ß | ß
67) ss | s
68) s | s
69) ss | ß | ss
70) ß | ß | ss
71) , ,
72) , , ,
73) , , , ,
74) , , ,
75) , ,
76) , , ,
77) , , ,
78) , ,
79) (,) ,
80) , , ,
81) 1
82) 2
83) 1
84) 3

Lösungen: Sprachbeherrschung

85) 4	104) C	123) C
86) 2	105) B	124) D
87) 4	106) D	125) E
88) 3	107) C	126) siehe Erklärung
89) 2	108) C	127) siehe Erklärung
90) 1	109) E	128) siehe Erklärung
91) 0	110) A	129) siehe Erklärung
92) 1	111) B	130) siehe Erklärung
93) 3	112) B	131) Fieber
94) 2	113) C	132) Brille
95) 0	114) B	133) Schleuse
96) A	115) C	134) Sirene
97) C	116) C	135) Börse
98) D	117) B	136) Onkel
99) B	118) C	137) Ernte
100) D	119) C	138) Dschungel
101) A	120) B	139) Premiere
102) C	121) E	140) Dekade
103) A	122) C	

Diktat (Aufgabe 1)

Zu 1)

Ihr Abschneiden können Sie anhand der nachfolgenden Tabelle einschätzen (Wiederholungsfehler zählen einfach).

Zur Orientierung sind drei unterschiedliche Bewertungsniveaus vorgegeben: leicht, mittel und schwer. Ein Lesebeispiel: Wenn Sie acht Fehler gemacht haben und die Maßstäbe eines mittleren Testniveaus anlegen, dann fällt Ihr Ergebnis in der Spalte „mittel" in den Notenbereich 3 („befriedigend").

Note	Anzahl Fehler		
	(schwer)	(mittel)	(leicht)
1 („sehr gut")	0–2	0–2	0–3
2 („gut")	3–5	3–6	4–8
3 („befriedigend")	6–8	7–11	9–14
4 („ausreichend")	9–12	12–15	15–20
5 („mangelhaft")	13–16	16–20	21–26
6 („ungenügend")	mehr als 16	mehr als 20	mehr als 26

Lückendiktat (Aufgaben 2–41)

Zu 2) Samstagabend

Zu 3) Baden-Württembergs

Zu 4) Trab

Zu 5) alarmierten

Zu 6) Leitstelle

Zu 7) weiträumigen

Zu 8) medizinische

Zu 9) Apparate

Zu 10) angerückten

Zu 11) Aggregaten

Zu 12) Notstromversorgung

Zu 13) notärztlich

Zu 14) Überführung

Zu 15) verheerende

Zu 16) Explosion

Zu 17) Schifffahrtsgesellschaft

Zu 18) Löschzüge

Zu 19) Betriebsgebäude

Zu 20) helllichten
Zu 21) Atemschutzmasken
Zu 22) Inferno
Zu 23) niemand
Zu 24) tödlich
Zu 25) beträchtlicher
Zu 26) Schiffszylindern
Zu 27) davongeschleudert
Zu 28) Unglücksursache
Zu 29) Spätnachmittag
Zu 30) Einsetzen

Zu 31) Stoßverkehrs
Zu 32) katastrophaler
Zu 33) herbeigeeilten
Zu 34) apokalyptisches
Zu 35) Dutzenden | dutzenden
Zu 36) Sattelzug
Zu 37) hydraulischem
Zu 38) Rettungsgerät
Zu 39) Wracks
Zu 40) Dieselkraftstoff
Zu 41) unschädlich

Kurzaufsatz: Situationen beurteilen (Aufgabe 42, Musterantwort)

Zu 42)

Im ersten Schritt würde ich Maßnahmen ergreifen, um die Unfallstelle abzusichern. Dadurch schütze ich den verunglückten Fahrer, mich selbst und alle anderen Verkehrsteilnehmer und schaffe so die Voraussetzungen für weitere Rettungsmaßnahmen. Konkret würde ich zunächst mein Fahrzeug mit eingeschaltetem Warnblinker in einiger Entfernung vor dem Unfallfahrzeug abstellen. Daran vorbeizufahren wäre wahrscheinlich nicht ratsam: Es könnten Teile des demolierten Autos herumliegen, die mein eigenes Fahrzeug beschädigen, oder brennbare Flüssigkeiten auslaufen, die sich entzünden. Nachdem ich mein Fahrzeug abgestellt habe, würde ich meine Warnweste anziehen und mein Warndreieck aufstellen. Wenn ich zu Fuß gefahrlos um die Unfallstelle herumlaufen kann, würde ich das Dreieck auf die Gegenspur vor das Unfallauto stellen, damit beide Fahrstreifen wenigstens provisorisch abgesichert sind. Gleichzeitig würde ich über mein Mobiltelefon den Notruf 112 wählen und die Rettungskräfte alarmieren. Anschließend würde ich Erste Hilfe leisten, wenn ich mich dem Unfallfahrzeug nähern kann, ohne mich selbst einem zu großen Risiko auszusetzen.

Welche Schreibweise stimmt? (Aufgaben 43–55)

Zu 43) D. Skizze

Zu 44) B. Milliardstel

Zu 45) C. Mikroprozessor

Zu 46) D. Palaver

Zu 47) B. Konjunkturanstieg

Zu 48) C. Halogen

Zu 49) B. Immobilien

Zu 50) C. Photosynthese

Zu 51) A. Atmosphäre

Zu 52) B. Porzellanvase

Zu 53) C. Rhabarber

Zu 54) D. Engagement

Zu 55) B. Peripherie

„s", „ss" oder „ß"? (Aufgaben 56–70)

> **Hinweis für Schweizer Bewerber:**
>
> In der Schweiz schreibt man immer „ss" statt „ß" – dieses Zeichen existiert im eidgenössischen Schriftdeutsch nicht.

Zu 56) Jetzt reicht es mir aber, das Ma_ß_ ist endgültig voll!

Nach einem lang ausgesprochenen Vokal wie dem „a" in „Maß" schreibt man den stimmlosen s-Laut als „ß".

Zu 57) Die breite Ma_ss_e der Bevölkerung stand hinter ihr.

Nach einem kurz ausgesprochenen Vokal wie dem „a" in „Masse" schreibt man den stimmlosen s-Laut in der Regel als „ss".

Zu 58) Anstatt das Auto zu nehmen, ging sie lieber zu Fu_ß_.

Nach einem lang ausgesprochenen Vokal wie dem „u" in „Fuß" schreibt man den stimmlosen s-Laut als „ß".

Zu 59) Unbekannte Randalierer warfen ein Moped in den Flu_ss_.

Nach einem kurz ausgesprochenen Vokal wie dem „u" in „Fluss" schreibt man den stimmlosen s-Laut in der Regel als „ss".

Zu 60) Nach einer Woche gelang es, den Täter zu fa_ss_en.

Nach einem kurz ausgesprochenen Vokal wie dem „a" in „fassen" schreibt man den stimmlosen s-Laut in der Regel als „ss".

Zu 61) Mehr lä_ss_t sich dazu im Moment noch nicht sagen.

Nach einem kurz ausgesprochenen Umlaut wie dem „ä" in „lässt" schreibt man den stimmlosen s-Laut in der Regel als „ss".

Zu 62) Die Aufgabe war kein bi_ss_chen schwierig.

Nach einem kurz ausgesprochenen Vokal wie dem „i" in „bisschen" schreibt man den stimmlosen s-Laut in der Regel als „ss".

Zu 63) Er wu_ss_te, da_ss_ die Sache nicht gut für ihn stand.

Nach einem kurz ausgesprochenen Vokal wie dem „u" in „wusste" schreibt man den stimmlosen s-Laut in der Regel als „ss". Bei „dass" handelt es sich um eine Konjunktion, die mit „ss" geschrieben wird.

Zu 64) Mach dir deswegen keine Gewi_ss_ensbi_ss_e.

Nach kurz ausgesprochenen Vokalen wie dem ersten und zweiten „i" in „Gewissensbisse" schreibt man den stimmlosen s-Laut in der Regel als „ss".

Zu 65) Bald rei_ß_t ihr der Geduldsfaden wegen der Versäumni_ss_e.

Nach einem Doppellaut (Diphthong) wie dem „ei" in „reißt" schreibt man den stimmlosen s-Laut in der Regel als „ß". In der Endsilbe „-nis" schreibt man ihn im Singular als „s", im Plural („-nisse") als „ss".

Zu 66) Um niemanden vor den Kopf zu sto_ß_en, ging er äu_ß_erst behutsam vor.

Nach einem lang ausgesprochenen Vokal wie dem „o" in „stoßen" schreibt man den stimmlosen s-Laut als „ß" – genauso wie nach einem Doppellaut (Diphthong) wie dem „äu" in „äußerst".

Zu 67) Da_ss_ ich da_s_ noch einmal erleben darf, hätte ich nicht gedacht.

Am Satzanfang steht hier die Konjunktion „dass", die man mit „ss" schreibt. Bei der zweiten Lücke handelt es sich um das Demonstrativpronomen „das", welches mit einem „s" geschrieben wird.

Zu 68) Bi_s_ zu den Ferien sind es noch fa_s_t zwei Wochen.

In beiden Fällen geht es um den stimmlosen s-Laut, den man nach kurz ausgesprochenen Vokalen normalerweise als „ss" schreibt – bei

„bis" und „fast" bestätigt jedoch die Ausnahme die Regel.

Zu 69) „Wa_ss_er marsch!", hie_ß_ es beim Tag der offenen Tür der Feuerwehr Dü_ss_eldorf.

Nach einem kurz ausgesprochenen Vokal wie dem „a" in „Wasser" schreibt man den stimmlosen s-Laut in der Regel als „ss". Nach einem Doppellaut (Diphthong) wie dem „ie" in „hieß" schreibt man den stimmlosen s-Laut als „ß". Der Ortsname „Düsseldorf" wird mit „ss" geschrieben.

Zu 70) Plötzlich fiel drau_ß_en an der Stra_ß_e ein Schu_ss_.

In allen drei Fällen geht es um den stimmlosen s-Laut: Nach einem Doppellaut (Diphthong) wie dem „au" in „draußen" schreibt man ihn als „ß", ebenso wie nach einem lang ausgesprochenen Vokal wie dem „a" in „Straße". Nach einem kurz ausgesprochenen Vokal wie dem „u" in „Schuss" schreibt man ihn in der Regel als „ss".

Kommasetzung (Aufgaben 71–80)

Zu 71) Die Tatsache[,] dass sich die Erde um die Sonne dreht[,] galt vor wenigen Jahrhunderten noch als Irrglaube und Gotteslästerung.

Die beiden Kommas trennen den eingeschobenen Nebensatz vom umliegenden Hauptsatz.

Zu 72) Nachdem ich gesehen hatte[,] was sie mir hatte zeigen wollen[,] war ich so überwältigt[,] dass ich zuerst gar nicht sprechen konnte.

Das erste Komma beendet den Temporalnebensatz. Das zweite Komma trennt den Relativnebensatz vom folgenden Hauptsatz. Das dritte Komma leitet einen weiteren Nebensatz ein.

Zu 73) Er konnte sich nicht erklären[,] wie es sein konnte[,] dass er auf einmal mitten in einem Park stand[,] obwohl es seines Wissens in seiner Stadt[ ] doch gar keine Grünflächen gab.

Das erste Komma trennt den Hauptsatz vom Nebensatz, die anderen beiden Kommas leiten auch jeweils einen Nebensatz ein.

Zu 74) Bereits wenige Minuten[,] nachdem ein Passant die Polizei gerufen hatte[,] erschienen die Beamten[ ] und nahmen die Randalierer fest.

Die beiden Kommas trennen den eingeschobenen Nebensatz vom Hauptsatz.

Zu 75) Meist erzielt man bei Prüfungen ein besseres Ergebnis[,] wenn man nicht bis zur letzten Sekunde lernt[,] sondern sich stattdessen gezielt entspannt.

Das erste Komma beendet den Hauptsatz und leitet den Konditionalnebensatz ein. Das zweite Komma leitet einen weiteren Nebensatz ein.

Zu 76) Wenn Sie einen Beruf[,] der Ihnen nicht gefällt[,] wegen guter Verdienstmöglichkeiten trotzdem ergreifen[,] werden Sie darin langfristig nicht glücklich werden.

Die ersten beiden Kommas umschließen den eingeschobenen Relativebensatz. Das dritte Komma trennt den Konditionalsatz („Wenn Sie einen Beruf ... ergreifen") vom Hauptsatz.

Zu 77) Die meisten Menschen[,] die ein Haustier haben[,] sind der Meinung[,] dass ihr Tier das allerbeste auf der ganzen Welt ist.

Die ersten beiden Kommas trennen den eingeschlossenen Relativsatz vom Hauptsatz. Das dritte Komma leitet einen weiteren Nebensatz ein.

Zu 78) Wenn ein Aktenvernichter[ ] Akten vernichtet und ein Schornsteinfeger[ ] den Schornstein fegt[,] was macht dann ein Zitronenfalter?

Das Komma trennt einen Konditionalnebensatz vom Fragesatz.

Zu 79) Angesichts des unbeständigen Wetters[ ] empfehle ich dir dringend[(,)] einen Regenschirm mitzunehmen[,] damit du nicht nass wirst.

Das erste Komma trennt den Hauptsatz vom Infinitivsatz (dieses Komma kann man setzen, muss man aber nicht!). Das zweite Komma leitet den Finalnebensatz ein.

Zu 80) Wenn ich mir so ansehe[,] was du hier machst[,] dann frage ich mich[,] ob das wirklich zum gewünschten Ergebnis führen kann.

Das erste Komma trennt den Konditionalnebensatz ab. Das zweite Komma trennt den Nebensatz (einen Objektsatz) vom Hauptsatz. Das dritte Komma leitet einen Fragenebensatz ein.

Text korrigieren (Aufgaben 81–95)

Anatomie des Menschen: Knochen und Gelenke

Zu 81)	Menschliche Knochen sind enorm~,~ belastbar und erstaunlich leicht. Insgesamt	1
Zu 82)	machen die über 200 „Einzelteile" des menschlichen ~~Skelets,~~ nur rund zwölf Prozent	2
Zu 83)	des Körpergewichts aus. Wo Knochen ~~aufeinander treffen~~, befinden sich Gelenke.	1
Zu 84)	Sie übernehmen~,~ eine ~~schwirige~~ Doppelaufgabe: Einerseits ~~müßen~~ sie die Knochen	3
Zu 85)	~~stabihl~~ verbinden~,~ ~~anderer seits~~ sollen sie genügend ~~Beweegungsfreiheit~~ bieten.	4
Zu 86)	Dies gelingt durch eine ausgefeilte ~~Konnstruktion,~~ aus verschiedenen Gewebearten:	2
Zu 87)	~~Bender knüppfen~~ die Gelenkknochen aneinander, ~~Knorrpel~~ und Gelenkflüssigkeit	4
Zu 88)	dienen als ~~ellastische Pufer dazwischen~~, Muskeln initiieren Bewegungen und geben	3
Zu 89)	~~zusetzlichen~~ Halt. Im Lauf der ~~Evollution~~ hat sich für jede Belastungsform ein	2
Zu 90)	geeigneter Gelenktyp herausgebildet. Scharniergelenke wie ~~Elenbogen~~ und Knie	1
Zu 91)	kann man zum Beispiel nur um eine Achse, Kugelgelenke wie Hüfte oder Schulter	0
Zu 92)	um alle drei Raumachsen drehen. Ihr ~~komplechser~~ Aufbau macht die Gelenke leider	1
Zu 93)	~~relativ anfellig~~. Nicht „konstruktionsgemäße" Drehungen oder Beugungen~,~ in die	3
Zu 94)	falsche Richtung können ~~schlimmsten Falls~~ zu Bänderdehnungen und ~~rißen~~	2
Zu 95)	oder irreparablen Knorpelschäden führen.	0

Anatomie des Menschen: Knochen und Gelenke

Menschliche Knochen sind enorm belastbar und erstaunlich leicht. Insgesamt machen die über 200 „Einzelteile" des menschlichen Skeletts nur rund zwölf Prozent des Körpergewichts aus. Wo Knochen aufeinandertreffen, befinden sich Gelenke. Sie übernehmen eine schwierige Doppelaufgabe: Einerseits müssen sie die Knochen stabil verbinden, andererseits sollen sie genügend Bewegungsfreiheit bieten. Dies gelingt durch eine ausgefeilte Konstruktion aus verschiedenen Gewebearten: Bänder knüpfen die Gelenkknochen aneinander, Knorpel und Gelenkflüssigkeit dienen als elastische Puffer dazwischen, Muskeln initiieren Bewegungen und geben zusätzlichen

> Halt. Im Lauf der Evolution hat sich für jede Belastungsform ein geeigneter Gelenktyp herausgebildet. Scharniergelenke wie Ellenbogen und Knie kann man zum Beispiel nur um eine Achse, Kugelgelenke wie Hüfte oder Schulter um alle drei Raumachsen drehen. Ihr komplexer Aufbau macht die Gelenke leider relativ anfällig. Nicht „konstruktionsgemäße" Drehungen oder Beugungen in die falsche Richtung können schlimmstenfalls zu Bänderdehnungen und -rissen oder irreparablen Knorpelschäden führen.

Grammatik: Kurze Sätze (Aufgaben 96–105)

Zu 96) A. Statt zu verreisen, blieb ich lieber zu Hause.

Nur in Lösungsvorschlag A findet sich eine korrekte Vergangenheitsform (Präteritum) des Verbs „bleiben".

Zu 97) C. Nach einem ausgedehnten Spaziergang setzte sie sich erst einmal hin.

Die Präposition „nach" zieht den Dativ nach sich, der nur in den Vorschlägen B und C richtig gebildet wird („einem ausgedehnten Spaziergang"). Doch nur Antwort C enthält zugleich auch eine korrekte Vergangenheitsform (Präteritum) von „hinsetzen".

Zu 98) D. Als ich im Herbst nach Hause kam, fielen schon die Blätter von den Bäumen.

Nur in Lösungsvorschlag D finden sich korrekte Vergangenheitsformen (Präteritum) der Verben „kommen" und „fallen". Beide Verben werden unregelmäßig gebeugt.

Zu 99) B. Ich freue mich, unseren neuen Kollegen begrüßen zu dürfen.

Die Substantivgruppe „unser neuer Kollege" muss hier im Akkusativ stehen, und die korrekte Verbkonstruktion lautet „begrüßen zu dürfen". Somit kommt nur Vorschlag B infrage.

Zu 100) D. Hättest du geschwiegen, wäre die Angelegenheit glimpflicher ausgegangen.

Nur in Lösungsvorschlag D finden sich die richtigen Konjunktivformen (Konjunktiv II) von „haben" und „sein".

Zu 101) A. Angesichts ihrer Qualitäten dürfte ihr die Aufgabe nicht schwerfallen.

Die Präposition „angesichts" zieht den Genitiv nach sich, der nur in den

Sprachbeherrschung

Vorschlägen A und C korrekt gebildet wird („ihrer Qualitäten"). Doch nur Antwort A berücksichtigt zugleich, dass das Verb „schwerfallen" in übertragener Bedeutung steht und daher zusammenzuschreiben ist.

Zu 102) C. Entgegen seinen guten Vorsätzen ist er ständig zu schnell gefahren.

Die Präposition „entgegen" zieht den Dativ nach sich, der nur in den Vorschlägen A und C korrekt gebildet wird („seinen guten Vorsätzen"). In Satz A findet sich jedoch eine falsche Verbkonstruktion, sodass nur Antwort C infrage kommt.

Zu 103) A. Dieses Problem haben viele Leute in bestimmten Situationen.

Das Subjekt des Satzes lautet „viele Leute", dementsprechend muss auch das davon abhängige Verb im Plural stehen. Darüber hinaus muss die Substantivgruppe „dieses Problem" im Akkusativ stehen („Wen oder was haben viele Leute?"). Somit kommt nur Vorschlag A infrage.

Zu 104) C. Vorgestern schien die Sonne.

In der Umgangssprache sind auch die Formen „scheinte" und „hat gescheint" verbreitet, doch standardsprachlich wird das Verb „scheinen" unregelmäßig gebeugt („schien", „geschienen"): Lösungsvorschlag C stimmt.

Zu 105) B. Als versiertem Kenner griechischer Heldensagen kamen ihm Zweifel ob der Schlichtheit dieses Werks.

Die Substantivgruppe „als versierter Kenner" bezieht sich auf das Personalpronomen „ihm" und muss im selben Kasus stehen, nämlich im Dativ („als versiertem Kenner"). Die Substantivgruppe „griechische Heldensagen" muss im Genitiv stehen („griechischer Heldensagen"). „Ob" ist hier keine Konjunktion, sondern eine Präposition, die „wegen" oder „angesichts" bedeutet und üblicherweise den Genitiv nach sich zieht („ob der Schlichtheit"). Somit kommt nur Vorschlag B infrage.

Sinnverwandte Begriffe (Aufgaben 106–115)

Zu 106) D. untreu

Zu 107) C. schwierig

Zu 108) C. Leidenschaft

Zu 109) E. Streit

Zu 110) A. sich widmen

Zu 111) B. träge

Zu 112) B. verbrecherisch

Zu 113) C. Benehmen

Zu 114) B. anheizen

Zu 115) C. würdigen

Ein Wort fällt aus der Reihe (Aufgaben 116–125)

Zu 116) C. Stadion

In einem Stadion finden sportliche Wettkämpfe statt, alle anderen Begriffe bezeichnen Räumlichkeiten zum Warenverkauf.

Zu 117) B. giftig

Alle Begriffe außer „giftig" geben Geschmacksrichtungen wieder.

Zu 118) C. Ostern

Ostern ist keine Jahreszeit.

Zu 119) C. kennen

Alle anderen Begriffe sind Modalverben, das heißt Verben, die Möglichkeiten oder Notwendigkeiten ausdrücken.

Zu 120) B. Lehne

Bei allen anderen Begriffen handelt es sich um Sitzgelegenheiten.

Zu 121) E. erfahren

Bei allen anderen Begriffen handelt es sich um Verben des Sehens.

Zu 122) C. kaum

Mit „kaum" betont man die Distanz, mit allen anderen Begriffen die Nähe zu etwas.

Zu 123) C. Wolf

Bei allen anderen Begriffen handelt es sich um Raubkatzen.

Zu 124) D. eisern

Bei allen anderen Begriffen handelt es sich um Verben, „eisern" ist dagegen ein Adjektiv.

Zu 125) E. kantig

„Kantig" beschreibt keine Flächenform.

Textverständnis (Aufgaben 126–130, Musterantworten)

Zu 126) Was ist eine Gemeinde laut § 1 der nordrhein-westfälischen Gemeindeordnung?

Darauf gibt die Verordnung zwei Antworten. In § 1 Absatz (1) zunächst eine demokratietheoretische: Die Gemeinden, so ist hier zu lesen, „sind die Grundlage des demokratischen Staatsaufbaus". Rechtlich gesehen – § 1 Absatz (2) – sind sie Gebietskörperschaften. Darunter versteht man Organisationen öffentlichen Rechts, die in einem bestimmten Teil des Staatsgebiets die Gebietshoheit besitzen.

Zu 127) Welche Aufgaben hat eine Gemeinde?

Worum sich eine Gemeinde zu kümmern hat, umreißt § 8 Absatz (1): Gemeinden schaffen die für die „wirtschaftliche, soziale und kulturelle Betreuung ihrer Einwohner" nötigen öffentlichen Einrichtungen. Dazu gehören zum Beispiel Bürgerbüros, Ordnungsämter, Schulen, Bibliotheken und dergleichen mehr. Die kommunalen Angebote ergeben sich letztlich aus dem Hauptzweck des kommunalen Handelns, der darin besteht, das Wohl der Einwohner zu fördern (§ 1 Absatz (1)).

Zu 128) Welche Rechte und Pflichten der Einwohner werden erwähnt?

Rechte und Pflichten behandelt der vorliegende Text ausdrücklich in § 8 Absatz (2). Demnach hat jeder Einwohner (innerhalb des geltenden Rechts) einen Anspruch darauf, kommunale Einrichtungen zu nutzen. Gleichzeitig ist er dazu verpflichtet, „die Lasten zu tragen", die sich aus seiner Zugehörigkeit zur Gemeinde ergeben. Anders gesagt: Der Preis dafür, kommunale Dienste nutzen zu dürfen, liegt unter anderem darin, diese Dienste mitzufinanzieren. Daneben klingen auch in § 1 und § 77 Rechte und Pflichten an, etwa wenn vom Wohl der Einwohner, von der freien Selbstverwaltung oder von anfallenden Abgaben die Rede ist.

Zu 129) Wie finanziert sich eine Gemeinde?

Um ihre Leistungen zu finanzieren, darf eine Gemeinde nach § 77 Absatz (1) Abgaben erheben. Darunter versteht man vor allem Steuern, Gebühren und Beiträge. Im Regelfall, den Absatz (2) beschreibt, soll der kommunale Finanzbedarf durch leistungsbezogene Entgelte und Steuermittel gedeckt werden. In Ermangelung anderer (vorteilhafterer) Finanzierungsmöglichkeiten dürfen Gemeinden auch Kredite aufnehmen.

Zu 130) Welche Informationen liefert der Text zu der Frage, wer letztlich darüber entscheidet, wie eine Gemeinde verwaltet wird?

Den Kern des kommunalen Organisationsprinzips enthält § 1 Absatz (1): Gemeint ist die „freie Selbstverwaltung" der Bürgerschaft. Die Bürgerinnen und

Bürger entscheiden per Wahl also selbst über die Zusammensetzung derjenigen Organe, von denen sie verwaltet werden.

Definitionen (Aufgaben 131–140)

Zu 131) Fieber

Zu 132) Brille

Zu 133) Schleuse

Zu 134) Sirene

Zu 135) Börse

Zu 136) Onkel

Zu 137) Ernte

Zu 138) Dschungel

Zu 139) Premiere

Zu 140) Dekade

Fremdsprachenkenntnisse

Englisch: Wortbedeutungen *Bearbeitungszeit 5 Minuten*

Geben Sie die korrekte Bedeutung des englischen Wortes wieder, indem Sie den richtigen Lösungsbuchstaben markieren.

1) fast
A. beinahe
B. schnell
C. kaum
D. ungefähr
E. sicher

2) responsible
A. aufnahmefähig
B. verantwortlich
C. fleißig
D. entschlossen
E. umstritten

3) relation
A. Beziehung
B. Entsprechung
C. Auswahl
D. Vertrauen
E. Verspätung

4) deal
A. Schwarzmarkt
B. Versicherung
C. Wahl
D. Verbrechen
E. Abkommen

5) intention
A. Beachtung
B. Absicherung
C. Klarheit
D. Verhandlung
E. Absicht

6) conscience
A. Gewissen
B. Bewusstsein
C. Übereinstimmung
D. Selbstsicherheit
E. Wachsamkeit

7) incident
A. Entscheidung
B. Entzündung
C. Unentschlossenheit
D. Vorfall
E. Auffälligkeit

8) to harm
A. vergnügen
B. übereinstimmen
C. verehren
D. schaden
E. vermeiden

9) unable
A. unnahbar
B. unvollständig
C. unfähig
D. unklar
E. unbeschwert

10) obvious
A. verdächtig
B. abwegig
C. offensichtlich
D. unentschlossen
E. absurd

Englisch: Ausdrücke und Wendungen

Bearbeitungszeit 5 Minuten

Beantworten Sie bitte die folgenden Aufgaben, indem Sie jeweils den richtigen Lösungsbuchstaben markieren.

11) Wie schreibt sich das englische Wort für „Vorschlag"?
A. suggestion
B. sudgestion
C. sugesstion
D. suggestien
E. sutiestion

12) Wie lautet die englische Schreibweise für: „21:30 Uhr"?
A. half ten
B. half past nine
C. half hour to ten
D. half past twenty-one
E. Keine Antwort ist richtig.

13) Wie schreibt sich das englische Wort für „anerkennen", „wertschätzen"?
A. appredgiate
B. aprecciate
C. ebbreciate
D. appreciate
E. eprecciate

14) Wie schreibt sich das englische Wort für „atmen"?
A. breethe
B. breace
C. brathe
D. breathe
E. breeth

15) Wie schreibt sich das englische Wort für „verantwortlich"?
A. reesponsible
B. responsibble
C. responsible
D. responsibel
E. responcible

16) Wie schreibt sich das englische Wort für „Gewalt"?
A. violance
B. violense
C. vayolens
D. violence
E. vaiolanse

17) Wie lautet die englische Schreibweise für: „Was du nicht willst, das man dir tu, das füg auch keinem andern zu"?
A. Do unto athers as you wold have athers do unto you.
B. Do unto athers as you wuld have others do unto you.
C. Do unto others as you would have others do unto you.
D. Dou unto athers as you would have others do unto you.
E. Keine Antwort ist richtig.

18) Wie schreibt sich das englische Wort für „Aufgabe", „Übung"?
A. excercice
B. excercize
C. exersize
D. exserzise
E. exercise

19) Wie lautet die englische Schreibweise für: „Was lange währt, wird endlich gut"?
A. Gud things come to those wo wait.
B. Gut things come to those who wait.
C. Good things come to those who wait.
D. Good fings come too those who wait.
E. Keine Antwort ist richtig.

20) Wie schreibt sich das englische Wort für „Erfahrung"?
A. experience
B. expearience
C. expiriense
D. experiense
E. expeerience

Englisch: Lückentext *Bearbeitungszeit 5 Minuten*

Finden Sie heraus, welche Wörter in die Leerstellen eingesetzt werden müssen, damit sich ein sinnvoller Satz ergibt.

Hierzu ein Beispiel

Aufgabe

1) His _____ car is new. How much _____ it cost?
- A. fathers | is
- B. father's | did
- C. feather's | have
- D. furthers | has been
- E. father's | had been

Antwort

 father's | did

His father's car is new. How much did it cost?

Da Genitiven im Englischen ein „s" mit Apostroph angehängt wird, kommen nur die Möglichkeiten B, C und E in Frage. „Feather" bedeutet jedoch „Feder" und nicht etwa „Vater": Somit scheidet Satz C aus. Für die zweite Leerstelle gibt es überhaupt nur einen korrekten Vorschlag, nämlich „did": „How much is it cost?" (Antwort A) ist keine korrekte Frage, und auch „have" (Antwort C) liegt grammatikalisch falsch, da es nicht zum Subjekt „it" in der 3. Person passt. Setzt man „has been" oder „had been" ein, ist zum einen der Satzbau falsch („How much has/have been it cost?"), zum anderen stimmen die Zeitformen – present perfect progressive und past perfect progressive, beides Verlaufsformen – nicht mit „cost" überein, das nicht in einer Verlaufsform steht.

Bitte bearbeiten Sie nun die Aufgaben: Markieren Sie den Lösungsbuchstaben des einzusetzenden Ausdrucks. Sie haben dafür **5 Minuten** Zeit.

21) February is the _____ month of the year.
A. first
B. smallest
C. shortest
D. more short
E. most short

22) She is waiting for _____.
A. his
B. he
C. him
D. we
E. our

23) She can't understand how Tom could have made _____.
A. such a big mistake
B. such big the mistake
C. so big mistake
D. so a big mistake
E. Keine Antwort ist richtig.

24) He can read very _____.
A. good
B. well
C. goodly
D. goodfully
E. fine

25) While I _____ outside I saw a bird.
A. looking
B. watched
C. was looking
D. were watching
E. am seeing

26) Your sister used to visit Lionel quite often, _____?
A. didn't she
B. wouldn't she
C. doesn't she
D. haven't she
E. Keine Antwort ist richtig.

27) Mark says it's _____ to find a new apartment.
A. easy enough
B. enough easy
C. enough as easy
D. easy as enough
E. as easy as enough

28) They have a _____ daughter.
A. three years old
B. three-years-old
C. three year olds
D. three-year-old
E. three year old

29) Yesterday, I _____ a book _____ sports.

A. read | with
B. wrote | over
C. bought | about
D. carry | in
E. saw | by

30) _____ rain, we'll go inside.

A. If it
B. When it is
C. In case of
D. On appear by
E. At this

Lösungen: Fremdsprachenkenntnisse

1) B	11) A	21) C
2) B	12) B	22) C
3) A	13) D	23) A
4) E	14) D	24) B
5) E	15) C	25) C
6) A	16) D	26) A
7) D	17) C	27) A
8) D	18) E	28) D
9) C	19) C	29) C
10) C	20) A	30) C

Englisch: Wortbedeutungen (Aufgaben 1–10)

Zu 1) B. schnell

Zu 2) B. verantwortlich

Zu 3) A. Beziehung

Zu 4) E. Abkommen

Zu 5) E. Absicht

Zu 6) A. Gewissen

Zu 7) D. Vorfall

Zu 8) D. schaden

Zu 9) C. unfähig

Zu 10) C. offensichtlich

Englisch: Ausdrücke und Wendungen (Aufgaben 11–20)

Zu 11) A. suggestion

Zu 12) B. half past nine

Zu 13) D. appreciate

Zu 14) D. breathe

Zu 15) C. responsible

Zu 16) D. violence

Zu 17) C. Do unto others as you would have others do unto you.

Zu 18) E. exercise

Zu 19) C. Good things come to those who wait.

Zu 20) A. experience

Englisch: Lückentext (Aufgaben 21–30)

Zu 21) C. shortest

February is the shortest month of the year.

Übersetzt: „Der Februar ist der kürzeste Monat des Jahres" – also weder der erste („first", Vorschlag A) noch der kleinste („smallest", Vorschlag B). Das englische Wort für „kurz" steigert man „short, shorter, shortest", Antwort C stimmt.

Zu 22) C. him

She is waiting for him.

Übersetzt: „Sie wartet auf ihn." Die besitzanzeigenden Fürwörter (Possessivpronomen) „our" und „his" („unser" und „sein") können nur als Begleiter eines Substantivs auftreten („She is waiting for his brother", „She is waiting for our father"). Die Personalpronomen „he" und „we" stehen im Nominativ („er" und „wir"), doch „waiting for" verlangt wie im Deutschen einen Akkusativ (auf wen oder was wartet sie?). Somit kann nur Antwort C stimmen.

Zu 23) A. such a big mistake

She can't understand how Tom could have made such a big mistake.

Übersetzt: „Sie kann nicht verstehen, wie Tom so einen großen Fehler hat machen können." Das in den Antworten C und D verwendete „so" entspricht nicht dem vergleichenden deutschen „so", sondern bedeutet „also", „damit", „dermaßen". Abgesehen davon ist die Wortstellung beide Male nicht korrekt. Vorschlag B benutzt fälschlicherweise den bestimmten Artikel „the" statt des unbestimmten „a". Somit kommt nur Möglichkeit A infrage.

Zu 24) B. well

He can read very well.

Übersetzt: „Er kann sehr gut lesen." Die englische Übersetzung für „gut" scheint zunächst sehr naheliegend, nämlich „good". Doch als Adverb – wenn etwas „gut gemacht" wird, wenn jemand „gut lesen" kann, wenn sich das „gut" also auf ein Tätigkeitswort bezieht – verwendet man nicht „good", sondern „well". Antwort C ist der unmögliche Versuch, aus „good" durch ein angefügtes „-ly" ein Adverb zu erstellen und ebenso falsch konstruiert wie „goodfully". „Fine" ist kein Adverb, bedeutet in manchen Wendungen aber auch „gut": „How are you?" – „Fine, thank you".

Zu 25) C. was looking

While I was looking outside I saw a bird.

Übersetzt: „Während ich nach draußen schaute, sah ich einen Vogel." Hier geht es um die korrekte Zeitform des richtigen Verbs: Das Signalwort „while" weist darauf hin, dass etwas passiert ist („I saw a bird"), während eine zweite Aktion im Gange war. Das Verb, das diese zweite Aktion benennt, muss daher im past progressive stehen, das nur in Antwort C korrekt gebildet wird. Darüber hinaus verwenden die Antworten B, D und E unpassende Verben: „watch" drückt eher aus, dass man etwas Bestimmtes bewusst beobachtet, das sich verändert oder bewegt, aber nicht ein allgemeines „nach draußen schauen"; „to see" wird eher dann verwendet, wenn etwas ohne besondere Absicht wahrgenommen wird („I saw a bird": Ich habe den Vogel nicht bewusst beobachtet, er kam plötzlich in mein Sichtfeld). Die adäquate Übersetzung für „sehen" lautet hier „look".

Zu 26) A. didn't she

Your sister used to visit Lionel quite often, didn't she?

Übersetzt: „Deine Schwester hat Lionel recht häufig besucht, oder?" Frageanhängsel wie „oder", „stimmt's" oder „nicht wahr" nennt man im Englischen „question tags". In einem question tag werden das Subjekt (hier „she") und das Hilfsverb des Satzes in umgekehrter Reihenfolge wiederholt, abgetrennt durch ein Komma. Enthält der Satz ein Vollverb (wie „visit"), nutzt man im question tag stattdessen das Hilfsverb „do". Bei positiven Sätzen („she does") wird im question tag verneint („doesn't she"), bei negativen Sätzen („she doesn't") wird bejaht („does she"). Das Verb im question tag steht stets in derselben Zeit wie das Verb des Hauptsatzes (im vorliegenden Fall simple past).

Zu 27) A. easy enough

Mark says it's easy enough to find a new apartment.

Übersetzt: „Mark sagt, es ist ziemlich einfach, ein Apartment zu finden." Die gesuchte Formel „ziemlich einfach" heißt im Englischen „easy enough" – Antwort A ist also korrekt. Lösung B scheidet aufgrund der falschen Wortstellung aus; die Vorschläge C und D mit eingefügtem „as" („als", „wie") sind ebenso unsinnig wie der Ausdruck „as easy as enough" (dt. „so einfach wie genug").

Zu 28) D. three-year-old

They have a three-year-old daughter.

Übersetzt: „Sie haben eine drei Jahre alte Tochter." Das Adjektiv „dreijährig" wird im Englischen durch die mit Bindestrichen verbundene Konstruktion „three-year-old" widergegeben,

Antwort D stimmt. Vorschlag A ist zu unbeholfen aus dem Deutschen übersetzt, und die versuchte Pluralbildung des Adverbs „old" in Vorschlag C geht vollkommen fehl.

Zu 29) C. bought | about

Yesterday I bought a book about sports.

Übersetzt: „Gestern habe ich mir ein Buch zum Thema Sport gekauft." Da „yesterday" eine Handlung in der Vergangenheit signalisiert, muss das einzusetzende Verb in der Vergangenheitsform stehen. Möglichkeit D scheidet somit aus. Für die korrekte Präposition zwischen „book" und „sports" gibt es nur eine korrekte Möglichkeit: „I read a book with sports" würde bedeuten, dass der Sprecher ein Buch zusammen mit Sportarten gelesen hätte – keine besonders sinnvolle Aussage. Auch „over sports" ist ein wörtlich und falsch übersetztes Deutsch; wollte man ausdrücken, wovon ein Buch handelt, wäre die korrekte Präposition „about". „By" (Satz E) würde bei der Nennung des Autorennamens verwendet („a book by Stephen King" – „ein Buch von Stephen King"), hier ist es fehl am Platze. „In" würde schließlich auf einen Ort oder Zeitraum verweisen, der jedoch im Satz nicht zu finden ist.

Zu 30) C. In case of

In case of rain, we'll go inside.

Übersetzt: „Falls es regnet, werden wir hineingehen." Nach „if it" (Satz A) wäre ein Verb in der dritten Person zu erwarten („rains"), das jedoch nicht im Aufgabensatz steht. Ähnliches gilt für „when it is" (Satz B), auf das die Verlaufsform „raining" folgen müsste. „On appear by" (Satz D) ist eine im Englischen unbekannte Wendung, „at this rain" (Satz E) schließlich ist eine inadäquate Übersetzung des deutschen „bei diesem Regen". „Im Fall, dass es regnet", wird im Englischen kurz und elegant mit „in case of rain" übersetzt.

Mathematik

Grundrechenarten

Bearbeitungszeit 7½ Minuten

Die folgenden Aufgaben sind **unter Zeitdruck** und **ohne Taschenrechner** zu lösen, unter Berücksichtigung der **Punkt-vor-Strich-Regel**.

Beantworten Sie bitte die folgenden Aufgaben, indem Sie jeweils das richtige Ergebnis eintragen.

1) $0{,}01 + 0{,}03 + 4{,}31 - 0{,}2 =$ _____

2) $314 + 17{,}2 - 7{,}4 =$ _____

3) $243{,}5 - 14 \times 3 =$ _____

4) $(2 \div 2) \times 2 \times 2 + 8 =$ _____

5) $(25 + 7) \times ((0{,}7 \times (2 - 2)) =$ _____

6) $4{,}32 \times 5 \div 3 =$ _____

7) $5{,}6 \div (4{,}5 + 3{,}5) \times 9 =$ _____

8) $6{,}1 + 4{,}9 \div 7 - 5{,}4 =$ _____

9) $57{,}6 \div 2 \div 4 \div 9 =$ _____

10) $8{,}7 \div 30 + 0{,}71 + 27{,}5 =$ _____

11) $(12{,}6 - 237 + 349) \div 2 =$ _____

12) $8{,}85 - (1{,}35 + 2{,}75) \times 2 =$ _____

13) $((64 + 5 \times 3) + 3) \div 5 =$ _____

14) $(2{,}75 + (139 - 13) \div 2) \div 5 =$ _____

15) $72 \div 8 \times 1{,}5 + 1{,}5 =$ _____

Bruchrechnen

Bearbeitungszeit 10 Minuten

Dieser Abschnitt prüft die wesentlichen Zusammenhänge der Bruchrechnung. Dabei stellt der Bruchstrich nichts anderes dar als ein Teilungszeichen.

Beantworten Sie bitte die folgenden Aufgaben, indem Sie jeweils den richtigen Lösungsbuchstaben markieren.

16) $4\dfrac{8}{4}=?$

A. 4
B. 6
C. 8
D. 10
E. Keine Antwort ist richtig.

17) $\dfrac{4}{2}+\dfrac{1}{3}=?$

A. 2
B. $2\dfrac{1}{3}$
C. 2,5
D. $2\dfrac{2}{3}$
E. Keine Antwort ist richtig.

18) $3\dfrac{3}{4}+2\dfrac{1}{3}=?$

A. 6,75
B. 6,08
C. 8,95
D. 8,75
E. Keine Antwort ist richtig.

19) $\dfrac{3}{5}\div 5=?$

A. $\dfrac{3}{25}$
B. 3
C. $\dfrac{3}{1}$
D. $\dfrac{15}{25}$
E. Keine Antwort ist richtig.

20) $\dfrac{3}{4}-\dfrac{1}{3}=?$

A. $\dfrac{5}{12}$
B. $\dfrac{2}{1}$
C. $\dfrac{2}{4}$
D. $\dfrac{4}{4}$
E. Keine Antwort ist richtig.

21) $\dfrac{7}{2} - \dfrac{3}{3} = ?$

A. $\dfrac{2}{3}$

B. 3

C. $\dfrac{5}{2}$

D. $\dfrac{3}{2}$

E. Keine Antwort ist richtig.

22) $\dfrac{24}{7} - \dfrac{2}{5} = ?$

A. $3\dfrac{1}{35}$

B. $2\dfrac{3}{4}$

C. $\dfrac{96}{35}$

D. $4\dfrac{1}{7}$

E. Keine Antwort ist richtig.

23) $3\dfrac{3}{4} \times 2\dfrac{1}{3} = ?$

A. 9,75

B. 9,5

C. 10,5

D. 8,75

E. Keine Antwort ist richtig.

24) $4\dfrac{1}{3} \times \dfrac{1}{4} = ?$

A. $4\dfrac{1}{4}$

B. $4\dfrac{1}{3}$

C. $1\dfrac{1}{12}$

D. $4\dfrac{1}{12}$

E. Keine Antwort ist richtig.

25) $\left(2\dfrac{1}{2} + 2\dfrac{2}{4}\right) \div \left(8 - 1\dfrac{4}{2}\right) = ?$

A. 0,5

B. $4\dfrac{3}{6}$

C. $\dfrac{6}{6}$

D. $4\dfrac{1}{4}$

E. Keine Antwort ist richtig.

Kopfrechnen

Bearbeitungszeit 10 Minuten

Bei dieser Aufgabe geht es darum, einfache Rechnungen im Kopf zu lösen.

Bitte benutzen Sie **keinen Taschenrechner** und machen Sie **keine schriftlichen Nebenrechnungen**!

Beantworten Sie bitte die folgenden Aufgaben, indem Sie jeweils den richtigen Lösungsbuchstaben markieren.

26) $5.400 - 8 + 608 = ?$
A. 5.992
B. 5.999
C. 6.000
D. 6.012
E. 6.100

27) $8 - 4 + 3 \times 4 = ?$
A. 4
B. 16
C. 18
D. 28
E. Keine Antwort ist richtig.

28) $567.616 - 564.854 = ?$
A. 2.662
B. 2.762
C. 2.862
D. 3.762
E. Keine Antwort ist richtig.

29) Wie lautet die Quadratzahl von 16?
A. 32
B. 225
C. 196
D. 256
E. Keine Antwort ist richtig.

30) $12 - 6 \div 2 \times 4 = ?$
A. 0
B. 6
C. 12
D. −10
E. Keine Antwort ist richtig.

31) $(-8) \times 3 + (-5) \times 7 = ?$
A. 59
B. 11
C. −11
D. −59
E. Keine Antwort ist richtig.

32) $8.648 + 9.576 + 978 = ?$
A. 18.304
B. 18.302
C. 19.202
D. 20.202
E. Keine Antwort ist richtig.

33) $\dfrac{1}{4} - 2 + 4\dfrac{3}{4} - 0{,}5 + 7{,}5 = ?$
A. 11
B. 12
C. 10
D. 7,5
E. 8

34) $94.584 \div 563 = ?$
A. 142
B. 168
C. 172
D. 186
E. Keine Antwort ist richtig.

35) $520.668 \div 18 = ?$
A. 28.916
B. 28.926
C. 29.126
D. 29.326
E. Keine Antwort ist richtig.

Maßeinheiten umrechnen   *Bearbeitungszeit 7½ Minuten*

Beantworten Sie bitte die folgenden Aufgaben, indem Sie jeweils den richtigen Lösungsbuchstaben markieren.

36) Der Abstand zwischen zwei Schienenkörpern wird als „Spurweite" bezeichnet und beträgt 1.435 mm. Wie viele Dezimeter sind das?
A. 1,435 dm
B. 14,35 dm
C. 0,1435 dm
D. 143,5 dm
E. Keine Antwort ist richtig.

37) Herr Müller möchte ein neues Logistikzentrum bauen lassen und benötigt dafür eine Grundfläche von 100 m × 80 m. Wie vielen Quadratmetern entspricht das?
A. 800 m²
B. 8.000 m²
C. 80.000 cm²
D. 800.000 cm²
E. Keine Antwort ist richtig.

38) Wie viele Milligramm sind 0,078 Gramm?
A. 78
B. 7,8
C. 780
D. 0,78
E. Keine Antwort ist richtig.

39) Wie viele Meter sind 41,4 Kilometer?
A. 414.000 m
B. 41.400 m
C. 4.140 m
D. 414 m
E. Keine Antwort ist richtig.

40) Die Tragkraft einer Hebebühne beträgt 1,05 Tonnen. Wie vielen Kilogramm entspricht das?
A. 105 kg
B. 1.050 kg
C. 1.500 kg
D. 15.000 kg
E. Keine Antwort ist richtig.

41) Bei einem Gewitter wurde laut Wetteramt eine Niederschlagshöhe von 41,5 mm pro Stunde erreicht. Wie viele Liter Wasser gingen demnach stündlich auf einen Quadratmeter nieder?
A. 0,415
B. 4,15
C. 41,5
D. 415
E. Keine Antwort ist richtig.

42) Wie viele Deziliter sind 0,25 Liter?
A. 250
B. 25
C. 2,5
D. 5
E. Keine Antwort ist richtig.

43) Ein Floh ist 2 Millimeter groß und springt 40 Zentimeter weit. Wie weit könnte ein 1,80 Meter großer Mensch springen, wenn das Verhältnis von Körpergröße zu Sprungkraft dasselbe wäre?
A. 360 m
B. 72 m
C. 3,6 km
D. 720 dm
E. Keine Antwort ist richtig.

44) Wie viele Zentner sind 425 Kilogramm?
A. 8,5
B. 85
C. 42,5
D. 4,25
E. Keine Antwort ist richtig.

45) Wie viele Meter pro Sekunde sind 75 Kilometer pro Stunde?
A. 20,83
B. 7,5
C. 22,5
D. 18
E. Keine Antwort ist richtig.

Schätzaufgaben *Bearbeitungszeit 10 Minuten*

Versuchen Sie nicht, die folgenden Aufgaben vollständig auszurechnen: Sie sollen die Ergebnisse geschickt schätzen! Einen **Taschenrechner dürfen Sie dazu nicht benutzen**, auch **schriftliche Nebenrechnungen sind unzulässig**.

> **Bearbeitungstipps**
>
> Konzentrieren Sie sich auf die Endziffern der Operanden, um die letzte Stelle des Ergebnisses zu ermitteln.
>
> Ergebnisbereiche lassen sich durch eine Überschlagsrechnung mit gerundeten Werten abschätzen. Aber Vorsicht: Kleine Abweichungen bei Faktoren, Dividenden und Divisoren können das Ergebnis stark verändern.

Beantworten Sie bitte die folgenden Aufgaben, indem Sie jeweils den richtigen Lösungsbuchstaben markieren.

46) $34 \times 34 = ?$

A. 1.155
B. 1.255
C. 1.158
D. 1.156
E. 11.156

47) $22.226 + \frac{3}{10} + 1.724 + \frac{6}{10} + 49 + \frac{1}{10} = ?$

A. 22.500
B. 24.000
C. 26.500
D. 28.000
E. 30.500

48) $8.306.258 + 2.118.987 = ?$

A. 10.245.524
B. 104.425
C. 104.254
D. 10.425.245
E. Keine Antwort ist richtig.

49) $8.348 - 6.405,66 + 1.671 = ?$

A. 3.613,34
B. 3.505,33
C. 2.958,45
D. 3.905,34
E. Keine Antwort ist richtig.

50) In welchem Bereich liegt das Ergebnis von:
8.576.725 − 4.392.124?

A. Zwischen 4.170.000 und 4.180.000
B. Zwischen 4.180.000 und 4.190.000
C. Zwischen 4.190.000 und 4.200.000
D. Zwischen 4.200.000 und 4.210.000
E. Zwischen 4.210.000 und 4.220.000

51) 77 % von 130 % = ?
A. 95,2 %
B. 100,1 %
C. 114 %
D. 112,8 %
E. Keine Antwort ist richtig.

52) $6,7^2 - 1,4^2 = ?$
A. 42,93
B. 37,65
C. 32,78
D. 10,77
E. Keine Antwort ist richtig.

53) In welchem Bereich liegt das Ergebnis von:
21.533 + 12.678 + 2.041?

A. Zwischen 34.000 und 34.500
B. Zwischen 34.500 und 35.000
C. Zwischen 35.000 und 35.500
D. Zwischen 35.500 und 36.000
E. Zwischen 36.000 und 36.500

54) In welchem Bereich liegt das Ergebnis von:
$4,1 \times 3,7$?

A. Zwischen 12,5 und 13
B. Zwischen 13 und 13,8
C. Zwischen 13,9 und 14,6
D. Zwischen 14,6 und 15,5
E. Zwischen 15,5 und 15,9

55) In welchem Bereich liegt das Ergebnis von:
125 ÷ 35?

A. Zwischen 2,8 und 3,1
B. Zwischen 3,1 und 3,4
C. Zwischen 3,4 und 3,7
D. Zwischen 3,7 und 4,0
E. Zwischen 4,0 und 4,3

Gemischte Textaufgaben   *Bearbeitungszeit 15 Minuten*

Beantworten Sie bitte die folgenden Aufgaben, indem Sie jeweils den richtigen Lösungsbuchstaben markieren.

56) Eine Wohngemeinschaft von drei Personen möchte einen neuen Fernseher kaufen. Der Preis von 1.110 € soll durch drei Personen geteilt werden. Person A zahlt doppelt so viel wie Person C, Person C zahlt 300 €, der Anteil von Person B beträgt 30 % weniger als der von Person C. Wie hoch ist der Anteil von Person A?

A. 500 €
B. 1.110 €
C. 600 €
D. 400 €
E. Keine Antwort ist richtig.

57) Ein Käsehersteller möchte einen Käseblock in vier gleiche Stücke teilen. Mit welcher Dezimalzahl muss er das Gewicht des Käseblocks multiplizieren, um das Gewicht eines Stücks zu erhalten?

A. 0,25
B. 0,75
C. 0,66
D. 0,50
E. Keine Antwort ist richtig.

58) Eine Straße wird von beiden Enden gleichzeitig gebaut. Vom einen Ende werden täglich fünf Meter und vom anderen Ende sieben Meter fertig gestellt. Nach wie viel Tagen ist der Straßenbau beendet, wenn 1.200 Meter zu fertigen sind?

A. 70 Tage
B. 90 Tage
C. 100 Tage
D. 120 Tage
E. Keine Antwort ist richtig.

59) In einer Kleinstadt gibt es 9.000 Haushalte. In drei Vierteln der Haushalte leben Kinder. In drei Fünfteln der Haushalte mit Kindern leben Jungen. In wie vielen Haushalten leben Jungen?

A. 4.100
B. 4.700
C. 3.500
D. 4.050
E. Keine Antwort ist richtig.

60) Frau Müller hat für eine kleine Betriebsfeier 25 kg Obst für 65 € gekauft. Neben 12 kg Birnen hat sie 13 kg Äpfel für 2,60 € das Kilo gekauft. Was kostet ein Kilogramm Birnen?
A. 1,50 €
B. 2,60 €
C. 3,20 €
D. 4,10 €
E. Keine Antwort ist richtig.

61) Addiert man zu einer Zahl 3 und multipliziert die Summe mit 3, so erhält man die Zahl 33. Welche Zahl wird gesucht?
A. 6
B. 7
C. 8
D. 9
E. Keine Antwort ist richtig.

62) Ein 80 Meter langes Seil soll so zweigeteilt werden, dass der längere Teil 4-mal so lang ist wie der kürzere. Wie lang ist der kurze Teil?
A. 10 m
B. 40 m
C. 20 m
D. 16 m
E. Keine Antwort ist richtig.

63) John ist vier Jahre älter als Ivana. Zusammen kommen sie auf 40 Jahre. Wie alt ist John?
A. 16 Jahre
B. 18 Jahre
C. 20 Jahre
D. 22 Jahre
E. Keine Antwort ist richtig.

64) Eine Mathematik-Prüfung hat insgesamt 60 Aufgaben. $2/6$ der Rechenaufgaben sind einfach, $2/12$ der Rechenaufgaben sind sehr schwer. Wie viele Aufgaben sind entweder leicht oder sehr schwer?
A. 20
B. 30
C. 40
D. 50
E. Keine Antwort ist richtig.

65) Herr Müller hat 62 € im Portemonnaie und seine Frau 38 €. Welchen Betrag muss Herr Müller seiner Frau geben, damit beide gleich viel Geld haben?
A. 10 €
B. 12 €
C. 16 €
D. 14 €
E. Keine Antwort ist richtig.

66) Der vierte Teil einer Zahl ist um 28 kleiner als das Dreifache von 13. Wie lautet die gesuchte Zahl?
A. 24
B. 38
C. 44
D. 56
E. Keine Antwort ist richtig.

67) Ein Kegelverein hat insgesamt 72 Mitglieder – 5/8 von ihnen lesen gerne, 6/9 gehen gerne ins Kino. Wie viele Kinogänger gibt es mehr oder weniger als Lesefreunde?
A. 2 Kinogänger weniger als Lesefreunde
B. 6 Kinogänger mehr als Lesefreunde
C. 3 Kinogänger mehr als Lesefreunde
D. 4 Kinogänger weniger als Lesefreunde
E. Keine Antwort ist richtig.

68) In einem Käfig befinden sich Gänse und Ziegen. Die Tiere haben zusammen 53 Köpfe und 166 Beine. Wie viele Ziegen befinden sich in dem Käfig?
A. 30
B. 53
C. 40
D. 36
E. Keine Antwort ist richtig.

69) Zwei alkoholhaltige Getränke werden zu gleichen Teilen zu einem Cocktail vermengt. Der Alkoholgehalt des einen Getränks liegt bei 17,5 %, der des anderen Getränks bei 30 %. Wie viel Prozent Alkohol enthalten 100 ml des Cocktails?
A. 25 %
B. 47,5 %
C. 23,75 %
D. 21,25 %
E. Keine Antwort ist richtig.

70) Die Hauptbestandteile der menschlichen Nahrung sind Kohlenhydrate, Eiweiße und Fette. Sie liefern unterschiedliche Mengen an Energie, die in Joule oder häufig auch in Kalorien (1 Kalorie entspricht rund 4,2 Joule) angegeben wird: So besitzt 1 Gramm Kohlenhydrat oder Eiweiß einen Brennwert von rund 17 Kilojoule, 1 Gramm Fett kommt auf 39 Kilojoule. Der tägliche Energiebedarf sollte höchstens bis zu etwa 30 Prozent durch Fett gedeckt werden. Wie viel Fett dürfte ein erwachsener Mann mit einem durchschnittlichen Tagesbedarf von 2.500 Kilokalorien pro Tag demnach täglich zu sich nehmen?

A. Rund 18 Gramm
B. Rund 126 Gramm
C. Rund 54 Gramm
D. Rund 320 Gramm
E. Rund 81 Gramm

Dreisatz *Bearbeitungszeit 10 Minuten*

Beantworten Sie bitte die folgenden Aufgaben, indem Sie jeweils den richtigen Lösungsbuchstaben markieren.

71) Für die Kundschaft liegen Überweisungsvordrucke aus. Bei einem täglichen Verbrauch von 200 Vordrucken reicht der Vorrat für 20 Tage. Wie lange würde der Vorrat reichen, wenn der tägliche Verbrauch auf 400 steigen würde?
A. 5 Tage
B. 10 Tage
C. 15 Tage
D. 20 Tage
E. Keine Antwort ist richtig.

72) In einer Goldmine werden aus einer Tonne Erz sechs Gramm Gold gewonnen. Wie viel Tonnen Erz werden für drei kg Gold benötigt?
A. 500 t
B. 550 t
C. 600 t
D. 625 t
E. Keine Antwort ist richtig.

73) Drei Maler brauchen 1,5 Stunden, um eine Fläche von 63 Quadratmetern zu streichen. Wie lange brauchen fünf Maler dafür?
A. 60 Minuten
B. 54 Minuten
C. 48 Minuten
D. 36 Minuten
E. Keine Antwort ist richtig.

74) Ein Schiff ist im Packeis eingeschlossen. Die Lebensmittelvorräte reichen den 72 Besatzungsmitgliedern noch für 15 Tage. Wie lange würden die Vorräte für 90 Mitglieder reichen?
A. 12 Tage
B. 18 Tage
C. 11,5 Tage
D. 10 Tage
E. Keine Antwort ist richtig.

75) Für die Fertigstellung eines Auftrages werden gewöhnlich neun Mitarbeiter jeweils acht Stunden eingesetzt. Wie viele Überstunden muss jeder Mitarbeiter leisten, wenn krankheitsbedingt nur acht Mitarbeiter zu Verfügung stehen?
- A. 1
- B. 2
- C. 3
- D. 4
- E. Keine Antwort ist richtig.

76) In einer Lagerhalle werden 500 Glühbirnen mit 50 Watt Stundenleistung je Glühbirne täglich 8 Stunden eingesetzt. Um den Energieverbrauch zu senken, möchte Firmenchef Müller in Zukunft die gleiche Anzahl an Energiesparlampen mit einer Leistung von 10 Watt pro Stück nur sechs Stunden täglich einsetzen. Wie viel Kilowattstunden spart Herr Müller durch die Umstellung täglich?
- A. 170.000 kWh
- B. 170 kWh
- C. 160 kWh
- D. 150 kWh
- E. Keine Antwort ist richtig.

77) In einer Kantine wird von der Belegschaft, bestehend aus 140 Personen, in 5 Tagen 266 kg Obst verzehrt. Wie viel Kilogramm Obst würden im gleichen Zeitraum verbraucht, wenn die Belegschaft um 10 Personen aufgestockt würde?
- A. 192 kg
- B. 195 kg
- C. 285 kg
- D. 290 kg
- E. Keine Antwort ist richtig.

78) Für eine Veranstaltung werden an zwei Tagen sechs Popcornmaschinen aufgestellt. Insgesamt kommen die Maschinen dabei auf einen Stromverbrauch von 420 kWh. Wie hoch wäre der Stromverbrauch, wenn man drei Tage lang acht Maschinen betreiben würde?
- A. 800 kWh
- B. 820 kWh
- C. 840 kWh
- D. 900 kWh
- E. Keine Antwort ist richtig.

79) 3 Fliesenleger verlegen die Fliesen in einem Badezimmer in 3,5 Stunden. Wie lange benötigen 7 Fliesenleger für dieselbe Arbeit?

A. 54 Minuten
B. 30 Minuten
C. 1,4 Stunden
D. 1,5 Stunden
E. Keine Antwort ist richtig.

80) 12 Pferde fressen pro Woche 504 kg Heu. Wie viel Heu frisst ein Pferd in 30 Tagen?

A. 160 kg
B. 1.400 kg
C. 140 kg
D. 180 kg
E. Keine Antwort ist richtig.

Prozentrechnen

Bearbeitungszeit 10 Minuten

Bei der Prozentrechnung sind drei Größen zu beachten: der Prozentsatz, der Prozentwert und der Grundwert. Zwei dieser Größen müssen gegeben sein, um die dritte Größe berechnen zu können.

Beantworten Sie bitte die folgenden Aufgaben, indem Sie jeweils den richtigen Lösungsbuchstaben markieren.

81) Herr Mayer möchte eine Maschine für 16.000 € erwerben. Wie viel Euro würde Herr Mayer bei einem Rabatt von 15 Prozent sparen?

A. 2.440 €
B. 2.250 €
C. 2.400 €
D. 2.450 €
E. Keine Antwort ist richtig.

82) Bei der letzten Betriebsratswahl lag die Wahlbeteiligung bei 90 % und es haben 81 Beschäftigte gewählt. Wie viele wahlberechtigte Beschäftigte hatte die Firma damals?

A. 80 wahlberechtigte Beschäftigte
B. 82 wahlberechtigte Beschäftigte
C. 88 wahlberechtigte Beschäftigte
D. 90 wahlberechtigte Beschäftigte
E. Keine Antwort ist richtig.

83) Durch seine langjährige Erfahrung im Handel konnte Herr Mayer den Preis für sein neues Fahrzeug von 20.000 € auf 18.000 € drücken. Wie viel Prozent Rabatt konnte Herr Mayer durch sein geschicktes Verhandeln erzielen?

A. 5 %
B. 10 %
C. 15 %
D. 20 %
E. Keine Antwort ist richtig.

84) Herr Mayer hat die im Lager eingesetzten Maschinen angemietet. Nach einer fünfprozentigen Mietpreiserhöhung erhöht sich der Betrag an Mietaufwand für Maschinen um 80 €. Wie hoch ist der neue Mietpreis für die Maschinen?

A. 1.200 €
B. 1.400 €
C. 1.680 €
D. 1.600 €
E. Keine Antwort ist richtig.

85) Herr Müller hat seine im Lager eingesetzten Maschinen angemietet. Nach einer sechsprozentigen Mietpreisanhebung erhöht sich der Mietaufwand um 108 €. Wie hoch ist der neue Mietpreis für die Maschinen?
A. 1.800 €
B. 1.908 €
C. 1.916 €
D. 1.924 €
E. Keine Antwort ist richtig.

86) Herr Mayer möchte sich einen neuen Pkw kaufen. Nach Abzug von 12 % Rabatt würde ihn das Fahrzeug nur noch 35.200 € kosten. Wie hoch war der ursprüngliche Preis des Fahrzeuges?
A. 38.000 €
B. 40.000 €
C. 42.000 €
D. 45.000 €
E. Keine Antwort ist richtig.

87) Herr Mayer hat für eine 52.000 € teure Werbekampagne 25 Prozent des Jahres-Werbebudgets seiner Firma ausgegeben. Wie hoch ist dieses Budget?
A. 200.000 €
B. 212.000 €
C. 208.000 €
D. 214.000 €
E. Keine Antwort ist richtig.

88) Das Bruttogewicht einer Lieferung beträgt inklusive Verpackung 52,5 kg. Der Gewichtsanteil der Verpackung liegt bei fünf Prozent. Wie lautet das Nettogewicht der Ware ohne Verpackung?
A. 45 kg
B. 50 kg
C. 55 kg
D. 60 kg
E. Keine Antwort ist richtig.

89) In einer Firma fahren 60 % der Männer und 30 % der Frauen mit dem Pkw zur Arbeit. Wie viel Prozent der Belegschaft kommen mit dem Pkw zur Arbeit, wenn die Belegschaft zu 60 % aus Männern besteht?

A. 40 %
B. 48 %
C. 58 %
D. 65 %
E. Keine Antwort ist richtig.

90) Herr Müller erhält 6.000 € Gehalt. Hiervon muss er ca. 19 % an Sozialversicherungsbeiträgen abführen – wie viele Euro sind das?

A. 1.050 €
B. 1.070 €
C. 1.100 €
D. 1.140 €
E. Keine Antwort ist richtig.

Diagramme und Tabellen   *Bearbeitungszeit 15 Minuten*

Beantworten Sie bitte die folgenden Aufgaben, indem Sie jeweils den richtigen Lösungsbuchstaben markieren.

I. Trinkwasserverwendung im Haushalt

Durchschnittswerte in Deutschland pro Einwohner und Tag, Angaben in Liter (Stand 2015)

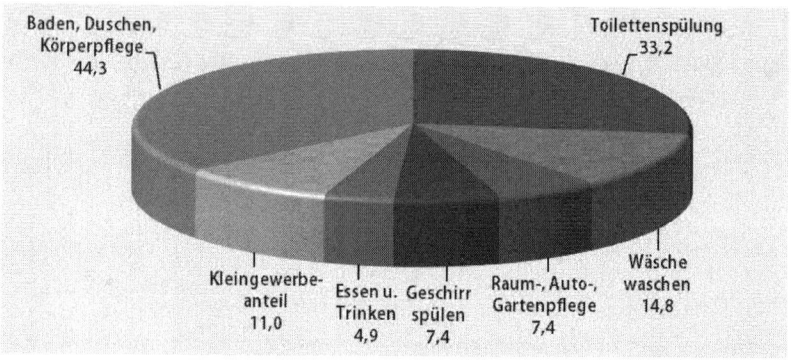

Quelle: Bundesverband der Energie- und Wasserwirtschaft e. V.

91) Wie viele Liter Wasser werden pro Kopf und Tag durchschnittlich verbraucht?
A. 123 l
B. 95 l
C. 143 l
D. 105 l
E. Keine Antwort ist richtig.

92) Wie groß ist der Prozentanteil der Toilettenspülung am durchschnittlichen Wasserverbrauch? Runden Sie das Ergebnis bitte auf zwei Nachkommastellen.
A. 30,25 %
B. 19,75 %
C. 23,54 %
D. 26,99 %
E. Keine Antwort ist richtig.

93) Wie viele Liter Wasser verbraucht eine vierköpfige Familie im Monat (30 Tage) allein zum Essen und Trinken?

A. 477 l
B. 588 l
C. 633 l
D. 718 l
E. Keine Antwort ist richtig.

94) Angenommen, der Wasserpreis beträgt 2,90 € pro Kubikmeter: Wie viel gibt eine vierköpfige Familie durchschnittlich am Tag für Baden, Duschen und Körperpflege aus? Runden Sie bitte auf 1/10 Cent.

A. 67,5 Cent
B. 58,4 Cent
C. 46,4 Cent
D. 51,3 Cent
E. Keine Antwort ist richtig.

95) Wie hoch sind die Ausgaben der Familie für den jährlichen Wasserverbrauch (365 Tage)? Runden Sie bitte auf zwei Nachkommastellen.

A. 553,60 €
B. 520,78 €
C. 470,36 €
D. 580,67 €
E. Keine Antwort ist richtig.

II. Call-by-Call-Tarife

Um Telefongespräche zu führen, können verschiedene Netzanbieter genutzt werden. Hierzu liegen Ihnen zwei Alternativen vor.

Anton Call by Call Tarife			
Minutenpreis in €-Cents	0–8 Uhr	8–18 Uhr	18–24 Uhr
Ortsgespräche			
Mo.–Fr.	1,07 ct	1,58 ct	1,07 ct
Sa.–So. u. Feiertage	1,07 ct	1,07 ct	1,07 ct
Ferngespräche			
Mo.–Fr.	1,48 ct	2,09 ct	1,48 ct
Sa.–So. u. Feiertage	1,48 ct	1,48 ct	1,48 ct
Europäisches Ausland			
Täglich	30,60 ct	30,60 ct	30,60 ct
Berta Call by Call Tarife			
Minutenpreis in €-Cents	0–7 Uhr	7–19 Uhr	19–24 Uhr
Ortsgespräche			
Mo.–Fr.	1,48 ct	4,50 ct	0,95 ct
Sa.–So. u. Feiertage	0,99 ct	0,99 ct	0,99 ct
Ferngespräche			
Mo.–Fr.	1,48 ct	9,20 ct	0,95 ct
Sa.–So. u. Feiertage	0,99 ct	0,99 ct	0,99 ct
Europäisches Ausland			
Täglich	15,00 ct	15,00 ct	15,00 ct

Bei den Tarifen wird jede angebrochene Minute als volle Minute abgerechnet. Eine Ausnahme ist das europäische Ausland, hier wird sekundengenau abgerechnet. Unter „Werktag" wird Montag bis Freitag verstanden.

96) Wie viel Cent zahlen Sie für ein Gespräch, das an einem Werktag (kein Feiertag) um 19:10 Uhr beginnt und 8:26 Minuten dauert, wenn es sich dabei um ein Ortsgespräch handelt und Sie Tarif Anton wählen?

A. 7,62 ct
B. 8,12 ct
C. 8,14 ct
D. 9,63 ct
E. Keine Antwort ist richtig.

97) Wie viel Cent zahlen Sie für ein Gespräch, das an einem Werktag (kein Feiertag) um 18:10 Uhr beginnt und 8:26 Minuten dauert, wenn es sich dabei um ein Ortsgespräch handelt und Sie Tarif Berta wählen?

A. 37,17 ct
B. 39,12 ct
C. 40,14 ct
D. 40,50 ct
E. Keine Antwort ist richtig.

98) Um wie viel Cent ist ein Gespräch von 12:23 Minuten, das an einem Feiertag und als Ferngespräch mit Tarif Anton geführt wird, teurer als mit Tarif Berta?

A. 19,24 ct
B. 12,87 ct
C. 6,37 ct
D. 9,29 ct
E. Keine Antwort ist richtig.

99) Wie viel Euro zahlen Sie für ein Gespräch, das an einem Werktag (kein Feiertag) um 14:10 Uhr beginnt und 5:20 Minuten dauert, wenn es sich dabei um ein Gespräch ins europäische Ausland handelt und Sie Tarif Anton wählen?

A. 1,85 €
B. 1,97 €
C. 1,63 €
D. 1,78 €
E. Keine Antwort ist richtig.

100) Wie viel Cent zahlen Sie für ein Gespräch, das an einem Feiertag um 16:50 Uhr beginnt und 3:30 Minuten dauert, wenn es sich dabei um ein Gespräch ins europäische Ausland handelt und Sie Tarif Berta wählen?

A. 42,2 ct
B. 52,5 ct
C. 82,5 ct
D. 69,8 ct
E. Keine Antwort ist richtig.

III. Mengenkalkulation

Zur Herstellung des Fertigerzeugnisses F_1 braucht man verschiedene Elemente E und Bauteile B. Das folgende Schaubild gibt Aufschluss über alle benötigten Materialien.

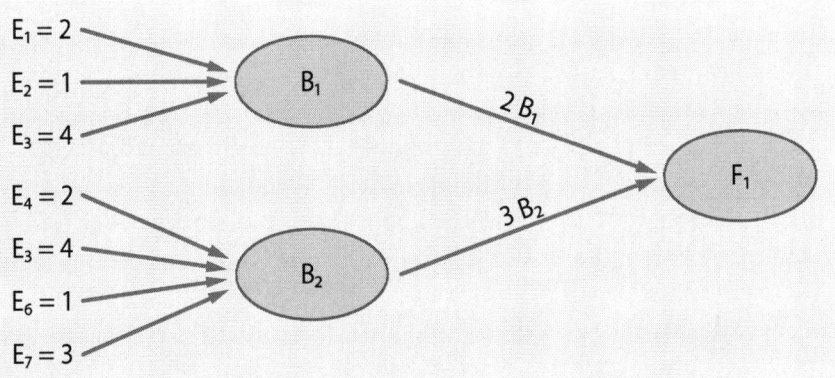

Hinweis: E = Elemente in Stk. | B = Bauteile in Stk. | F = Fertigerzeugnis in Stk.

101) Wie viele Elemente E werden zur Herstellung des Bauteils B_1 insgesamt benötigt?
A. 4
B. 5
C. 6
D. 7
E. Keine Antwort ist richtig.

102) Wie viele Elemente E werden zur Herstellung jeweils eines Bauteils B_1 und B_2 insgesamt benötigt?
A. 7
B. 10
C. 15
D. 17
E. Keine Antwort ist richtig.

103) Wie viele Elemente E_3 werden zur Herstellung eines Fertigerzeugnisses F_1 benötigt?
   A. 4
   B. 8
   C. 12
   D. 20
   E. Keine Antwort ist richtig.

104) Für einen Kundenauftrag werden fünf Fertigerzeugnisse F_1 benötigt. Wie viele Elemente E_5 braucht man dafür insgesamt?
   A. 1
   B. 3
   C. 4
   D. 6
   E. Keine Antwort ist richtig.

105) Wie viele Elemente E_1 würden für ein neues Fertigerzeugnis F_2 benötigt, das aus zwei Fertigerzeugnissen F_1 besteht?
   A. 4
   B. 8
   C. 12
   D. 60
   E. Keine Antwort ist richtig.

Fläche und Volumen

Bearbeitungszeit 10 Minuten

Beantworten Sie bitte die folgenden Aufgaben, indem Sie jeweils den richtigen Lösungsbuchstaben markieren.

106) Ein Kreis hat einen Durchmesser von 20 Metern. Wie groß ist sein Flächeninhalt? Der Flächeninhalt eines Kreises berechnet sich nach der Formel: $A = \pi \times r^2$.

A. $400\ m^2$
B. $314\ m^2$
C. $3.256\ m^2$
D. $3.640\ m^2$
E. $269\ m^2$

107) Herr Klein möchte in seinem rechteckigen Wohnzimmer neue Parkettleisten verlegen. Das Zimmer ist 5,40 Meter lang und 4,50 Meter breit. Die Tür – Breite: 1,20 Meter – will er aussparen. Wie viele Meter Parkettleiste benötigt er?

A. 11,50 m
B. 15,20 m
C. 17,40 m
D. 18,60 m
E. 19,30 m

108) Ein Versandkarton ist 12 Zentimeter lang, 6 Zentimeter breit und 5 Zentimeter hoch. Wie groß ist die Oberfläche (A) des Kartons?

A. $280\ cm^2$
B. $246\ cm^2$
C. $162\ cm^2$
D. $418\ cm^2$
E. $324\ cm^2$

109) Eine Kugel hat einen Durchmesser (d) von 12 Zentimetern. Wie groß ist ihr Volumen? Das Kugelvolumen berechnet sich nach der Formel:

$$V = \frac{4}{3}\pi \times r^3$$

A. Rund $1.609,02\ cm^2$
B. Rund $1.309,18\ cm^3$
C. Rund $210,34\ cm^2$
D. Rund $486,46\ cm^3$
E. Rund $904,32\ cm^3$

110) Wie groß ist das Volumen (V) eines Würfels mit einer Kantenlänge von 7 Metern?
A. 4.900 m³
B. 212 m³
C. 646 m³
D. 343 m³
E. 767 m³

111) Alle Kanten eines Würfels ergeben zusammengenommen eine Länge von 120 cm. Wie groß ist der Flächeninhalt (A) einer Seitenfläche?
A. 40 cm²
B. 64 cm²
C. 100 cm²
D. 120 cm²
E. 136 cm²

112) Ein quaderförmiges Zimmer ist 6 Meter lang, 3,50 Meter breit und 3 Meter hoch. Wie viele Kubikmeter Sauerstoff befinden sich im Zimmer, wenn der Sauerstoffanteil der Luft bei 21 Prozent liegt?
A. 13,23 m³
B. 16,76 m³
C. 19,87 m³
D. 21,63 m³
E. 23,67 m³

113) Herr Kerner legt seinen Garten neu an und lässt sich 4,5 Kubikmeter Erde liefern, die auf die Gartenfläche verteilt eine Schicht von 15 Zentimetern Dicke ergeben. Wie groß ist die Fläche seines Gartens?
A. 56 m²
B. 42 m²
C. 30 m²
D. 67,5 m²
E. 45 m²

114) Frau Fleischer möchte ihren Swimmingpool auffüllen. Das quaderförmige Becken ist 3,3 Meter breit, 6,5 Meter lang, 2 Meter hoch und bereits zu einem Wasserstand von 20 Zentimetern Höhe gefüllt. Wie viele Liter Wasser muss Frau Fleischer einfüllen, damit das Becken komplett gefüllt ist?
A. 38.610 Liter
B. 3.630 Liter
C. 43.420 Liter
D. 43.800 Liter
E. 390.000 Liter

115) In einem rechtwinkligen Dreieck ist die Ankathete 4 cm und die Gegenkathete 3 cm lang. Wie lang ist die Hypotenuse?

A. 4 cm
B. 8 cm
C. 5 cm
D. 3 cm
E. Keine Antwort ist richtig.

Mathematik

Geometrische Skizzen *Bearbeitungszeit 5 Minuten*

Beantworten Sie bitte die folgenden Aufgaben, indem Sie jeweils den richtigen Lösungsbuchstaben markieren.

116) Welchen Umfang hat das abgebildete Parallelogramm?

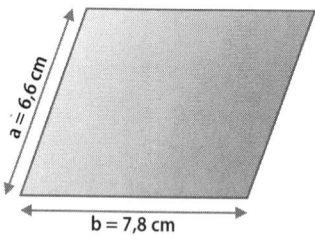

A. Rund 30,4 cm
B. 28,8 cm
C. Rund 29,6 cm
D. 24,5 cm
E. 14,4 cm

117) Welche Länge hat die Seite c im abgebildeten Dreieck?

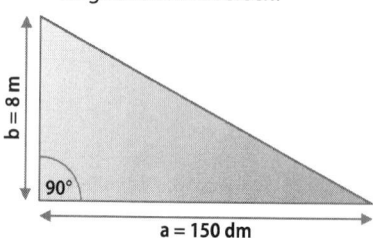

A. 166 dm
B. Rund 18 m
C. 195 dm
D. 17 m
E. Rund 184 dm

118) Wie groß sind die Winkel α und β im abgebildeten gleichschenkligen Dreieck?

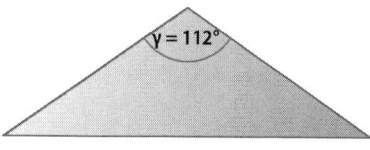

A. 25°
B. 40°
C. 30°
D. 60°
E. 34°

119) Welchen Durchmesser hat der abgebildete Kreis?

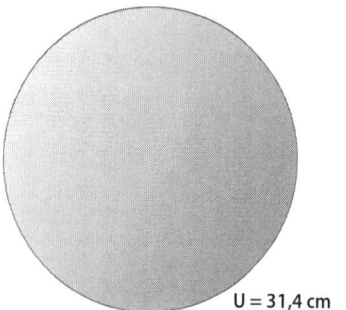

A. Rund 10 cm
B. Rund 12 cm
C. Rund 9 cm
D. Rund 13 cm
E. Rund 8 cm

120) Welches Volumen hat der abgebildete Zylinder?

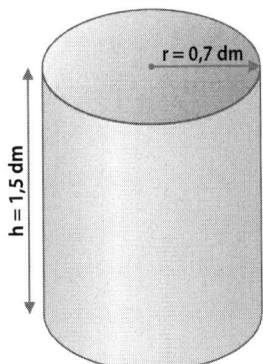

A. Rund 2,58 dm³
B. Rund 2,50 dm³
C. Rund 2,31 dm³
D. Rund 1,94 dm³
E. Rund 3,63 dm³

Mathematik

Rechnen mit Hindernis *Bearbeitungszeit 5 Minuten*

Nun lösen Sie pro Aufgabe zwei einfache Rechnungen und führen anschließend – je nach Ergebnis – eine bestimmte Rechenoperation durch.

Ist das Ergebnis der oberen Rechenzeile größer als jenes der unteren Zeile, so muss das untere Teilergebnis vom oberen abgezogen werden. Ansonsten müssen beide Teilergebnisse addiert werden.

Hierzu ein Beispiel

Aufgabe

1) 5 + 5 – 1
    2 + 2 – 3
    =

Aufgabe

2) 2 + 2 – 3
    5 + 5 – 1
    =

Antwort

1) = 8

Antwort

2) = 10

5 + 5 – 1 = 9 (größeres Ergebnis)
2 + 2 – 3 = 1 (kleineres Ergebnis)
9 – 1 = 8 (größeres Ergebnis
– kleineres Ergebnis)

2 + 2 – 3 = 1 (kleineres Ergebnis)
5 + 5 – 1 = 9 (größeres Ergebnis)
9 + 1 = 10 (größeres Ergebnis
+ kleineres Ergebnis)

Bitte beginnen Sie nun mit der Bearbeitung: Berechnen Sie jeweils die richtige Lösung. Sie haben dafür **5 Minuten** Zeit.

121) 15 + 18 – 3
      12 + 8 – 5
      =

123) 21 + 14 – 3
      16 + 15 – 9
      =

122) 24 + 17 – 21
      17 + 21 – 28
      =

124) 17 + 13 + 9
      12 + 2 + 8
      =

125) 17 − 18 + 19
6 − 17 + 12
=

126) 7 + 4 − 3
14 + 8 − 2
=

127) 4 + 18 + 7
15 + 12 + 7
=

128) 17 + 13 − 16
14 + 17 − 9
=

129) 16 − 19 − 6
14 − 18 + 11
=

130) 22 + 17 + 15
24 + 9 − 17
=

Lösungen: Mathematik

1) 4,15	31) D	61) C
2) 323,8	32) C	62) D
3) 201,5	33) C	63) D
4) 12	34) B	64) B
5) 0	35) B	65) B
6) 7,2	36) B	66) C
7) 6,3	37) B	67) C
8) 1,4	38) A	68) A
9) 0,8	39) B	69) C
10) 28,5	40) B	70) E
11) 62,3	41) C	71) B
12) 0,65	42) C	72) A
13) 16,4	43) A	73) B
14) 13,15	44) A	74) A
15) 15	45) A	75) A
16) B	46) D	76) B
17) B	47) B	77) C
18) B	48) D	78) C
19) A	49) A	79) D
20) A	50) B	80) D
21) C	51) B	81) C
22) A	52) A	82) D
23) D	53) E	83) B
24) C	54) D	84) C
25) C	55) C	85) B
26) C	56) C	86) B
27) B	57) A	87) C
28) B	58) C	88) B
29) D	59) D	89) B
30) A	60) B	90) D

91) A	105) B	119) A
92) D	106) B	120) C
93) B	107) D	121) 15
94) D	108) E	122) 10
95) B	109) E	123) 10
96) D	110) D	124) 17
97) D	111) C	125) 17
98) C	112) A	126) 28
99) C	113) C	127) 63
100) B	114) A	128) 36
101) D	115) C	129) –2
102) D	116) B	130) 38
103) D	117) D	
104) E	118) E	

Grundrechenarten (Aufgaben 1–15)

Zu 1) $0{,}01 + 0{,}03 + 4{,}31 - 0{,}2 = 4{,}15$

Zu 2) $314 + 17{,}2 - 7{,}4 = 323{,}8$

Zu 3) $243{,}5 - 14 \times 3 = 201{,}5$

Zu 4) $(2 \div 2) \times 2 \times 2 + 8 = 12$

Zu 5) $(25 + 7) \times ((0{,}7 \times (2 - 2)) = 0$

Zu 6) $4{,}32 \times 5 \div 3 = 7{,}2$

Zu 7) $5{,}6 \div (4{,}5 + 3{,}5) \times 9 = 6{,}3$

Zu 8) $6{,}1 + 4{,}9 \div 7 - 5{,}4 = 1{,}4$

Zu 9) $57{,}6 \div 2 \div 4 \div 9 = 0{,}8$

Zu 10) $8{,}7 \div 30 + 0{,}71 + 27{,}5 = 28{,}5$

Zu 11) $(12{,}6 - 237 + 349) \div 2 = 62{,}3$

Zu 12) $8{,}85 - (1{,}35 + 2{,}75) \times 2 = 0{,}65$

Zu 13) $((64 + 5 \times 3) + 3) \div 5 = 16{,}4$

Zu 14) $(2{,}75 + (139 - 13) \div 2) \div 5$
= 13,15

Zu 15) $72 \div 8 \times 1{,}5 + 1{,}5 = 15$

Bruchrechnen (Aufgaben 16–25)

Zu 16) B. 6

Wandeln Sie die gemischte Zahl in einen reinen Bruch um und kürzen Sie diesen:

$$4\frac{8}{4} = \frac{24}{4} = 6$$

Zu 17) B. $2\frac{1}{3}$

Brüche werden addiert, indem man den gemeinsamen Nenner findet, die Zähler addiert und den Nenner beibehält. Das Ergebnis ist hier so weit wie möglich zu kürzen und als gemischte Zahl zu schreiben:

$$\frac{4}{2} + \frac{1}{3} = \frac{12}{6} + \frac{2}{6} = \frac{14}{6} = \frac{7}{3} = 2\frac{1}{3}$$

Zu 18) B. 6,08

Gemischte Zahlen sollten zunächst in reine Brüche umgewandelt werden. Brüche werden addiert, indem man den gemeinsamen Nenner findet, die Zähler addiert und den Nenner beibehält. Anschließend ist das Ergebnis hier in Dezimalform zu bringen.

$$3\frac{3}{4} + 2\frac{1}{3} = \frac{15}{4} + \frac{7}{3} = \frac{45}{12} + \frac{28}{12}$$
$$= \frac{73}{12} = 6,08$$

Zu 19) A. $\frac{3}{25}$

Ein Bruch wird durch eine ganze Zahl dividiert, indem man die ganze Zahl mit dem Nenner des Bruches multipliziert und den Zähler beibehält. Das Ergebnis ist so weit wie möglich zu kürzen:

$$\frac{3}{5} \div 5 = \frac{3}{5} \times \frac{1}{5} = \frac{3}{25}$$

Zu 20) A. $\frac{5}{12}$

Brüche werden subtrahiert, indem man den gemeinsamen Nenner findet, diesen beibehält und die Zähler voneinander subtrahiert. Das Ergebnis ist so weit wie möglich zu kürzen:

$$\frac{3}{4} - \frac{1}{3} = \frac{9}{12} - \frac{4}{12} = \frac{5}{12}$$

Zu 21) C. $\frac{5}{2}$

Brüche werden subtrahiert, indem man einen gemeinsamen Nenner findet, die Zähler subtrahiert und den Nenner beibehält. Das Ergebnis ist so weit wie möglich zu kürzen:

$$\frac{7}{2} - \frac{3}{3} = \frac{21}{6} - \frac{6}{6} = \frac{15}{6} = \frac{5}{2}$$

Lösungen: Mathematik

Zu 22) A. $3\frac{1}{35}$

Brüche werden subtrahiert, indem man sie auf einen gemeinsamen Nenner bringt, die Zähler subtrahiert und den Nenner beibehält. Anschließend ist das Ergebnis hier so weit wie möglich zu kürzen und als gemischte Zahl zu schreiben:

$$\frac{24}{7}-\frac{2}{5}=\frac{120}{35}-\frac{14}{35}=\frac{106}{35}=3\frac{1}{35}$$

Zu 23) D. 8,75

Brüche werden multipliziert, indem man Zähler und Zähler sowie Nenner und Nenner miteinander multipliziert. Das Ergebnis ist hier in Dezimalform zu bringen.

$$3\frac{3}{4}\times 2\frac{1}{3}=\frac{15}{4}\times\frac{7}{3}=\frac{105}{12}=8,75$$

Zu 24) C. $1\frac{1}{12}$

Gemischte Zahlen sollten zunächst in reine Brüche umgewandelt werden. Brüche werden multipliziert, indem man jeweils ihre Zähler und Nenner miteinander malnimmt. Anschließend ist das Ergebnis hier als gemischte Zahl zu schreiben.

$$4\frac{1}{3}\times\frac{1}{4}=\frac{13}{3}\times\frac{1}{4}=\frac{13}{12}=1\frac{1}{12}$$

Zu 25) C. $\frac{6}{6}$

Gemischte Zahlen sollten zunächst in reine Brüche umgewandelt werden:

$$\left(2\frac{1}{2}+2\frac{2}{4}\right)\div\left(8-1\frac{4}{2}\right)$$
$$=\left(\frac{5}{2}+\frac{10}{4}\right)\div\left(8-\frac{6}{2}\right)$$

Brüche werden addiert bzw. subtrahiert, indem man sie auf einen gemeinsamen Nenner bringt, ihre Zähler addiert bzw. subtrahiert und den Nenner beibehält:

$$\left(\frac{5}{2}+\frac{10}{4}\right)\div\left(\frac{16}{2}-\frac{6}{2}\right)=\left(\frac{10}{4}+\frac{10}{4}\right)$$
$$\div\left(\frac{16}{2}-\frac{6}{2}\right)=\frac{20}{4}\div\frac{10}{2}$$

Brüche werden dividiert, indem man den ersten Wert mit dem Kehrwert des zweiten Werts (durch den geteilt werden soll) multipliziert:

$$\frac{20}{4}\div\frac{10}{2}=\frac{20}{4}\times\frac{2}{10}$$

Anschließend ist das Ergebnis so weit wie möglich zu kürzen:

$$\frac{20}{4}\times\frac{2}{10}=\frac{40}{40}=1=\frac{6}{6}$$

Kopfrechnen (Aufgaben 26–35)

Zu 26) C. 6.000

Am einfachsten erhalten Sie die Lösung, indem Sie geschickt zusammenfassen:

$-8 + 608 = 600$

$5.400 + 600 = 6.000$

Zu 27) B. 16

Beachten Sie die Punkt-vor-Strich-Regel.

$8 - 4 + 3 \times 4 = 8 - 4 + 12 = 16$

Zu 28) B. 2.762

```
    567.616
  - 564.854
       1 1
  ─────────
=     2.762
```

Zu 29) D. 256

Die Quadratzahl von 16 lautet 256.

$16^2 = 16 \times 16 = 256$

Zu 30) A. 0

Beachten Sie die Punkt-vor-Strich-Regel.

$12 - 6 \div 2 \times 4 = 12 - 3 \times 4 = 12 - 12 = 0$

Zu 31) D. –59

Beachten Sie die Punkt-vor-Strich-Regel.

$-8 \times 3 = -24$

$(-5) \times 7 = -35$

$-24 + (-35) = -59$

Zu 32) C. 19.202

```
      8.648
  +   9.576
  +     978
  +       ²2²2
  ──────────
  =  19.202
```

Zu 33) C. 10

Rechnen Sie wie folgt:

$\frac{1}{4} + 4\frac{3}{4} = 5$

$-2 - 0{,}5 + 7{,}5 = 5$

$5 + 5 = 10$

Zu 34) B. 168

$94584 \div 563 = 168$

```
563
 ¹
3828
3378
  ¹
4504
4504
────
   0
```

Zu 35) B. 28.926

520668 ÷ 18 = 28926
$\underline{36}$
160
$\underline{144}$
166
$\underline{162}$
46
$\underline{36}$
108
$\underline{108}$
0

Maßeinheiten umrechnen (Aufgaben 36–45)

Zu 36) B. 14,35 dm

Die Spurweite beträgt 14,35 Dezimeter.

$1 \text{ mm} = \frac{1}{10} \text{ cm} = \frac{1}{100} \text{ dm}$

$1.435 \text{ mm} = 1.435 \times \frac{1}{100} \text{ dm}$

$= 14,35 \text{ dm}$

Zu 37) B. 8.000 m²

Die Grundfläche beträgt 8.000 m².

100 m × 80 m = 8.000 m²

Zu 38) A. 78

Ein Gramm entspricht 1.000 Milligramm, also ergeben 0,078 Gramm 78 Milligramm:

0,078 × 1.000 mg = 78 mg

Zu 39) B. 41.400 m

Ein Kilometer entspricht 1.000 Metern, also ergeben 41,4 Kilometer 41.400 Meter:

41,4 × 1.000 m = 41.400 m

Zu 40) B. 1.050 kg

Eine Tonne entspricht 1.000 Kilogramm, also ergeben 1,05 Tonnen 1.050 Kilogramm:

1,05 × 1.000 kg = 1.050 kg

Zu 41) C. 41,5

Ein Millimeter entspricht 0,001 Metern. Auf einen Quadratmeter gingen demnach 0,0415 Kubikmeter Wasser nieder:

41,5 × 0,001 m × 1 m² = 0,0415 m³

Ein Kubikmeter entspricht 1.000 Kubikdezimetern bzw. 1.000 Litern, also ergeben 0,0415 Kubikmeter 41,5 Liter:

0,0415 × 1.000 l = 41,5 l

Bei dem Gewitter gingen pro Quadratmeter stündlich 41,5 Liter Wasser nieder.

Zu 42) C. 2,5

Ein Liter entspricht 10 Dezilitern, also ergeben 0,25 Liter 2,5 Deziliter:

0,25 × 10 dl = 2,5 dl

Zu 43) A. 360 m

Ein Zentimeter entspricht 10 Millimetern, also entspricht eine Sprungweite von 40 Zentimetern dem 200-fachen der Körpergröße eines Flohs:

40 × 10 mm ÷ 2 mm = 200

Ein Mensch könnte 360 Meter weit springen:

1,8 m × 200 = 360 m

Zu 44) A. 8,5

Ein Zentner entspricht 50 Kilogramm, also ergeben 425 Kilogramm 8,5 Zentner:

425 kg ÷ 50 kg = 8,5

Zu 45) A. 20,83

Da ein Kilometer 1.000 Metern und eine Stunde 3.600 Sekunden entspricht, entsprechen 75 Kilometer pro Stunde 75.000 Metern in 3.600 Sekunden. Welche Distanz wird nun in einer Sekunde zurückgelegt?

$$\frac{75.000\,m}{3.600\,s} = \frac{750\,m}{36\,s} \approx 20{,}83\,\frac{m}{s}$$

75 Kilometer pro Stunde entsprechen 20,83 Metern pro Sekunde.

Schätzaufgaben (Aufgaben 46–55)

Zu 46) D. 1.156

Hier erhält man die Lösung am schnellsten, indem man nur die letzten Ziffern betrachtet: 4 × 4 = 16 – die Endziffer des Ergebnisses lautet 6. Da das Ergebnis einer Multiplikation von zwei zweistelligen Zahlen maximal vier Stellen haben kann, kommt nur Antwort D in Betracht.

Zu 47) B. 24.000

Durch Addition der Tausender und Hunderter (22,2 + 1,7 = 23,9) kommt man schnell zum richtigen Ergebnis. Die Brüche fallen hier kaum ins Gewicht, sie ergeben zusammen den Wert 1.

Zu 48) D. 10.425.245

Die letzte Ziffer der Lösung lässt sich berechnen, indem man nur die Endziffern der einzelnen Werte betrachtet:

8 + 7 = 15

Die Endziffer der Lösung lautet also 5. Mit gerundeten Millionenwerten lässt sich der Wert außerdem wie folgt überschlagen:

8,3 + 2,1 = 10,4

Beide dieser Bedingungen erfüllt nur Antwort D.

Zu 49) A. 3.613,34

Dem angegebenen Rechenweg zu folgen, wäre umständlich. Fassen Sie die Werte stattdessen geschickt zusammen und schätzen Sie nach folgendem Schema:

8.348 + 1.671 ≈ 10.000

10.000 – 6.405,66 ≈ 3.600

Zu 50) B. Zwischen 4.180.000 und 4.190.000

Die angegebenen Zahlenblöcke decken jeweils 10.000er-Bereiche ab, daher empfiehlt sich der Überschlag mit Tausenderwerten: 8.576 – 4.392 = 4.184. Durch die vernachlässigten Hunderter, Zehner und Einer kann das Ergebnis auf keinen Fall kleiner als 4.180.000 oder größer als 4.190.000 werden. Antwort B stimmt.

Zu 51) B. 100,1 %

77 % entsprechen ungefähr drei Vierteln (75 %). 130 % entsprechen ungefähr vier Dritteln (133 %). Bringt man die Werte in Bruchform, lässt sich das Ergebnis schnell abschätzen:

¾ × ⁴⁄₃ = ¹²⁄₁₂ = 1 = 100 %

Zu 52) A. 42,93

Die letzte Ziffer der Lösung lässt sich berechnen, indem man nur die Endziffern der einzelnen Werte betrachtet: Diese Endziffern lauten 9 (7 × 7 = 49) und 6 (4 × 4 = 16). Die letzte Ziffer des Endergebnisses ergibt sich demnach aus der Rechnung:

9 – 6 = 3

Zu 53) E. Zwischen 36.000 und 36.500

Die angegebenen Zahlenblöcke decken jeweils 500er-Bereiche ab, daher empfiehlt sich der Überschlag mit Hunderterwerten: 215 + 126 + 20 = 361 (also 36.100). Somit muss die richtige Antwort E lauten: Alle übrigen Lösungsvorschläge liegen unter dem geschätzten Wert, doch das tatsächliche Ergebnis ist aufgrund der vernachlässigten Zehner und Einer sogar noch etwas höher.

Zu 54) D. Zwischen 14,6 und 15,5

Runden Sie zunächst den Faktor, der am nächsten an einer ganzen Zahl liegt, und multiplizieren Sie ihn mit dem anderen Faktor: 4 × 3,7 = 14,8. Somit kommen Sie dem tatsächlichen Ergebnis ausreichend nahe, da die vernachlässigte Nachkommastelle 0,1 nur zu einer geringen Erhöhung führen kann (0,1 × 3,7 = 0,37).

Zu 55) C. Zwischen 3,4 und 3,7

Die erste Stelle des Ergebnisses muss 3 lauten, da der Divisor dreimal vollständig in den Dividenden hineinpasst: 3 × 35 = 105. Es verbleibt ein Rest von 20 (125 – 105). Die erste Nachkommastelle des Ergebnisses berechnen Sie, indem Sie den Rest mit 10 multiplizieren und prüfen, wie oft der Divisor in den erhaltenen Wert hineinpasst: 200 ÷ 35 = 5, Rest 25. Das Ergebnis beginnt also mit 3,5 und liegt demnach zwischen 3,4 und 3,7; Antwort C stimmt.

Gemischte Textaufgaben (Aufgaben 56–70)

Zu 56) C. 600 €

Der Anteil von Person A beträgt 600 €.

2 × 300 € = 600 €

Zu 57) A. 0,25

1 ÷ 4 = 0,25

Zu 58) C. 100 Tage

Die Straße ist nach 100 Tagen fertiggestellt.

5 m + 7 m = 12 m

1.200 m ÷ 12 m/Tag = 100 Tage

Zu 59) D. 4.050

In 4.050 Haushalten leben Jungen.

9.000 × ¾ = 6.750 Haushalte mit Kindern

6.750 × ⅗ = 4.050 Haushalte mit Jungen

Zu 60) B. 2,60 €

Das Kilogramm Birnen kostet 2,60 €.

Äpfel: 13 kg × 2,60 €/kg = 33,80 €

Birnen: 65 € – 33,80 € = 31,20 €

31,20 € ÷ 12 kg = 2,60 € pro kg Birnen

Zu 61) C. 8

Rechnen Sie rückwärts:

33 ÷ 3 = 11

11 – 3 = 8

Zu 62) D. 16 m

Das kurze Seil ist 16 Meter lang.

Langes Seil = 4 Teile

Kurzes Seil = 1 Teil

Insgesamt = 5 Teile

80 m ÷ 5 = 16 m

Zu 63) D. 22 Jahre

John ist 22 Jahre alt. Setzt man für Johns Alter die Variable x, kann man die Textangaben in folgender Gleichung zusammenfassen:

x + (x − 4) = 40

Nun kann man nach x auflösen:

x + x − 4 = 40 | + 4
2x = 44 | ÷ 2
x = 22

Zu 64) B. 30

30 Aufgaben sind entweder leicht oder sehr schwer.

Das Ergebnis berechnet sich durch die Addition der leichten und sehr schweren Aufgaben:

$\frac{2}{6} \times 60 + \frac{2}{12} \times 60 = 20 + 10 = 30$

Zu 65) B. 12 €

Herr Müller muss seiner Frau zwölf Euro geben, damit beide gleich viel Geld im Portemonnaie haben.

62 € + 38 € = 100 €
100 € ÷ 2 = 50 €
62 € − 50 € = 12 €

Zu 66) C. 44

Die gesuchte Zahl lautet 44. Anhand der Aufgabenstellung lässt sich folgende Gleichung aufstellen:

y ÷ 4 = 3 × 13 − 28 = 39 − 28 = 11
y = 44

Zu 67) C. 3 Kinogänger mehr als Lesefreunde

45 Vereinsmitglieder lesen gerne:

⁵⁄₈ × 72 = 45

48 Vereinsmitglieder gehen gerne ins Kino:

⁶⁄₉ × 72 = 48

Da ein Vereinsmitglied sowohl gerne lesen als auch gerne ins Kino gehen kann, kann die Summe beider Gruppen über der Gesamtzahl der Vereinsmitglieder liegen. Es gibt aber 3 Vereinsmitglieder mehr, die gerne ins Kino gehen, als solche, die sich fürs Lesen interessieren.

Zu 68) A. 30

Da Gänse und Ziegen zusammen auf 53 Köpfe kommen, handelt es sich folglich auch um 53 Tiere. Nimmt man für die Anzahl der Gänse die Variable x und für die Zahl der Ziegen die Variable y, lassen sich folgende Gleichungen aufstellen:

x + y = 53 (Anzahl der Köpfe)
2x + 4y = 166 (Anzahl der Beine)

Nun kann man die erste Gleichung nach x auflösen und sie in die zweite Gleichung einsetzen:

x = 53 − y

$2(53 - y) + 4y = 166$

$106 - 2y + 4y = 166 \quad | -106$

$2y = 60 \quad | \div 2$

$y = 30$

Im Käfig befinden sich 30 Ziegen.

Zu 69) C. 23,75 %

Da die Getränke zu gleichen Teilen vermengt werden, enthält das Endprodukt einen Alkoholanteil, der genau in der Mitte beider Werte liegt:

$(30 + 17,5) \div 2 = 47,5 \div 2 = 23,75$

Der Cocktail enthält 23,75 % Alkohol. Der Prozentanteil ist unabhängig von der Menge.

Zu 70) E. Rund 81 Gramm

Der Tagesbedarf von 2.500 Kilokalorien entspricht 10.500 Kilojoule:

$2.500 \times 4,2 = 10.500$

30 Prozent von 10.500 Kilojoule sind 3.150 Kilojoule:

$$\text{Prozentwert} = \frac{\text{Prozentsatz} \times \text{Grundwert}}{100}$$

$$\text{Prozentwert} = \frac{30 \times 10.500}{100} = 3.150$$

Da ein Gramm Fett einen Brennwert von rund 39 Kilojoule besitzt, entsprechen 3.150 Kilojoule dem Brennwert von ca. 81 Gramm Fett:

$3.150 \div 39 \approx 81$

Ein erwachsener Mann sollte höchstens rund 81 Gramm Fett pro Tag zu sich nehmen.

Dreisatz (Aufgaben 71–80)

Zu 71) B. 10 Tage

Die Vordrucke würden für 10 Tage ausreichen.

20 Tage × 200 Stk./Tag = 4.000 Stk. Vorrat

4.000 Stk. ÷ 400 Stk./Tag = 10 Tage

Zu 72) A. 500 t

Zur Gewinnung von drei kg Gold benötigt man 500 t Erz.

3.000 g ÷ 6 g × 1 t = 500 t

Zu 73) B. 54 Minuten

Ein einziger Maler benötigt für das Anstreichen derselben Fläche das Dreifache der Zeit:

$3 \times 1,5 \text{ h} = 4,5 \text{ h}$

Fünf Maler benötigen wiederum ein Fünftel dieser Zeit:

$4,5 \text{ h} \div 5 = 0,9 \text{ h}$

Fünf Maler brauchen 0,9 Stunden – oder 54 Minuten – um eine Fläche von 63 Quadratmetern zu streichen.

Zu 74) A. 12 Tage

Wenn 15 Menschen von den Vorräten 72 Tage leben können, könnte ein einziges Besatzungsmitglied davon 1.080 Tage leben:

$15 \times 72 = 1.080$

Für 90 Besatzungsmitglieder beträgt die Zeit $^1/_{90}$ davon:

$1.080 \div 90 = 12$

Die Vorräte reichen 90 Besatzungsmitgliedern für 12 Tage.

Zu 75) A. 1

Jeder Mitarbeiter müsste eine Überstunde machen.

9 (Mitarbeiter) $\times$ 8 h = 72 h

72 h $\div$ 8 (Mitarbeiter) = 9 h

9 h – 8 h = 1 Überstunde pro Mitarbeiter

Zu 76) B. 170 kWh

Herr Müller würde durch die Umstellung 170 kWh einsparen.

500×50 W $\times$ 8 h = 200.000 Wattstunden (Wh)

500×10 W $\times$ 6 h = 30.000 Wattstunden (Wh)

200.000 Wh – 30.000 Wh = 170.000 Wh

170.000 Wh = 170 kWh

Zu 77) C. 285 kg

Es werden 285 kg Obst benötigt.

140 + 10 = 150 Personen

266 kg $\div$ 140 $\times$ 150 = 285 kg Obst

Zu 78) C. 840 kWh

Der Stromverbrauch würde 840 kWh betragen.

420 kWh $\div$ 6 Maschinen $\div$ 2 d
= 35 kWh pro Maschine pro Tag

35 kWh $\times$ 8 (Maschinen) $\times$ 3 (Tage)
= 840 kWh

Zu 79) D. 1,5 Stunden

Ein einziger Fliesenleger würde für die gleiche Arbeit das Dreifache an Zeit benötigen:

$3 \times 3,5$ h = 10,5 h

7 Fliesenleger erledigen die Arbeit in $^1/_7$ dieser Zeit:

10,5 h $\div$ 7 = 1,5 h

7 Fliesenleger verlegen die Fliesen im Badezimmer in 1,5 Stunden.

Zu 80) D. 180 kg

Wenn 12 Pferde pro Woche 504 kg Heu fressen, liegt der Tagesbedarf eines Pferds bei:

504 kg $\div$ 12 (Pferde) $\div$ 7 (Tage) = 6 kg

In 30 Tagen frisst ein Pferd 180 kg Heu:

6 kg $\times$ 30 = 180 kg

Prozentrechnen (Aufgaben 81–90)

Zu 81) C. 2.400 €

Herr Mayer würde einen Betrag von 2.400 € sparen.

$$\text{Prozentwert} = \frac{\text{Grundwert} \times \text{Prozentsatz}}{100}$$

$$\text{Prozentwert} = \frac{16.000\ €\times 15\,\%}{100} = 2.400\ €$$

Zu 82) D. 90 wahlberechtigte Beschäftigte

Die Firma hatte 90 wahlberechtigte Beschäftigte.

$$\text{Grundwert} = \frac{\text{Prozentwert} \times 100}{\text{Prozentsatz}}$$

$$\text{Grundwert} = \frac{81 \times 100}{90\,\%} = 90$$

Zu 83) B. 10 %

Herr Mayer konnte durch sein Verhandlungsgeschick 10 Prozent Rabatt erzielen.

$$\text{Prozentsatz} = \frac{\text{Prozentwert} \times 100}{\text{Grundwert}}$$

$$\text{Prozentsatz} = \frac{2.000\ € \times 100}{20.000\ €} = 10\,\%$$

Zu 84) C. 1.680 €

Der neue Mietpreis für die Maschinen beträgt 1.680 €.

$$\text{Grundwert} = \frac{\text{Prozentwert} \times 100}{\text{Prozentsatz}}$$

$$\text{Grundwert} = \frac{80\ € \times 100}{5\,\%} = 1.600\ €$$

$1.600\ € + 80\ € = 1.680\ €$

Zu 85) B. 1.908 €

Der neue Mietpreis für die Maschinen beträgt 1.908 €.

$$\text{Grundwert} = \frac{\text{Prozentwert} \times 100}{\text{Prozentsatz}}$$

$$\text{Grundwert} = \frac{108\ € \times 100}{6} = 1.800\ €$$

$1.800\ € + 108\ € = 1.908\ €$

Zu 86) B. 40.000 €

Das Fahrzeug hätte ohne Abzug von 12 % Rabatt 40.000 € gekostet.

$$\text{Grundwert} = \frac{\text{Prozentwert} \times 100}{\text{Prozentsatz}}$$

$$\text{Grundwert} = \frac{35.200\ € \times 100}{88\,\%} = 40.000\ €$$

Zu 87) C. 208.000 €

Das jährliche Werbebudget der Max Mayer Handels GmbH beträgt 208.000 €.

$$\text{Grundwert} = \frac{\text{Prozentwert} \times 100}{\text{Prozentsatz}}$$

$$\text{Grundwert} = \frac{52.000\ € \times 100}{25} = 208.000\ €$$

Zu 88) B. 50 kg

Das Nettogewicht der Ware beträgt 50 kg.

$$\text{Grundwert} = \frac{\text{Prozentwert} \times 100}{\text{Prozentsatz}}$$

$$\text{Grundwert} = \frac{52{,}5\,\text{kg} \times 100}{105} = 50\,\text{kg}$$

Zu 89) B. 48 %

Insgesamt fahren 48 % der Belegschaft mit dem Pkw zur Arbeit.

$$\text{Männer} = \frac{60\,\%\,\text{der Belegschaft} \times 60}{100}$$

$$= 36\,\%$$

$$\text{Frauen} = \frac{40\,\%\,\text{der Belegschaft} \times 30}{100}$$

$$= 12\,\%$$

Insgesamt = 36 % + 12 % = 48 % der Belegschaft

Zu 90) D. 1.140 €

Herr Mayer muss 1.140 € an Sozialversicherungsbeiträgen abführen.

$$\text{Prozentwert} = \frac{\text{Grundwert} \times \text{Prozentsatz}}{100}$$

$$\text{Prozentwert} = \frac{6.000\,€ \times 19}{100} = 1.140\,€$$

Diagramme und Tabellen (Aufgaben 91–105)

I. Trinkwasserverwendung

Zu 91) A. 123 l

Der Gesamtverbrauch berechnet sich durch die Addition der Einzelposten:

44,3 l + 33,2 l + 14,8 l + 7,4 l + 7,4 l + 4,9 l + 11 l = 123 l

Im Durchschnitt werden pro Kopf und Tag 123 Liter Wasser verbraucht.

Zu 92) D. 26,99 %

Der Gesamtverbrauch liegt bei 123 Litern täglich, die Toilettenspülung allein verbraucht im Schnitt 33,2 Liter. Der Prozentanteil berechnet sich wie folgt:

$$\text{Prozentsatz} = \frac{\text{Prozentwert} \times 100}{\text{Grundwert}}$$

$$\text{Prozentsatz} = \frac{33{,}2 \times 100}{123} = 26{,}99\,\%$$

Die Toilettenspülung verbraucht im Schnitt 26,99 % des insgesamt pro Kopf und Tag verbrauchten Wassers.

Zu 93) B. 588 l

Der Durchschnittswert des Verbrauchs für Essen und Trinken pro Kopf und Tag wird mit der Anzahl der Köpfe (4) und Tage (30) multipliziert:

4,9 l × 4 × 30 = 588 l

In einem Monat verbraucht die Familie im Schnitt 588 Liter Wasser zum Essen und Trinken.

Zu 94) D. 51,3 Cent

Eine vierköpfige Familie verbraucht im Schnitt 4 × 44,3 Liter = 177,2 Liter pro Tag für Baden, Duschen und Körperpflege. Ein Kubikmeter entspricht 1.000 Litern; die Ausgaben berechnen sich wie folgt:

177,2 ÷ 1.000 × 2,90 € = 0,51338 €
Die Familie hat pro Tag rund 51,3 Cent Wasserkosten für Baden, Duschen und Körperpflege.

Zu 95) B. 520,78 €

Pro Jahr verbraucht die Familie 179.580 Liter bzw. 179,58 Kubikmeter Wasser.

123 l × 4 × 365 = 179.580 l
= 179,58 m³

179,58 × 2,90 € = 520,78 €
Die Familie zahlt 520,78 € für ihren Jahreswasserverbrauch.

II. Call-by-Call-Tarife

Zu 96) D. 9,63 ct

Das Gespräch würde 9,63 Cent kosten.

9 min × 1,07 ct/min = 9,63 ct

Zu 97) D. 40,50 ct

Das Gespräch würde 40,50 Cent kosten.

9 min × 4,5 ct/min = 40,5 ct

Zu 98) C. 6,37 ct

Das Gespräch ist mit Tarif Berta 6,37 Cent günstiger als mit Tarif Anton.

Tarif Anton: 13 min × 1,48 ct/min = 19,24 ct

Tarif Berta: 13 min × 0,99 ct/min = 12,87 ct

19,24 ct − 12,87 ct = 6,37 ct Differenz

Zu 99) C. 1,63 €

Das Gespräch ins europäische Ausland würde mit Tarif Anton 1,63 € kosten.

30,6 ct ÷ 60 s = 0,51 Cent pro Sekunde

320 s × 0,51 ct/s = 163,2 ct ≈ 1,63 €

Zu 100) B. 52,5 ct

Das Gespräch ins europäische Ausland würde mit Tarif Berta 53 Cent kosten.

15 ct ÷ 60 s = 0,25 Cent pro Sekunde

210 s × 0,25 ct/s = 52,5 ct

III. Mengenkalkulation

Zu 101) D. 7

Zur Herstellung von B_1 werden 7 Elemente E benötigt.

2 (E_1) + 1 (E_2) + 4 (E_3) = 7

Zu 102) D. 17

Zur Herstellung von B_1 und B_2 werden 17 Elemente E benötigt.

B_1: 2 (E_1) + 1 (E_2) + 4 (E_3) = 7

B_2: 2 (E_4) + 4 (E_3) + 1 (E_6) + 3 (E_7) = 10

7 + 10 = 17

Zu 103) D. 20

Zur Herstellung eines Fertigerzeugnisses F_1 werden 20 Elemente E_3 benötigt.

B_1: 4 × 2 = 8

B_2: 4 × 3 = 12

8 + 12 = 20

Zu 104) E. Keine Antwort ist richtig.

Zur Herstellung eines Fertigerzeugnisses F_1 wird kein Element E_5 benötigt.

Zu 105) B. 8

Zur Herstellung von 2 Fertigerzeugnissen F_1 werden 8 Elemente E_1 benötigt.

2 × 2 × 2 = 8

Fläche und Volumen (Aufgaben 106–115)

Zu 106) B. 314 m²

Die angegebene Formel bezieht sich auf den Radius (r) des Kreises. In der Aufgabenstellung wird jedoch der Durchmesser (d) genannt, der die doppelte Länge des Radius besitzt:

$r = \frac{d}{2} = \frac{20\,m}{2} = 10\,m$

Nun lässt sich die Fläche durch Einsetzen berechnen:

$A = \pi \times r^2 \approx 3{,}14 \times (10\,m)^2$

$\approx 3{,}14 \times 100\,m^2 \approx 314\,m^2$

Der Kreis hat einen Flächeninhalt von rund 314 Quadratmetern.

Zu 107) D. 18,60 m

Der Umfang (U) des Zimmers ergibt sich aus der doppelten Länge und doppelten Breite:

U = 2 × l + 2 × b

Durch Einsetzen erhält man:

U = 2 × 5,4 m + 2 × 4,5 m

= 10,8 m + 9 m = 19,8 m

Nun muss noch die Türbreite abgezogen werden:

19,8 m – 1,2 m = 18,6 m

Herr Klein benötigt 18,60 Meter Parkettleiste.

Zu 108) E. 324 cm²

Die gesamte Oberfläche des Kartons besteht aus 6 rechteckigen Einzelflächen, wobei jeweils gegenüberliegende Flächen gleiche Abmessungen und dementsprechend auch den gleichen Flächeninhalt besitzen. Man muss also nicht den Inhalt aller 6 Flächen einzeln ausrechnen, sondern nur die 3 unterschiedlichen Flächeninhalte, die anschließend verdoppelt und addiert werden:

O = 2 (l × b) + 2 (b × h) + 2 (l × h)

Durch Einsetzen ergibt sich:

O = 2 (12 cm × 6 cm) + 2 (6 cm × 5 cm) + 2 (12 cm × 5 cm)
= 2 × 72 cm² + 2 × 30 cm² + 2 × 60 cm² = 144 cm² + 60 cm² + 120 cm² = 324 cm²

Die Gesamtoberfläche des Kartons beträgt 324 Quadratzentimeter.

Zu 109) E. Rund 904,32 cm³

Die angegebene Formel bezieht sich auf den Radius (r) des Kreises. In der Aufgabenstellung wird jedoch der Durchmesser genannt, der die doppelte Länge des Radius besitzt:

$$r = \frac{d}{2} = 6\,cm$$

Nun lässt sich das Volumen der Kugel durch Einsetzen berechnen:

$$V = \frac{4}{3}\pi \times r^3 = \frac{4}{3}\pi \times (6\,cm)^3$$
$$\approx 4{,}19 \times 216\,cm^3 \approx 904{,}32\,cm^3$$

Das Volumen der Kugel beträgt rund 904,32 Kubikzentimeter.

Zu 110) D. 343 m³

Alle 12 Kanten eines Würfels sind gleich lang. Wie bei jedem Quader berechnet sich auch der Rauminhalt eines Würfels durch die Multiplikation von Länge, Breite und Höhe – da in diesem Fall alle drei Maße identisch sind, ergibt sich für das Volumen:

V = l × b × h = a × a × a = 7 m × 7 m × 7 m = 343 m³

Das Volumen des Würfels beträgt 343 Kubikmeter.

Zu 111) C. 100 cm²

Da ein Würfel 12 gleich lange Kanten hat, lässt sich seine Kantenlänge (a) einfach berechnen, wenn die Gesamtlänge aller Kanten bekannt ist:

a = 120 cm ÷ 12 = 10 cm

Die 6 Seitenflächen eines Würfels sind quadratisch und gleich groß. Ihr Inhalt ergibt sich aus dem Quadrat der Kanten- bzw. Seitenlänge:

A = a × a = 10 cm × 10 cm = 100 cm²

Eine Seitenfläche ist 100 Quadratzentimeter groß.

Zu 112) A. 13,23 m³

Das Volumen des rechteckigen Zimmers berechnet sich durch die Multiplikation von Länge, Breite und Höhe:

V = l × b × h = 6 m × 3,5 m × 3 m = 63 m³

Die Sauerstoffmenge im Zimmer – bei einem Anteil von 21 Prozent – berechnet sich nun nach folgender Formel:

$$\text{Prozentwert} = \frac{\text{Grundwert} \times \text{Prozentsatz}}{100}$$

$$\text{Prozentwert} = \frac{63\,m^3 \times 21}{100} = 13{,}23\,m^3$$

Im Zimmer befinden sich 13,23 Kubikmeter Sauerstoff.

Zu 113) **C.** 30 m²

Das Volumen der Erdschicht berechnet sich durch Grundfläche mal Höhe:

$V = l \times b \times h = A \times h$

Da das Volumen und die Höhe – bzw. Dicke – der Erdschicht bekannt sind, kann die Grundfläche wie folgt berechnet werden:

$$A = \frac{V}{h} = \frac{4{,}5\,m^3}{15\,cm} = \frac{4{,}5\,m^3}{0{,}15\,m} = 30\,m^2$$

Herrn Kerners Garten hat eine Fläche von 30 Quadratmetern.

Zu 114) **A.** 38.610 Liter

Das Becken ist ein Quader, dessen Rauminhalt sich durch die Multiplikation seiner Länge, Breite und Höhe ergibt – diese reduziert sich jedoch um 20 Zentimeter, da das Becken ja schon bis zu dieser Höhe gefüllt ist. Das noch aufzufüllende Volumen des Beckens beträgt demnach:

Volumen = $l \times b \times (h - 0{,}2\,m)$ = 6,5 m $\times$ 3,3 m $\times$ 1,8 m = 38,61 m³

Frau Fleischer muss noch 38,61 Kubikmeter Wasser in das Becken einfüllen. Dies entspricht einer Menge von 38.610 Litern Wasser (1 Kubikmeter = 1.000 Liter).

Zu 115) **C.** 5 cm

Die Hypotenuse ist 5 cm lang.

$a^2 + b^2 = c^2$

$4^2 + 3^2 = c^2$

$16 + 9 = c^2$

$c = \sqrt{25} = 5$

Geometrische Skizzen (Aufgaben 116–120)

Zu 116) **B.** 28,8 cm

Ein Parallelogramm ist ein Viereck, dessen gegenüberliegende Seiten parallel verlaufen und gleich lang sind. Da man die Längen der unterschiedlichen Seiten des skizzierten Parallelogramms kennt, lässt sich sein Umfang (U) schnell berechnen:

$U = 2 \times (a + b) = 2 \times (6{,}6\,cm + 7{,}8\,cm) = 2 \times 14{,}4\,cm = 28{,}8\,cm$

Der Umfang des Parallelogramms beträgt 28,8 Zentimeter.

Zu 117) **D.** 17 m

Da es sich hier um ein rechtwinkliges Dreieck handelt, gilt der Satz des Pythagoras: $a^2 + b^2 = c^2$. Nachdem man die in Dezimetern angegebene Seitenlänge in Meter umgeformt hat, lässt sich der gesuchte Wert wie folgt berechnen:

$c^2 = a^2 + b^2 = (15\,m)^2 + (8\,m)^2$
$= 225\,m^2 + 64\,m^2 = 289\,m^2$

$c = \sqrt{289\,m^2} = 17\,m$

Die Seite c – die Hypotenuse des rechtwinkligen Dreiecks – ist 17 Meter lang.

Zu 118) E. 34°

Ein gleichschenkliges Dreieck hat zwei gleich lange Seiten, denen zwei gleich große Winkel – im abgebildeten Dreieck α und β – gegenüberliegen. Da die Summe aller Winkel im Dreieck 180° ergibt, lassen sich die gesuchten Winkel wie folgt berechnen:

$α = β = (180° - 112°) \div 2 = 34°$

Die Winkel α und β betragen jeweils 34°.

Zu 119) A. Rund 10 cm

Der Kreisumfang (U) berechnet sich nach der Formel $U = 2 \times π \times r$. Da der Radius (r) der Hälfte des Durchmessers entspricht, besteht zwischen Umfang und Durchmesser folgender Zusammenhang:

$U = 2 \times π \times r$

$U = π \times d \quad | \div π$

$\dfrac{U}{π} = d$

Durch Einsetzen ergibt sich:

$d = \dfrac{U}{π} \approx \dfrac{31{,}4\,cm}{3{,}14} = 10\,cm$

Der Durchmesser des abgebildeten Kreises beträgt rund 10 Zentimeter.

Zu 120) C. Rund 2,31 dm³

Das Zylindervolumen (V) berechnet sich nach der Formel $V = π \times r^2 \times h$. Durch Einsetzen ergibt sich:

$V = π \times r^2 \times h = π \times (0{,}7\,dm)^2$
$\times 1{,}5\,dm = π \times 0{,}49\,dm^2 \times 1{,}5\,dm$
$= π \times 0{,}735\,dm^3 \approx 2{,}31\,dm^3$

Das Volumen des abgebildeten Zylinders beträgt rund 2,31 Kubikdezimeter.

Rechnen mit Hindernis (Aufgaben 121–130)

Zu 121)	30	Zu 122)	20	Zu 123)	32
−	15	−	10	−	22
=	15	=	10	=	10

Zu 124)   39
             − 22
             = 17

Zu 125)   18
             − 1
             = 17

Zu 126)   8
             + 20
             = 28

Zu 127)   29
             + 34
             = 63

Zu 128)   14
             + 22
             = 36

Zu 129)   −9
             + 7
             = −2

Zu 130)   54
             − 16
             = 38

Logisches Denkvermögen

Zahlenreihen *Bearbeitungszeit 10 Minuten*

Jede Zahlenreihe ist sinnvoll nach einer bestimmten Bildungsregel aufgebaut. Welche Zahl setzt die Reihe logisch fort?

Hierzu ein Beispiel

Aufgabe

1)

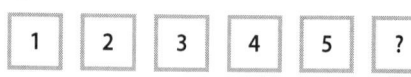

A. 6
B. 7
C. 8
D. 9
E. Keine Antwort ist richtig.

Antwort

 6

Gesucht ist die 6: Jede Zahl ist um 1 größer als ihre Vorgängerin.

Bitte bearbeiten Sie nun die Aufgaben: Setzen Sie die Zahlenreihen sinnvoll fort, indem Sie jeweils den richtigen Lösungsbuchstaben markieren.

1)

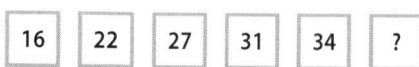

A. 17
B. 36
C. 32
D. 13
E. Keine Antwort ist richtig.

2)

300 | 200 | 300 | 220 | 300 | 240 | 300 | ?

A. 260
B. 280
C. 300
D. 320
E. Keine Antwort ist richtig.

3)

A. 20
B. 24
C. 27
D. 17
E. Keine Antwort ist richtig.

4)

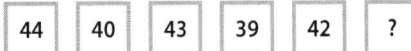

A. 38
B. 34
C. 44
D. 42
E. Keine Antwort ist richtig.

5)

| 1 | 1 | 2 | 3 | 5 | ? |

A. 8
B. 9
C. 10
D. 14
E. Keine Antwort ist richtig.

6)

| 6 | 7 | 9 | 6 | 10 | 15 | ? |

A. 20
B. 9
C. 19
D. 11
E. Keine Antwort ist richtig.

7)

| 99 | 67 | 51 | 43 | 39 | ? |

A. 39
B. 35
C. 33
D. 37
E. Keine Antwort ist richtig.

8)

| 2 | 3 | 5 | 7 | ? |

A. 10
B. 11
C. 12
D. 13
E. Keine Antwort ist richtig.

9)

| 47 | 40 | 240 | 235 | 940 | ? |

A. 937
B. 823
C. 62
D. 1.500
E. Keine Antwort ist richtig.

10)

| 223 | 216 | 207 | 198 | ? |

A. 188
B. 189
C. 178
D. 180
E. Keine Antwort ist richtig.

Buchstabenreihen *Bearbeitungszeit 10 Minuten*

Jede Buchstabenreihe in diesem Abschnitt folgt einer bestimmten logischen Bildungsregel. Ihre Aufgabe besteht darin, die Regel herauszufinden und die Reihe korrekt fortzusetzen.

Hierzu ein Beispiel

Aufgabe

1)

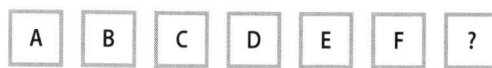

A. G
B. H
C. I
D. J
E. K

Antwort

(A.) G

Es handelt sich um eine alphabetisch fortlaufende Reihe. Auf das „F" muss daher das „G" folgen – der richtige Lösungsbuchstabe lautet A.

Bitte bearbeiten Sie nun die Aufgaben: Setzen Sie die Buchstabenreihen sinnvoll fort, indem Sie jeweils den richtigen Lösungsbuchstaben markieren.

11)

A. D
B. X
C. F
D. W
E. Keine Antwort ist richtig.

12)

A. I
B. K
C. L
D. M
E. Keine Antwort ist richtig.

13)

A. S
B. X
C. R
D. Q
E. Keine Antwort ist richtig.

14)

A. H
B. S
C. T
D. G
E. Keine Antwort ist richtig.

15)

| F | G | O | P | I | J | O | P | L | ? |

A. O
B. P
C. M
D. K
E. Keine Antwort ist richtig.

16)

| Q | O | M | K | I | G | E | ? |

A. D
B. H
C. C
D. F
E. Keine Antwort ist richtig.

17)

| D | E | F | W | V | ? |

A. T
B. S
C. G
D. U
E. Keine Antwort ist richtig.

18)

A. I
B. G
C. D
D. Q
E. Keine Antwort ist richtig.

19)

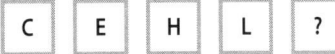

A. D
B. Q
C. M
D. U
E. Keine Antwort ist richtig.

20)

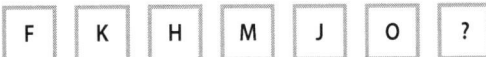

A. Q
B. L
C. J
D. K
E. Keine Antwort ist richtig.

Zahlenmatrizen *Bearbeitungszeit 5 Minuten*

Die Zahlenmatrizen in diesem Abschnitt sind nach festen Regeln gebildet. Bitte stellen Sie sicher, dass jede Matrix richtig aufgestellt ist.

Hierzu ein Beispiel

Aufgabe

1) Welche Zahl fehlt?

1	2	2
3	2	?
3	4	12

A. 4
B. 2
C. 8
D. 6
E. Keine Antwort ist richtig.

Antwort

 6

In jeder Reihe ergeben die zwei linken Zahlen multipliziert die rechte Zahl. In jeder Spalte ergeben die zwei oberen Zahlen multipliziert die untere Zahl.

> **Bearbeitungstipp**
>
> Konzentrieren Sie sich zuerst auf eine einzige Reihe oder Spalte. Wie hängen die Zahlen darin rechnerisch zusammen, wird addiert, subtrahiert, multipliziert, dividiert? Wenn Sie eine Regel gefunden haben, versuchen Sie diese auf alle übrigen Reihen bzw. Spalten zu übertragen. Bei pyramidenförmigen Matrizen ist jede Zahl meist mit den beiden Zahlen unmittelbar darunter verknüpft.

Bitte bearbeiten Sie nun die Aufgaben: Markieren Sie jeweils den Lösungsbuchstaben des richtigen Antwortvorschlags. Sie haben dafür **5 Minuten** Zeit.

21) Welche Zahl fehlt?

143	145	147	149
23	21	19	17
64	32	16	8
6	12	?	48

A. 16
B. 18
C. 24
D. 32
E. Keine Antwort ist richtig.

23) Welche Zahl fehlt?

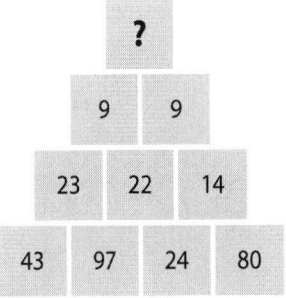

A. 9
B. 21
C. 18
D. 27
E. Keine Antwort ist richtig.

22) Welche Zahl fehlt?

7	2	13	12
9	16	3	6
4	5	?	15
14	11	8	1

A. 7
B. 12
C. 15
D. 10
E. Keine Antwort ist richtig.

24) Welche Zahl fehlt?

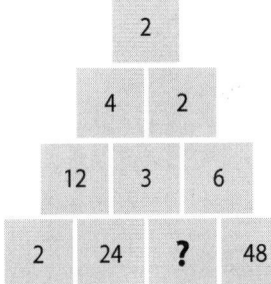

A. 3
B. 4
C. 8
D. 6
E. Keine Antwort ist richtig.

25) Die weißen Zahlen in den dunkelgrauen Feldern müssen addiert jeweils von oben nach unten, diagonal und von links nach rechts die schwarzen Zahlen in den hellgrauen Feldern ergeben. Welche Zahl ist demnach falsch?

38	54	92
42	24	66
80	88	62

A. 80
B. 88
C. 66
D. 92
E. 62

Eine Figur passt nicht dazu   *Bearbeitungszeit 10 Minuten*

Jeder Figurenreihe liegt eine logische Bildungsregel zugrunde. Eine Figur weicht jedoch davon ab und passt nicht in die Reihe – Ihr Auftrag lautet, diese zu erkennen.

Hierzu ein Beispiel

Aufgabe

1) Welche Figur gehört nicht in die Reihe?

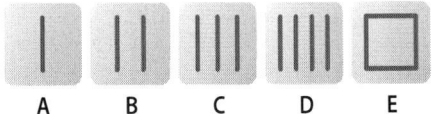

Antwort

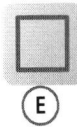

Die Reihe besteht aus einer steigenden Anzahl senkrechter Striche; nur Objekt E fällt aus der Reihe.

Bitte bearbeiten Sie nun die Aufgaben: Markieren Sie den Lösungsbuchstaben derjenigen Figur, die nicht in die Reihe passt. Sie haben dafür **10 Minuten** Zeit.

26) Welche Figur gehört nicht in die Reihe?

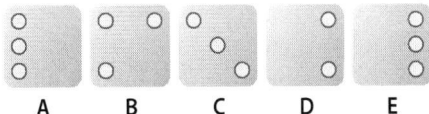

27) Welche Figur gehört nicht in die Reihe?

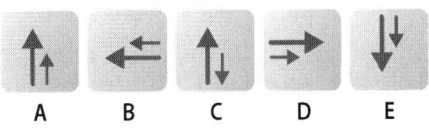

28) Welche Figur gehört nicht in die Reihe?

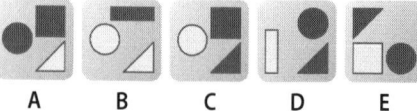

A   B   C   D   E

29) Welche Figur gehört nicht in die Reihe?

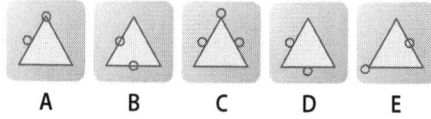

A   B   C   D   E

30) Welche Figur gehört nicht in die Reihe?

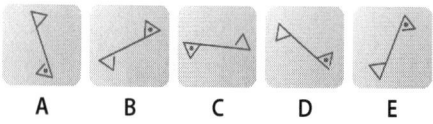

A   B   C   D   E

31) Welche Figur gehört nicht in die Reihe?

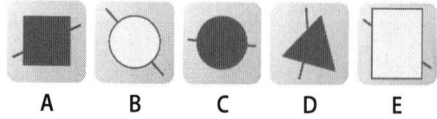

A   B   C   D   E

32) Welche Figur gehört nicht in die Reihe?

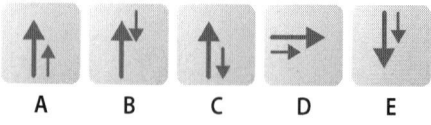

A   B   C   D   E

33) Welche Figur gehört nicht in die Reihe?

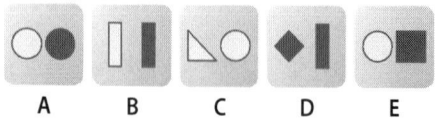

A   B   C   D   E

34) Welche Figur gehört nicht in die Reihe?

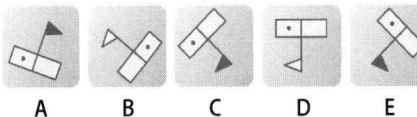

A   B   C   D   E

35) Welche Figur gehört nicht in die Reihe?

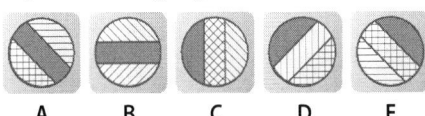

A   B   C   D   E

Wortanalogien

Bearbeitungszeit 5 Minuten

In diesem Abschnitt wird Ihre Fähigkeit zu logischem Denken im sprachlichen Bereich geprüft.

Pro Aufgabe erhalten Sie zwei Wörter, die in einer bestimmten Beziehung zueinander stehen. Eine ähnliche Beziehung besteht zwischen einem dritten und vierten Wort. Das dritte Wort wird Ihnen vorgegeben, das vierte sollen Sie in den Antworten A bis E selbst ermitteln.

Hierzu ein Beispiel

Aufgabe

1) dick : dünn wie
    lang : ?
    A. hell
    B. dunkel
    C. schmal
    D. kurz
    E. schlank

Antwort

(D.) kurz

Gesucht wird ein Begriff, zu dem sich „lang" genauso verhält wie „dick" zu „dünn". Da „dick" das Gegenteil von „dünn" ist, muss nun ein Gegenbegriff zu „lang" gefunden werden. Von den Wahlwörtern kommt dafür nur „kurz" infrage; Lösungsbuchstabe ist daher das D.

Bitte bearbeiten Sie nun die Aufgaben: Vervollständigen Sie die Wortgleichung, indem Sie den richtigen Lösungsbuchstaben markieren.

36) **Auto : Straße** wie
    Zug : ?
    A. Schaffner
    B. Fahrkarte
    C. Gleis
    D. Rad
    E. Ampel

37) **Holz : Wald** wie
    Kohle : ?
    A. Bergmann
    B. Verbrennung
    C. Ofen
    D. Bergwerk
    E. Bagger

38) viel : wenig wie
    alles : ?
A. nichts
B. etwas
C. ein wenig
D. ausreichend
E. kaum

39) Omelett : Eier wie
    Butter : ?
A. Schinken
B. Zucker
C. Marmelade
D. Milch
E. Öl

40) Getreide : Roggen wie
    Gemüse : ?
A. Apfel
B. Blumenkohl
C. Dattel
D. Gerste
E. Traube

41) Motor : Verbrennung wie
    Pflanze : ?
A. Energie
B. Fotosynthese
C. Licht
D. Sauerstoff
E. Stickstoff

42) Erde : Mond wie
    Sonne : ?
A. Galaxie
B. Universum
C. Mond
D. Planet
E. Stern

43) Kegel : Raum wie
    Rechteck : ?
A. Dimension
B. Fläche
C. Linie
D. Punkt
E. Gerade

44) Entfernung : Meter wie
    Stromstärke : ?
A. Watt
B. Ampere
C. Ohm
D. Widerstand
E. Kabel

45) Afrika : Sahara wie
    Asien : ?
A. Karakum
B. Antarktis
C. Kalahari
D. Sonora
E. Gobi

Oberbegriffe

Bearbeitungszeit 10 Minuten

Zu jeder Aufgabe erhalten Sie sechs Begriffe. Zwei davon können einem gemeinsamen Oberbegriff zugeordnet werden – bitte kreuzen Sie dieses Paar an. **Doch Vorsicht:** Wenn drei oder mehr Wörter zu einem Oberbegriff passen, dürfen Sie diese Gruppe nicht markieren.

Hierzu ein Beispiel

Aufgabe

1)
- [ ] Koffer
- [ ] Ohr
- [ ] Auge
- [ ] Nase
- [ ] Rucksack
- [ ] Wasser

Antwort

1)
- [X] Koffer
- [ ] Ohr
- [ ] Auge
- [ ] Nase
- [X] Rucksack
- [ ] Wasser

Der Koffer und der Rucksack lassen sich dem Oberbegriff „Gepäckstücke" zuordnen. Theoretisch könnten auch die Sinnesorgane Auge, Ohr und Nase eine Gruppe bilden; diese wäre jedoch zu umfangreich.

Bitte bearbeiten Sie nun die Aufgaben: Kreuzen Sie das Wortpaar an, das einem gemeinsamen Oberbegriff zugeordnet werden kann.

46)
- [ ] Norden
- [ ] Blatt
- [ ] Weihnachten
- [ ] Löffel
- [ ] Autobahn
- [ ] Osten

47)
- [ ] Würfel
- [ ] Niere
- [ ] Messer
- [ ] Rock
- [ ] Veilchen
- [ ] Leber

48)
- [ ] Nähmaschine
- [ ] Bleistift
- [ ] Stuhl
- [ ] Brot
- [ ] Glas
- [ ] Schrank

49)
- [ ] Wind
- [ ] Hagel
- [ ] Regen
- [ ] Herbst
- [ ] Wetter
- [ ] Wolke

50)
- [ ] Amsel
- [ ] Fink
- [ ] Rotkehlchen
- [ ] Habicht
- [ ] Adler
- [ ] Schwalbe

51)
- [ ] Busch
- [ ] Pilz
- [ ] Tanne
- [ ] Erle
- [ ] Blume
- [ ] Wiese

52)
- [ ] Tornado
- [ ] Kerze
- [ ] Polarlicht
- [ ] Merkur
- [ ] Blitz
- [ ] Sonne

53)
- [ ] Subjekt
- [ ] Titel
- [ ] Prädikat
- [ ] Präsens
- [ ] Objekt
- [ ] Grammatik

54)
- [ ] Namen
- [ ] Welten
- [ ] Zahlen
- [ ] Rasen
- [ ] Bojen
- [ ] Morgen

55)
- [ ] Haut
- [ ] Nase
- [ ] Ohr
- [ ] Lupe
- [ ] Auge
- [ ] Tasche

Schlussfolgerungen *Bearbeitungszeit 10 Minuten*

Jede Aufgabe konfrontiert Sie mit mehreren Aussagen. Welche Schlussfolgerung lässt sich daraus ziehen? Ob die Aussagen in einem sinnvollen Bezug zur Realität stehen, ist hierbei unerheblich.

56) Welche Schlussfolgerung ist logisch richtig, wenn die folgende Behauptung zugrunde gelegt wird? „Alle Vögel können nicht fliegen, alle Vögel haben Füße."
- A. Alle Vögel, die Füße haben, können fliegen.
- B. Alle Vögel, die Füße haben, können nicht fliegen.
- C. Alles, was Füße besitzt, ist ein Vogel.
- D. Alle Vögel, die keine Füße haben, können fliegen.
- E. Keine Antwort ist richtig.

57) Welche Schlussfolgerung ist logisch richtig, wenn die folgende Behauptung zugrunde gelegt wird? „Kühe können fliegen, weil sie Flügel haben. Vögel haben keine Flügel. Also ..."
- A. ist Fliegen ohne Flügel nicht möglich.
- B. können alle Vögel nicht fliegen.
- C. können alle Kühe auch ohne Flügel fliegen.
- D. können Kühe fliegen.
- E. Keine Antwort ist richtig.

58) Welche Schlussfolgerung ist logisch richtig, wenn die folgende Behauptung zugrunde gelegt wird? „Schuhe können nur lesen. Socken können nur schreiben. Hosen können beides. Also ..."
- A. können Socken von den Hosen nicht zum Schreiben eingesetzt werden.
- B. können Schuhe von den Hosen nicht zum Lesen eingesetzt werden.
- C. können Socken von den Hosen nicht zum Lesen eingesetzt werden.
- D. können Socken und Schuhe weder lesen noch schreiben.
- E. Keine Antwort ist richtig.

59) Wer hat das Schachturnier gewonnen?
- ¬ Paul und Angela haben Remis gespielt.
- ¬ Barbara hat Paul, Martin und Angela geschlagen.
- ¬ Tanja hat gegen Barbara verloren, aber gegen Paul und Angela gewonnen.
- ¬ Martin hat gegen Angela eine Niederlage erlitten.
- ¬ Wilhelm musste sich nur Barbara geschlagen geben und hat alle anderen besiegt.

A. Angela
B. Barbara
C. Martin
D. Tanja
E. Keine Antwort ist richtig.

60) Wer ist am jüngsten?
- ¬ Klaus ist älter als Angela.
- ¬ Stefan ist jünger als Klaus und Angela.
- ¬ Stefan ist älter als Petra.
- ¬ Maria ist nicht die Jüngste und fast genauso alt wie Stefan.

A. Klaus
B. Maria
C. Petra
D. Stefan
E. Keine Antwort ist richtig.

61) Welche Schlussfolgerung ist logisch richtig, wenn die folgende Behauptung zugrunde gelegt wird? „Kleider können sprechen. Fußbälle können sprechen und alles, was sprechen kann, ist rot. Also …"

A. sind nur Kleider rot.
B. sind Kleider rot.
C. sind Fußbälle Kleider.
D. sind Kleider Fußbälle.
E. Keine Antwort ist richtig.

62) Welche Schlussfolgerung ist logisch richtig, wenn die folgende Behauptung zugrunde gelegt wird? „Alle Gegenstände, die verschickt werden sollen, werden ins rote Fach abgelegt. Alle Gegenstände im roten Fach sind zerbrechlich, im grünen Fach nicht. Also ..."

A. sind alle Gegenstände, die sich im roten Fach befinden, zu verschicken.
B. befinden sich alle zerbrechlichen Gegenstände im roten Fach.
C. sind die zu verschickenden Gegenstände teils zerbrechlich und teils nicht.
D. sind Gegenstände nicht zu verschicken, wenn sie nicht zerbrechlich sind.
E. Keine Antwort ist richtig.

63) Welche Schlussfolgerung ist logisch richtig, wenn die folgende Behauptung zugrunde gelegt wird? „Alle Löwen sind Fische. Alle Fische können schwimmen. Also ..."

A. können Löwen nicht schwimmen.
B. können einige Löwen nicht schwimmen.
C. können nur einige Löwen schwimmen.
D. können alle Löwen schwimmen.
E. Keine Antwort ist richtig.

64) Welche Schlussfolgerung ist logisch richtig, wenn die folgende Behauptung zugrunde gelegt wird? „Hans möchte um 19:00 Uhr entweder Barbara oder Paul besuchen. Hans besucht um 19:00 Uhr Paul. Also ..."

A. besucht Hans um 19:00 Uhr Barbara.
B. besucht Hans um 19:00 Uhr Barbara und Paul.
C. besucht Hans um 19:00 Uhr nicht Barbara.
D. besucht Barbara um 19:00 Uhr Paul.
E. Keine Antwort ist richtig.

65) Doris, Kurt, Marta, Peter und Michaela ziehen jeweils ein Stäbchen und legen fest, dass derjenige mit dem kürzesten Stäbchen abwaschen muss. Wer erledigt den Abwasch?

¬ Kurt hätte das längste Stäbchen, wenn Michaela nicht wäre.

¬ Peters Stäbchen ist ein wenig länger als Doris'.

¬ Peter und Marta haben gleich lange Stäbchen gezogen.

A. Marta
B. Kurt
C. Doris
D. Peter
E. Keine Antwort ist richtig.

Bedingungen
Bearbeitungszeit 10 Minuten

Nun geht es um Ihren mathematischen Scharfsinn.
Welche Angaben brauchen Sie, um die Fragestellung eindeutig zu beantworten? Bitte markieren Sie jeweils den richtigen Lösungsbuchstaben.

66) Wie groß ist Winkel β? Um die Aufgabe zu lösen, brauchen Sie ...

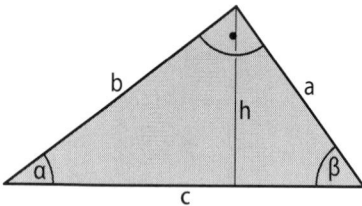

- A. die Seiten a und c.
- B. die Seiten b und c.
- C. Höhe h und Winkel α.
- D. nur Winkel α.
- E. Keine Antwort ist richtig.

67) Welchen Flächeninhalt hat das Parallelogramm? Um die Aufgabe zu lösen, brauchen Sie ...

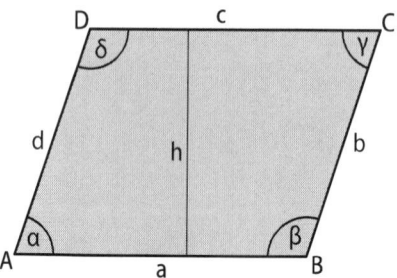

- A. nur die Seiten a und c.
- B. nur die Seite a und Höhe h.
- C. unbedingt die Seiten a und b sowie die Höhe h.
- D. unbedingt die Seiten a, b, c und d.
- E. Keine Antwort ist richtig.

68) Welches Volumen hat der Zylinder? Um die Aufgabe zu lösen, brauchen Sie die Kreiszahl π und zusätzlich …

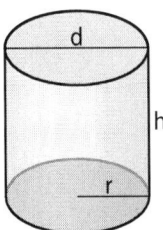

A. nur den Radius r.
B. nur die Höhe h.
C. den Radius r und den Durchmesser d.
D. den Radius r und die Höhe h.
E. Keine Antwort ist richtig.

69) Gegeben sind folgende Gleichungen:
x + y + z = 18
3x = z
z = 6y
x = 2y
Um x, y und z zu berechnen, brauchen Sie …

A. nur eine der angegebenen Gleichungen.
B. nur zwei der angegebenen Gleichungen.
C. nur drei der angegebenen Gleichungen.
D. alle vier angegebenen Gleichungen.
E. Keine Antwort ist richtig.

70) Herr Mayer erhält Zinsen auf sein Tagesgeldkonto. Welcher Zinsbetrag hat sich nach einem Jahr angesammelt? Um die Aufgabe zu lösen, brauchen Sie zusätzlich …

A. den Anlagebetrag und den Zinssatz.
B. nur den Zinssatz.
C. nur den Anlagebetrag.
D. keine weiteren Angaben.
E. Keine Antwort ist richtig.

71) Der Boden eines rechteckigen Schwimmbeckens soll mit quadratischen Kacheln gefliest werden. Wie viele Fliesen werden benötigt? Um die Aufgabe zu lösen, brauchen Sie ...
A. nur die Länge des Bodens sowie die Länge der Fliesen.
B. nur die Länge und Breite des Bodens sowie die Breite der Fliesen.
C. nur die Höhe des Beckens sowie die Breite der Fliesen.
D. unbedingt die Länge und Breite des Bodens sowie die Länge und Breite der Fliesen.
E. Keine Antwort ist richtig.

72) An einem Tag dreht sich die Erde einmal um die eigene Achse. Wie schnell dreht sich ein Haus um die Erdachse, das genau auf der Äquatorlinie steht? Um die Aufgabe zu lösen, brauchen Sie zusätzlich ...
A. keine weiteren Angaben.
B. den Erdumfang.
C. die Strecke vom Haus zum Erdmittelpunkt und den Erdumfang.
D. den Erdumfang und die Strecke vom Haus zur Sonne.
E. Keine Antwort ist richtig.

73) Gegeben sind folgende Gleichungen:
$3x + 4y + 2z = 23$
$-6x + 8y + 3z = 5$
$x - 3y - 11z = -26$
Um x, y und z zu berechnen, brauchen Sie ...
A. eine der drei Gleichungen.
B. zwei der drei Gleichungen.
C. alle drei Gleichungen.
D. Die Aufgabe ist anhand der angegebenen Gleichungen nicht lösbar.
E. Keine Antwort ist richtig.

74) Ein umzäunter Garten hat die Form eines U. Der gestrichelte Teil des Gartenzauns soll erneuert werden – wie lang ist dieser Abschnitt? Um die Aufgabe zu lösen, brauchen Sie …

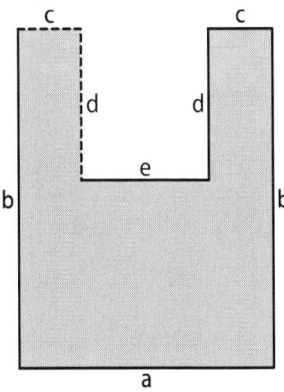

A. nur die Gesamtlänge des Zauns sowie die Seiten a und b.
B. nur die Gesamtlänge des Zauns sowie die Seiten a, c und e.
C. nur die Gesamtlänge des Zauns sowie die Seiten e, b und c.
D. unbedingt die Gesamtlänge des Zauns sowie die Seiten a, b, c und e.
E. Keine Antwort ist richtig.

75) Gegeben sind folgende Gleichungen:
$ax^2 + bx - c = 0$
$a = 3b$
Um alle Lösungen für x zu finden, brauchen Sie …

A. a, b oder c.
B. nur a und b.
C. nur a und c oder b und c.
D. unbedingt a, b und c.
E. Keine Antwort ist richtig.

Möglich oder unmöglich?   *Bearbeitungszeit 10 Minuten*

Möglich oder nicht? Darum geht es in diesem Abschnitt.

Ausgehend vom gleichen Satzanfang werden bei jeder Aufgabe fünf Behauptungen aufgestellt. Davon ist nur eine einzige richtig – oder aber falsch. Bitte markieren Sie den Lösungsbuchstaben dieses aus der Reihe fallenden Antwortvorschlags.

76) Es ist möglich, dass Wasser …?
A. verdampft.
B. gefriert.
C. seine Temperatur verändert.
D. sich in Pfützen sammelt.
E. in Netzen getragen wird.

77) Unmöglich ist es, dass Holz …?
A. brennt.
B. zu Papier weiterverarbeitet wird.
C. als Werkstoff genutzt wird.
D. kondensiert.
E. in heißem Wasser schwimmt.

78) Auf keinen Fall kann ein kleiner Magnet …?
A. große Feuer löschen.
B. das Licht einer Taschenlampe ablenken.
C. Kompassnadeln beeinflussen.
D. potentielle Energie in chemische Energie umwandeln.
E. aus Wärme Strom erzeugen.

79) Es ist möglich, dass Katzen …?
A. sieben Leben haben.
B. Vögel jagen.
C. schnurren.
D. Hundefutter essen.
E. sich nicht streicheln lassen.

80) Bei Sonnenaufgang ist es unmöglich, …?
A. nicht aufzuwachen.
B. Vögel zwitschern zu hören.
C. dass die Luft sich erwärmt.
D. dass die Sonne hinter dem Horizont verschwindet.
E. den Mond zu sehen.

81) Es ist möglich, dass frei lebende Eisbären …?
A. Menschen angreifen.
B. Pinguine jagen.
C. Hunger haben.
D. früh sterben.
E. in kaltem Wasser schwimmen.

82) Es ist völlig ausgeschlossen, in Südamerika …?
A. Elefanten in freier Wildbahn zu fotografieren.
B. Dschungelgebiete zu erkunden.
C. chinesische Touristen zu treffen.
D. mit Einheimischen Spanisch zu sprechen.
E. vor Ort gezüchtetes Geflügel zu essen.

83) Eine Primzahl kann auf keinen Fall …?
A. gerade sein.
B. ungerade sein.
C. größer als 10.000.000 sein.
D. auf 7 enden.
E. auf 15 enden.

84) Keinesfalls kann ein Lehrer …?
A. niemals falsch liegen.
B. immer wissen, wovon er redet.
C. keinen Stoffwechsel haben.
D. alle seine Fehler zugeben.
E. kein schlechtes Gedächtnis haben.

85) Es ist nicht völlig auszuschließen, dass kein Mensch …?
A. noch nie im Weltall war.
B. etwas von einer unbekannten Tierart weiß.
C. auf einem fremden Planeten dauerhaft unglücklich wäre.
D. geboren wurde, ohne vorher im Mutterleib herangewachsen zu sein.
E. nicht sterben muss.

Datenanalyse *Bearbeitungszeit 5 Minuten*

Bitte sehen Sie sich die vorliegenden Schaubilder genau an und treffen Sie zu den angegebenen Sachverhalten die richtigen Aussagen.

I. Klimadaten

Für Rom; verschiedene Klimadaten im Monatsdurchschnitt

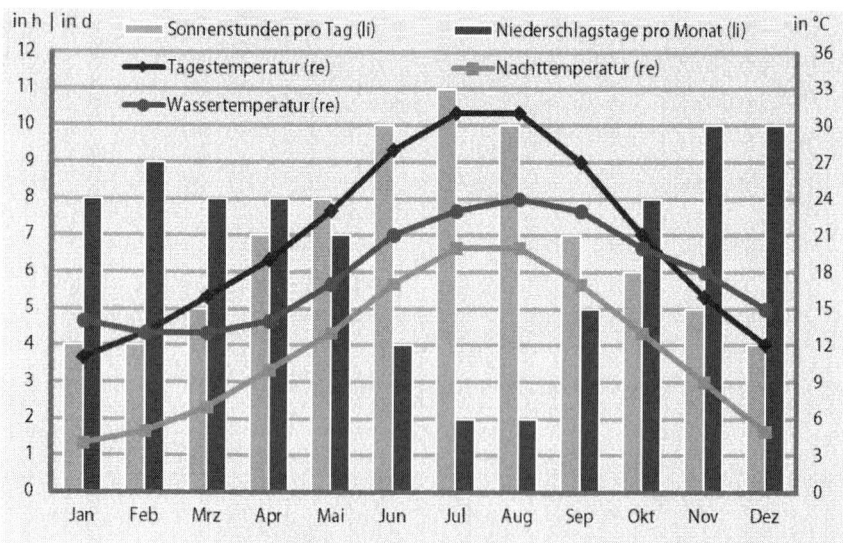

Sie sehen vor sich das Klimadiagramm der Stadt Rom. Für jeden Monat sind die durchschnittliche Tages-, Nacht- und Wassertemperatur, die Sonnenscheindauer pro Tag sowie die monatlichen Niederschlagstage angegeben. Bitte beantworten Sie die folgenden Fragen zum vorliegenden Schaubild schriftlich.

86) Wann regnet es in Rom am häufigsten? Wie oft regnet es dann?

_____

_____

_____

87) Welchen Zusammenhang gibt es zwischen der Sonnenscheindauer und der Niederschlagshäufigkeit?

88) Welcher Zusammenhang besteht zwischen der Sonnenscheindauer und der Wassertemperatur?

89) Welche Temperaturkurven kreuzen sich, und wie lässt sich der Verlauf dieser Kurven erklären?

II. Hämoglobin und Myoglobin

90) Bitte lesen Sie sich den Text gründlich durch. Prüfen Sie dann die zugehörigen Schaubilder: Welche Grafik steht im Einklang mit den beschriebenen Zusammenhängen?

> Hämoglobin und Myoglobin sind Proteine, die für den Sauerstofftransport im Körper verantwortlich sind. In den Lungen, wo der Partialdruck des Sauerstoffs – d. h. der durch den Sauerstoff ausgeübte Druck in der betreffenden Region – hoch ist, bindet sich der Sauerstoff an Hämoglobin, den Farbstoff der roten Blutkörperchen. Mit dem Blut gelangt er in die Muskelregionen. Dort herrscht ein niedriger Partialdruck des Sauerstoffs, sodass das Hämoglobin an Bindungsfähigkeit verliert. Die Sauerstoffmoleküle lösen sich ab, diffundieren ins Muskelgewebe und binden sich dort ans Myoglobin, das eine besonders hohe Aufnahmekapazität bei niedrigem Partialdruck besitzt.

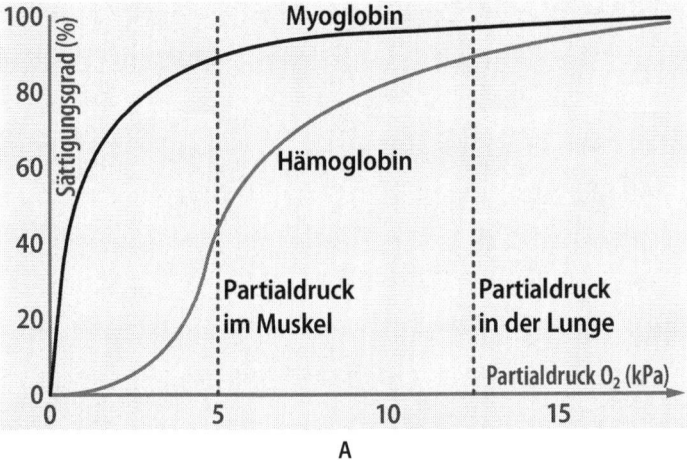

A

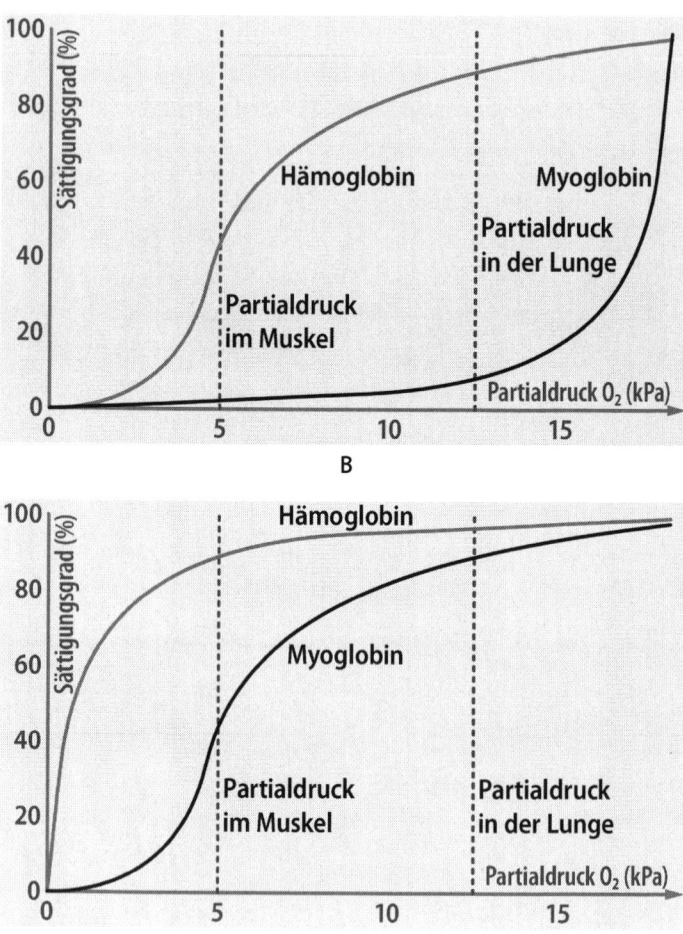

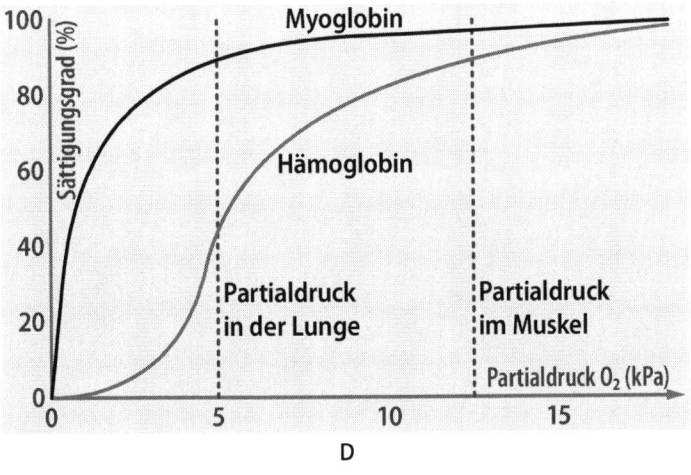

D

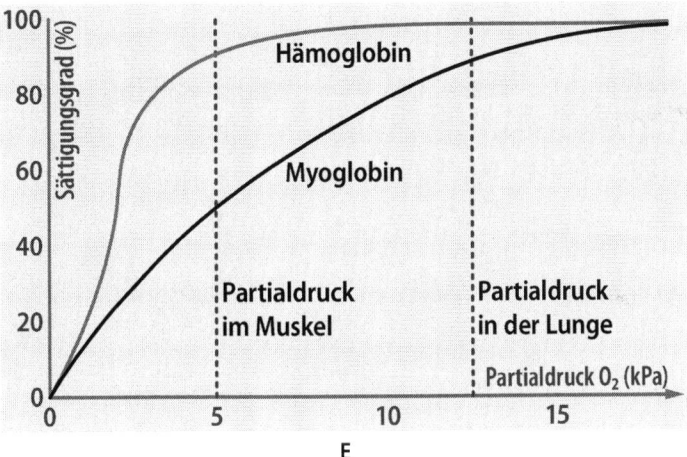

E

Lösungen: Logisches Denkvermögen

1) B	31) D	61) B
2) A	32) B	62) D
3) A	33) C	63) D
4) A	34) A	64) C
5) A	35) B	65) C
6) B	36) C	66) D
7) D	37) D	67) B
8) B	38) A	68) D
9) A	39) D	69) C
10) D	40) B	70) A
11) B	41) B	71) B
12) B	42) D	72) B
13) A	43) B	73) C
14) A	44) B	74) C
15) C	45) E	75) C
16) C	46) Norden, Osten	76) E
17) D	47) Niere, Leber	77) D
18) B	48) Stuhl, Schrank	78) C
19) B	49) Regen, Hagel	79) A
20) B	50) Adler, Habicht	80) D
21) C	51) Tanne, Erle	81) B
22) D	52) Merkur, Sonne	82) A
23) C	53) Prädikat, Titel	83) E
24) C	54) Zahlen, Rasen	84) C
25) B	55) Auge, Lupe	85) A
26) D	56) B	86)
27) C	57) D	87) siehe
28) B	58) C	88) Erklärung
29) C	59) B	89)
30) D	60) C	90) A

Zahlenreihen (Aufgaben 1–10)

Zu 1) B. 36
+6 | +5 | +4 | +3 | +2

Zu 2) A. 260
300 | y | 300 | y + 20 | 300 | y + 20 + 20 | 300 | y + 20 + 20 + 20

Zu 3) A. 20
+2 | +2 | +3 | +3 | +4 | +4

Zu 4) A. 38
−4 | +3 | −4 | +3 | −4

Zu 5) A. 8
Die jeweils nächste Zahl ergibt sich aus der Addition ihrer beiden Vorläuferinnen.
1 + 1 = 2; 1 + 2 = 3; 2 + 3 = 5; 3 + 5 = 8

Zu 6) B. 9
+1 | +2 | −3 | +4 | +5 | −6

Zu 7) D. 37
−32 | −16 | −8 | −4 | −2

Zu 8) B. 11
Es handelt sich um Primzahlen in aufsteigender Folge. Primzahlen sind nur durch sich selbst und 1 teilbar.

Zu 9) A. 937
−7 | ×6 | −5 | ×4 | −3

Zu 10) D. 180
223 | 223 − 2 − 2 − 3 | 216 − 2 − 1 − 6 | 207 − 2 − 7 | 198 − 1 − 9 − 8
Ziehen Sie von einer Zahl ihre Quersumme ab, um die folgende Zahl zu erhalten.

Buchstabenreihen (Aufgaben 11–20)

Zu 11) B. X
Eine von A voranschreitende Buchstabenreihe ist mit einer von Z aus rückwärtslaufenden Buchstabenreihe verschachtelt.

Zu 12) B. K
Zählen Sie nur die Konsonanten in alphabetischer Folge auf.

Zu 13) A. S
Gehen Sie von Z aus im Alphabet erst einen Schritt, dann zwei Schritte rückwärts. Wiederholen Sie diese Regel.
Bewegung in alphabetischer Folge:
−1 | −2 | −1 | −2 | −1

Zu 14) A. H
Eine von C ausgehende, voranschreitende Buchstabenreihe ist im Zweier-

schritt mit einer von X aus rückwärtslaufenden Reihe verschachtelt.

Bewegung in alphabetischer Folge:

C | C + 1 | X | X − 1 | C + 2 | C + 3 | X − 2 | X − 3 | C + 4 | C + 5

Zu 15) C. M

Die Buchstaben O und P sind mit einer von F ausgehenden, im Alphabet vorwärtslaufenden Buchstabenreihe verschachtelt. Die sich wiederholende Grundregel lautet: Gehe einen Buchstaben im Alphabet weiter, füge O und P ein und gehe zwei Buchstaben weiter.

Bewegung in alphabetischer Folge:

+1 | O | P | +2 | +1 | O | P | +2 | +1

Zu 16) C. C

Die Reihe beginnt bei Q und läuft in Zweierschritten rückwärts.

Bewegung in alphabetischer Folge:

−2 | −2 | −2 | −2 | −2 | −2 | −2

Zu 17) D. U

Auf eine in Einerschritten vorwärtslaufende Buchstabenreihe mit drei Elementen (D, E, F) folgt eine in Einerschritten rückwärtslaufende Buchstabenreihe mit drei Elementen (W, V, U).

Bewegung in alphabetischer Folge:

D | D + 1 | D + 1 + 1 | W | W − 1 | W − 1 − 1

Zu 18) B. G

Die Reihe besteht aus Paaren benachbarter Buchstaben: WV, YX, DC, HG.

Zu 19) B. Q

Starten Sie beim Buchstaben C und gehen Sie in alphabetischer Folge erst zwei, dann drei, daraufhin vier usw. Buchstaben voran.

Bewegung in alphabetischer Folge:

+2 | +3 | +4 | +5

Zu 20) B. L

Die Reihe beginnt bei F und läuft abwechselnd fünf Buchstaben alphabetisch vorwärts und drei zurück.

Bewegung in alphabetischer Folge:

+5 | −3 | +5 | −3 | +5 | −3

Zahlenmatrizen (Aufgaben 21–25)

Zu 21) C. 24

Das Fragezeichen wird durch die Zahl 24 sinnvoll ersetzt.

Die Reihen werden waagerecht nach folgendem Prinzip gebildet: In der obersten Reihe wird von links nach rechts immer 2 addiert, in der zweiten Reihe 2 subtrahiert, in der dritten Reihe durch 2 geteilt und in der vierten Reihe mit 2 multipliziert.

Lösungen: Logisches Denkvermögen

Zu 22) D. 10

Das Fragezeichen wird durch die Zahl 10 sinnvoll ersetzt.

Die Addition der Zahlen einer Spalte, einer Zeile oder einer Diagonalen führt immer zum Ergebnis 34. Das Quadrat ist zudem ein magisches Quadrat, das heißt jede Zahl von 1 bis 16 kommt nur einmal vor.

Zu 23) C. 18

Das Fragezeichen wird durch die Zahl 18 sinnvoll ersetzt.

Die Quersummen zweier benachbarten Zahlen einer Ebene ergeben addiert die jeweils darüber stehende Zahl. Beispiel links unten: (4 + 3) + (9 + 7) = 23. An der Spitze ergibt 9 + 9 = 18.

Zu 24) C. 8

Das Fragezeichen wird durch die Zahl 8 sinnvoll ersetzt. Die Pyramide ist nach folgendem Prinzip aufgebaut:

Der Wert einer Zelle ergibt sich, indem der größere von beiden Werten der darunter liegenden Zellen durch den kleineren geteilt wird.

1. Reihe: $2 = 4 \div 2$
2. Reihe: $4 = 12 \div 3$; $2 = 6 \div 3$
3. Reihe: $12 = 24 \div 2$; $3 = 24 \div 8$; $6 = 48 \div 8$

Zu 25) B. 88

Anstelle der 88 müsste die 78 stehen. Richtige Rechnung: $54 + 24 = 78$

Eine Figur passt nicht dazu (Aufgaben 26–35)

Zu 26) D.

Jede Abbildung enthält drei kleine weiße Kreise, nur Objekt D weicht mit zwei Kreisen davon ab.

Zu 27) C.

Jede Abbildung enthält zwei Pfeile, die in dieselbe Richtung weisen. Nur bei Objekt C sind die Pfeile entgegengesetzt ausgerichtet.

Zu 28) B.

Jedes Objekt besteht aus einem weißen Element und zwei schwarzen. In Objekt B ist dieses Verhältnis umgekehrt.

Zu 29) C.

Jedes Objekt besteht aus einem Dreieck mit zwei kleinen Kreisen – nur Objekt C enthält drei kleine Kreise.

Zu 30) D.

Nur in Objekt D befindet sich die Öffnung des nicht geschlossenen Dreiecks am Ende der langen Hauptlinie.

Zu 31) D.

In jedem Objekt lassen sich die beiden seitlich ansetzenden Striche zu einer durchgehenden Geraden verbinden – nur in Objekt D nicht.

Zu 32) B.

In jeder Abbildung befindet sich der kleine Pfeil hinter der Spitze des großen Pfeils – nur in Objekt B ist er davor platziert.

Zu 33) C.

Jede Abbildung ist jeweils in der Mitte horizontal spiegelbildlich teilbar. Nur das Dreieck in Objekt C lässt sich nicht auf diese Weise spiegeln.

Zu 34) A.

Dreht man das Objekt so, dass das Fähnchen aufrecht steht, befindet sich der schwarze Punkt immer im rechten Viereck– nur in Objekt A nicht.

Zu 35) B.

Jeder Kreis wird von drei verschieden gefüllten Bändern durchzogen: Ein Band ist grau, eines kariert und eines diagonal gestreift. In Kreis B sind jedoch zwei Bänder diagonal gestreift.

Wortanalogien (Aufgaben 36–45)

Zu 36) C. Gleis

Der passende Untergrund für Autos sind Straßen, Züge fahren auf Gleisen.

Zu 37) D. Bergwerk

In Waldgebieten gewinnt man den Rohstoff Holz, Kohle wird in Bergwerken abgebaut.

Zu 38) A. nichts

Das erste Wortpaar stellt eine große Menge (viel) einer kleinen Menge (wenig) gegenüber. Das zweite Paar korreliert die größtmögliche Menge (alles) mit der kleinstmöglichen Menge (nichts).

Zu 39) D. Milch

Die Grundzutat eines Omeletts sind Eier, Butter wird aus Milch bzw. Milchrahm hergestellt.

Zu 40) B. Blumenkohl

Roggen ist ein Getreide, Blumenkohl ein Gemüse.

Zu 41) B. Fotosynthese

Der Motor erzeugt durch Verbrennungsvorgänge mechanische Energie, die Fotosynthese dient Pflanzen zur Energiegewinnung.

Zu 42) D. Planet

Die Erde wird vom Mond umkreist, die Sonne von Planeten.

Zu 43) B. Fläche

Ein Kegel ist ein Körper im Raum, das zweidimensionale Gebilde Rechteck befindet sich in der Fläche.

Zu 44) B. Ampere

Meter ist die Einheit zur Messung von Entfernungen, die Maßeinheit der Stromstärke ist Ampere.

Zu 45) E. Gobi

Die Sahara ist eine Wüste in Afrika, die Wüste Gobi liegt in Asien.

Oberbegriffe (Aufgaben 46–55)

Zu 46) Norden, Osten

Der Norden und der Osten lassen sich dem Oberbegriff „Himmelsrichtungen" zuordnen.

Zu 47) Niere, Leber

Die Niere und die Leber lassen sich dem Oberbegriff „innere Organe" zuordnen.

Zu 48) Stuhl, Schrank

Der Stuhl und der Schrank lassen sich dem Oberbegriff „Möbelstücke" zuordnen.

Zu 49) Regen, Hagel

Der Regen und der Hagel lassen sich dem Oberbegriff „Niederschläge" zuordnen.

Zu 50) Adler, Habicht

Der Adler und der Habicht lassen sich dem Oberbegriff „Greifvögel" zuordnen. Amsel, Rotkehlchen, Fink und Schwalbe könnten als Singvögel eine Gruppe bilden – diese wäre jedoch zu umfangreich.

Zu 51) Tanne, Erle

Die Tanne und die Erle lassen sich dem Oberbegriff „Bäume" zuordnen.

Zu 52) Merkur, Sonne

Der Planet Merkur und die Sonne lassen sich dem Oberbegriff „Himmelskörper" zuordnen. Theoretisch könnten auch die Lichtquellen Sonne, Blitz, Kerze und Polarlicht oder die Wetterphänomene Tornado, Blitz und Polarlicht Gruppen bilden – beide wären jedoch zu umfangreich.

Zu 53) Prädikat, Titel

Das Prädikat und der Titel lassen sich dem Oberbegriff „Auszeichnungen" zuordnen. Der Begriff „Prädikat" könnte in anderer Bedeutung auch für einen Satzbaustein stehen und mit dem Subjekt und dem Objekt eine Gruppe bilden – diese wäre jedoch zu umfangreich.

Zu 54) Zahlen, Rasen

Nur die Begriffe „Zahlen" und „Rasen" können hier auch als Verben aufgefasst und dem Oberbegriff „Tätigkeiten" zugeordnet werden.

Zu 55) Auge, Lupe

Das Auge und die Lupe lassen sich dem Oberbegriff „Sehen" zuordnen. Theoretisch könnten auch die Sinnesorgane Auge, Ohr, Nase und Haut eine Gruppe bilden – diese wäre jedoch zu umfangreich.

Schlussfolgerungen (Aufgaben 56–65)

Zu 56) B. Alle Vögel, die Füße haben, können nicht fliegen.

Beide vorgestellten Aussagen – „Alle Vögel können nicht fliegen" und „Alle Vögel haben Füße" – beziehen sich auf die gleiche Gruppe, nämlich die Gesamtheit der Vögel. Also lässt sich ableiten: Alle Vögel, die Füße haben – d. h. sämtliche Vögel – können nicht fliegen.

Zu 57) D. können Kühe fliegen.

Die Vorschläge A, B und C sind falsch: Es wird nicht festgestellt, dass Fliegen nur mit Flügeln möglich ist – vielleicht gibt es dafür noch andere Hilfsmittel und Techniken. Somit bleibt nur Antwort D übrig, die den Inhalt der ersten Aussage wiedergibt.

Zu 58) C. können Socken von den Hosen nicht zum Lesen eingesetzt werden.

Antwort C „Socken können von den Hosen nicht zum Lesen eingesetzt werden" ist korrekt, denn Socken können nicht lesen, sondern nur schreiben. Antwort A ist falsch, weil Socken schreiben können, und Antwort B stimmt nicht, da Schuhe lesen können. So ist auch Antwort D falsch, da Socken und Schuhe sowohl schreiben als auch lesen können.

Zu 59) B. Barbara

Da Barbara gegen jeden ein Spiel gewonnen hat, ist sie die Siegerin. Die richtige Reihenfolge der Spielstärke nach lautet: Barbara, Wilhelm, Tanja, Angela, Paul, Martin.

Zu 60) C. Petra

Petra ist die jüngste der genannten Personen. Klaus und Angela sind älter als Stefan und somit nicht die Jüngsten. Maria und Petra sind wiederum jünger als Stefan; da Maria aber laut Prämisse nicht die Jüngste ist, kommt dafür nur Petra in Betracht. Die Reihenfolge der Personen nach Alter lautet: Klaus, Angela, Stefan, Maria, Petra.

Zu 61) B. sind Kleider rot.

Antwort B „Kleider sind rot" stimmt, da Kleider sprechen können und alles, was sprechen kann, rot ist. Antwort A ist falsch – zwar sind alle Kleider rot, aber andere Dinge könnten ebenfalls rot sein. Auch die Vorschläge C und D stimmen nicht. Zwar teilen Kleider und Fußbälle eine Eigenschaft (sie sind rot), doch das bedeutet nicht, dass beide identisch sind, also in allen Eigenschaften übereinstimmen.

Zu 62) D. sind Gegenstände nicht zu verschicken, wenn sie nicht zerbrechlich sind.

Antwort A ist falsch: Zwar liegen alle Gegenstände, die verschickt werden sollen, im roten Fach, aber umgekehrt gilt nicht, dass alle Gegenstände im roten Fach zu verschicken sind. Ebenso ist Antwort B falsch, da zwar alle Gegenstände im roten Fach zerbrechlich sind, aber nicht umgekehrt alle Gegenstände, die zerbrechlich sind, im roten Fach liegen müssen. Antwort C ist falsch, da alle zu verschickenden Gegenstände laut den angegebenen Prämissen zerbrechlich sind. Aus „Alle Gegenstände, die verschickt werden sollen, werden ins rote Fach abgelegt" und „Alle Gegenstände im roten Fach sind zerbrechlich" folgt: Wenn etwas nicht zerbrechlich ist, liegt es mit Sicherheit nicht im roten Fach und ist demzufolge auch nicht zu verschicken. Antwort D stimmt.

Zu 63) D. können alle Löwen schwimmen.

Wenn alle Löwen Fische sind und alle Fische schwimmen können, dann können alle Löwen schwimmen – Antwort D stimmt. Die Vorschläge A, B und C bestreiten die Schwimmfähigkeit der Großkatzen zumindest teilweise und sind deswegen falsch.

Zu 64) C. besucht Hans um 19:00 Uhr nicht Barbara.

Antwort C ist korrekt, da Hans, wenn er Paul besucht, nicht Barbara besuchen kann. Antwort A scheidet aus, da er Barbara nicht besucht. Ebenso fällt Antwort B weg, da er nur den einen oder anderen besuchen kann, nicht aber beide („entweder ... oder"). Antwort D ist nicht korrekt, da über Barbaras Verhalten nichts in den Prämissen steht.

Zu 65) C. Doris

Doris muss abwaschen. Die Aussage „Kurt hätte das längste Stäbchen, wenn Michaela nicht wäre" gibt die Information, dass Michaela und Kurt die längsten Stäbchen haben, d. h. die anderen haben kürzere. Da Peter und Marta gleichauf sind, aber Doris' Stäbchen kürzer als Peters ist, muss sie die Verliererin sein. Die Reihenfolge nach Stäbchenlänge: Michaela, Kurt, Peter und Marta, Doris.

Bedingungen (Aufgaben 66–75)

Zu 66) D. nur Winkel α.

Die Summe der Innenwinkel eines Dreiecks beträgt 180°. Im vorliegenden Fall ist einer der Innenwinkel ein rechter Winkel (erkennbar am Punkt im Viertelkreis), deshalb können Sie Winkel β berechnen, wenn Sie Winkel α kennen: β = 180° − 90° − α.

Zu 67) B. nur die Seite a und Höhe h.

Um die Fläche eines Parallelogramms zu bestimmen, braucht man eine Seite und die dazugehörige Höhe: $A = a \times h_a$ oder $A = b \times h_b$.

Zu 68) D. den Radius r und die Höhe h.

Um das Volumen eines Zylinders zu berechnen, braucht man seine Höhe, seinen Radius bzw. Durchmesser und die Kreiszahl π: $V = \pi \times r^2 \times h = \pi \times (d/2)^2 \times h$.

Zu 69) C. nur drei der angegebenen Gleichungen.

Um alle drei Variablen zu berechnen, brauchen Sie drei der angegebenen Gleichungen – eine davon muss die erste Gleichung sein. Beispielhaft lässt sich die Aufgabe lösen, indem Sie zuerst die Werte für z und x aus der dritten bzw. vierten Gleichung in die erste Gleichung einsetzen und y berechnen:

x + y + z = 18
2y + y + 6y = 18
9y = 18 | ÷ 2
y = 2

Dieses Ergebnis setzen Sie nun in die Gleichungen 3 und 4 ein, um z und x zu bestimmen:

z = 6y = 6 × 2 = 12
x = 2y = 2 × 2 = 4

Zu 70) A. den Anlagebetrag und den Zinssatz.

Die Laufzeit ist angegeben, sie liegt bei einem Jahr (das entspricht in der kaufmännischen Zinsrechnung 360 Tagen). Zur Berechnung des Zinsbetrags braucht man außerdem das angelegte Kapital und den Zinssatz:

$$\text{Zinsen} = \frac{\text{Kapital} \times \text{Zinssatz} \times \text{Laufzeit}}{100 \times 360\, d}$$

Zu 71) B. nur die Länge und Breite des Bodens sowie die Breite der Fliesen.

Zunächst müssen Sie die zu fliesende Fläche kennen, und die ergibt sich aus der Länge und Breite des Beckenbodens. Außerdem brauchen Sie die Abmessungen der verwendeten Fliese – da diese quadratisch ist, sind Länge und Breite gleich.

Zu 72) B. den Erdumfang.

Die Geschwindigkeit berechnet sich aus Weg durch Zeit. Die Zeit ist mit einem Tag angegeben, der Weg ist in diesem Fall der Erdumfang (ungefähr 40.000 km). Die Rechnung lautet also:

$V = 40.000$ km $\div 24$ h
$\approx 1.666{,}67$ km/h.

Zu 73) C. alle drei Gleichungen.

Gleichungen mit identischen Unbekannten sind grundsätzlich lösbar, wenn es genauso viele Gleichungen wie Unbekannte gibt. Dabei nutzt man zum Beispiel das Gauß-Verfahren: Man formt die Gleichungen so um, dass man die Unbekannten Schritt für Schritt eliminieren kann, bis nur noch eine übrig bleibt, die dann berechnet wird. Mithilfe dieses Werts bestimmt man anschließend die nächste Unbekannte – und so weiter.

Zu 74) C. nur die Gesamtlänge des Zauns sowie die Seiten e, b und c.

Das gesuchte Teilstück (c + d) erhalten Sie, indem Sie die übrigen Teilstücke von der Gesamtlänge (G) abziehen:

$c + d = G - a - b - b - c - d - e$

Aus der Skizze geht hervor: Seite a ist genauso lang wie die Summe der zwei Seiten c und der Seite e (a = 2c + e). Sie können die Variable a in der obigen Gleichung also einfach ersetzen:

$c + d = G - (2c + e) - b - b - c - d - e$
$= G - 2c - e - b - b - c - d - e$

Die Unbekannte d entfernen Sie geschickt aus der rechten Gleichungsseite, indem Sie die gesuchte Strecke c + d auf beiden Seiten addieren.

$2 \times (c + d) = G - 2c - e - b - b - e$
$= G - 2c - 2e - 2b$

Den Faktor 2 auf der linken Gleichungsseite können Sie vernachlässigen, denn die Lösung zeigt sich bereits: Sie können die Länge des gesuchten Zaunabschnitts bestimmen, wenn Sie die Größen G, c, e und b kennen.

Zu 75) C. nur a und c oder b und c.

Mithilfe der zweiten Gleichung kann man entweder die Variable a oder die Variable b in der ersten Gleichung ersetzen. Hier bleiben dann nur noch drei Unbekannte übrig: nämlich x und c sowie a oder b. Kennt man a und c oder b und c, kann man x berechnen – anhand der abc-Formel oder der pq-Formel.

Möglich oder unmöglich? (Aufgaben 76–85)

Zu 76) E. in Netzen getragen wird.

Vorschlag E ergibt hier die einzige falsche Behauptung: Man kann Wasser nicht in Netzen tragen, da es durch die Maschen fließen würde. Alle weiteren Aussagen stimmen: Wasser kann verdampfen, gefrieren, sich erwärmen bzw. abkühlen und sich in Pfützen sammeln.

Zu 77) D. kondensiert.

Vorschlag D ergibt hier die einzige richtige Behauptung: Beim Kondensieren geht ein Stoff vom gasförmigen in den flüssigen Aggregatzustand über, diesen Prozess kann Holz nicht durchlaufen. Alle weiteren Aussagen sind falsch: Holz kann brennen, zu Papier weiterverarbeitet werden, als Werkstoff dienen und in heißem wie in kaltem Wasser schwimmen.

Zu 78) C. Kompassnadeln beeinflussen.

Vorschlag C ergibt hier die einzige falsche Behauptung: Mit einem Magneten kann man Kompassnadeln ablenken, die dazu gedacht sind, sich am irdischen Magnetfeld auszurichten. Alle weiteren Aussagen stimmen: Magneten können weder Licht ablenken noch Wärme in Strom oder potentielle in kinetische Energie umwandeln – geschweige denn Brände löschen.

Zu 79) A. sieben Leben haben.

Vorschlag A ergibt hier die einzige falsche Behauptung: Auch Katzen haben nur ein Leben. Dass die Stubentiger Vögel jagen, schnurren und Streicheleinheiten verweigern, ist möglich. Gleiches gilt für den Verzehr von Hundefutter – auch wenn das für sie auf Dauer gesundheitsschädlich ist.

Zu 80) D. dass die Sonne hinter dem Horizont verschwindet.

Vorschlag D ergibt hier die einzige richtige Behauptung: Wenn die Sonne aufgeht, kann sie nicht gleichzeitig untergehen („hinter dem Horizont verschwinden"). Alle weiteren Aussagen sind falsch: Es ist durchaus möglich, bei Sonnenaufgang weiterzuschlafen, Vogelgezwitscher zu hören oder den Mond zu sehen. Und wenn sich Luft nicht durch Sonnenstrahlung erwärmen würde, wäre es tagsüber genauso kühl wie nachts.

Zu 81) B. Pinguine jagen.

Vorschlag B ergibt hier die einzige falsche Behauptung: Eisbären leben in der Arktis (nördliches Polargebiet), Pinguine in der Antarktis (südliches Polargebiet). Somit treffen beide nie in freier Wildbahn aufeinander. Alle weiteren Aussagen stimmen: Dass Eisbären Menschen attackieren, Hunger haben, früh sterben und eiskaltes Wasser durchschwimmen, ist durchaus möglich.

Zu 82) A. Elefanten in freier Wildbahn zu fotografieren.

Vorschlag A ergibt hier die einzige falsche Behauptung: Da Elefanten nur in Afrika und Indien heimisch sind, trifft man sie in Südamerika höchstens in Zoos. Alle weiteren Aussagen stimmen: In Südamerika gibt es ausgedehnte Dschungelgebiete, Geflügelzüchter und auch chinesische Touristen. Infolge der spanischen Kolonialherrschaft ist Spanisch heute außerdem in vielen Ländern des Kontinents die offizielle Amtssprache.

Zu 83) E. auf 15 enden.

Vorschlag E ergibt hier die einzige richtige Behauptung: Jede Zahl, die auf 15 endet, kann durch 5 geteilt werden und ist somit keine Primzahl. Alle weiteren Aussagen stimmen nicht: Primzahlen können ungerade sein (3, 5, 7 ...) und auf 7 enden (7, 17, 37 ...). Die größte bislang bekannte Primzahl ist mit über 17 Millionen Stellen deutlich größer als 10.000.000. Außerdem gibt es genau eine gerade Primzahl – nämlich die 2.

Zu 84) C. keinen Stoffwechsel haben.

Vorschlag C ergibt hier die einzige richtige Behauptung: Alle Lebewesen haben einen Stoffwechsel, und auch Lehrer sind Lebewesen. Alle weiteren Aussagen stimmen nicht: Dass ein Lehrer niemals falsch liegt, immer weiß, wovon er redet, alle seine Fehler zugibt und ein gutes Gedächtnis hat, ist zumindest theoretisch möglich.

Zu 85) A. noch nie im Weltall war.

Knifflig ist hier die Verkettung mehrerer Verneinungen. Zur Vereinfachung lässt sich der Satzbeginn „Es ist nicht völlig auszuschließen" mit „Es ist möglich" übersetzen. Nun können Sie die Sätze überprüfen: Wenn kein Mensch noch nie im Weltall war, war jeder Mensch schon einmal dort – das ist unmöglich, folglich ist Behauptung A falsch. Die weiteren Aussagen stimmen: Dass niemand etwas von einer unbekannten Tierart weiß

(Vorschlag B), versteht sich von selbst. Gleiches gilt für die Annahmen, dass jeder Mensch sterblich ist (Antwort E) und vor seiner Geburt im Mutterleib herangewachsen ist (Lösung D). Aussage C bezieht sich auf ein rein fiktives Szenario, kann nicht widerlegt werden und ist zumindest möglich.

Datenanalyse (Aufgaben 86–90)

I. Klimadaten

Zu 86)

Im November und Dezember kann man durchschnittlich mit jeweils 10 Regentagen im Monat rechnen – so oft regnet es in Rom sonst nicht.

Zu 87)

Sonnenscheindauer und Niederschlagshäufigkeit scheinen umgekehrt proportional zu sein: Je mehr Regentage es pro Monat gibt, desto kürzer scheint die Sonne durchschnittlich am Tag – und je weniger Regentage es gibt, desto größer ist die Zahl der Sonnenstunden. Der Zusammenhang ist jedoch nicht unmittelbar. Denn während von Januar bis April die Zahl der Sonnenstunden bereits zunimmt, bleibt die Anzahl der Niederschlagstage zunächst relativ stabil auf hohem Niveau.

Zu 88)

Wenn die Sonnenscheindauer steigt, erwärmt sich auch das Wasser, allerdings mit etwas Verzögerung: Während beispielsweise die durchschnittliche Sonnenscheindauer pro Tag schon ab Februar wieder steigt, erwärmt sich das Wasser erst ab April; es erreicht im August sein Jahreshoch, wenn die Zahl der täglichen Sonnenstunden bereits wieder abnimmt.

Zu 89)

Im abgebildeten Diagramm kreuzen sich die Kurve der Wassertemperatur und die Kurve der Tagestemperatur zweimal – im Februar und im Oktober. Zu Jahresbeginn erwärmt sich die Luft schneller als das Wasser und ist bald wärmer als das nasse Element. Im Herbst jedoch kühlt sich die Luft tagsüber auch wieder schneller ab. Die Temperaturschwankungen des Wassers sind also wesentlich träger als die der Luft.

II. Hämoglobin und Myoglobin

Zu 90) A.

Wie in der Aufgabenstellung dargelegt, nimmt das Myoglobin vor allem bei niedrigem Partialdruck Sauerstoff auf. Das Hämoglobin hingegen bindet bei niedrigem Druck (z.B. im Muskelgewebe) schlechter und dafür unter hohem Druck (wie z.B. in der Lunge) besser als das Myoglobin. Diesen Sachverhalt gibt nur Schaubild A korrekt wieder: Während das Myoglobin unter stärkerem Partialdruck schon zu einem hohen Prozentanteil gesättigt ist – und daher kaum noch O_2-Moleküle binden kann –, ist das Hämoglobin noch aufnahmefähig.

Visuelles Denkvermögen

Figurenreihen *Bearbeitungszeit 10 Minuten*

Jede Figurenreihe ist so aufgebaut, dass sich ein logischer Zusammenhang zwischen den einzelnen Abbildungen ergibt. Welche der zur Auswahl gestellten Figuren setzt die Reihe fort?

Hierzu ein Beispiel

Aufgabe

1)

Welche Figur setzt die Reihe logisch fort?

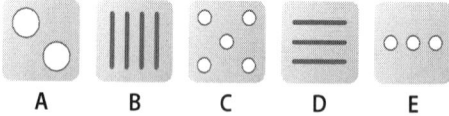

Antwort

Die Abbildungen zeigen eine steigende Anzahl senkrechter Striche – Figur B setzt diese Reihe logisch fort.

Bitte bearbeiten Sie nun die Aufgaben: Markieren Sie jeweils den Lösungsbuchstaben des richtigen Antwortvorschlags. Sie haben dafür **10 Minuten** Zeit.

1)

Welche Figur setzt die Reihe logisch fort?

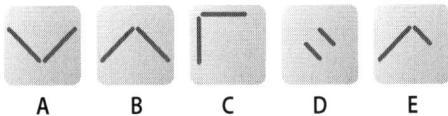

2)

Welche Figur setzt die Reihe logisch fort?

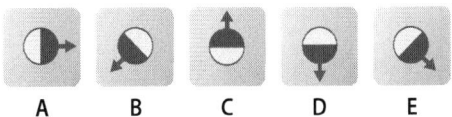

3)

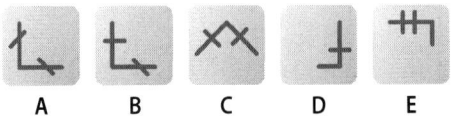

Welche Figur setzt die Reihe logisch fort?

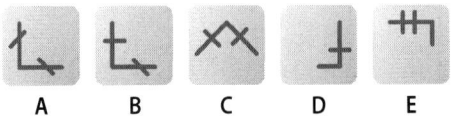

Visuelles Denkvermögen

4)

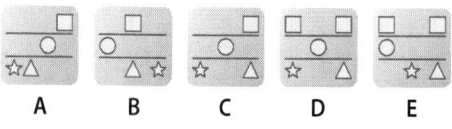

Welche Figur setzt die Reihe logisch fort?

| A | B | C | D | E |

5)

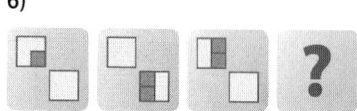

Welche Figur setzt die Reihe logisch fort?

| A | B | C | D | E |

6)

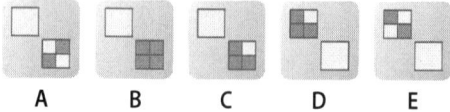

Welche Figur setzt die Reihe logisch fort?

| A | B | C | D | E |

7)

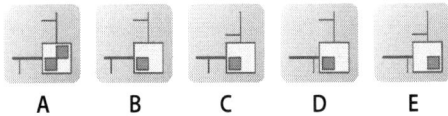

Welche Figur setzt die Reihe logisch fort?

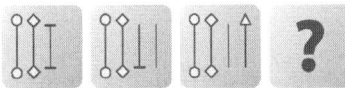

8)

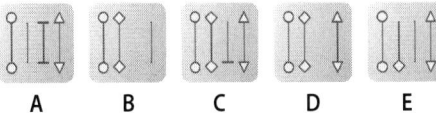

Welche Figur setzt die Reihe logisch fort?

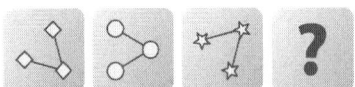

9)

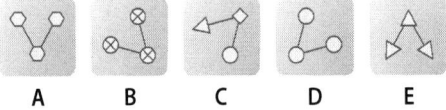

Welche Figur setzt die Reihe logisch fort?

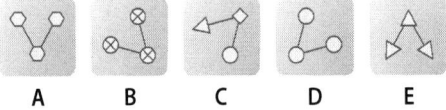

10)

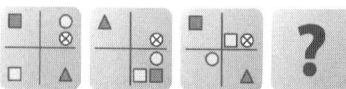

Welche Figur setzt die Reihe logisch fort?

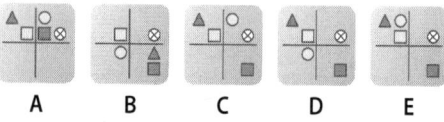

A   B   C   D   E

Visuelle Analogien   *Bearbeitungszeit 10 Minuten*

In diesem Abschnitt wird Ihre Fähigkeit zu logischem Denken im visuellen Bereich geprüft.

Jede folgende Aufgabe konfrontiert Sie mit zwei Figuren, die in einer bestimmten Beziehung zueinander stehen. Durch eine ähnliche Beziehung ist auch eine dritte mit einer vierten Figur verknüpft – diese müssen Sie jedoch aus einer Menge mehrerer Antwortmöglichkeiten selbst ermitteln.

Hierzu ein Beispiel

Aufgabe

1)

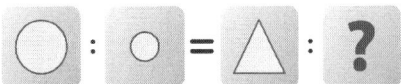

Welche Figur ersetzt das Fragezeichen logisch?

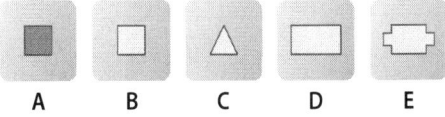

A B C D E

Antwort

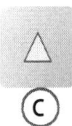

Das Objekt wird in verkleinerter Form wiederholt.

Visuelles Denkvermögen

Bitte bearbeiten Sie nun die Aufgaben: Markieren Sie den Lösungsbuchstaben der gesuchten Figur. Sie haben dafür **10 Minuten** Zeit.

11)

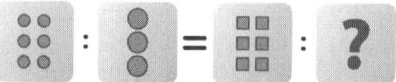

Welche Figur ersetzt das Fragezeichen logisch?

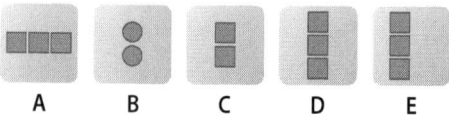

12)

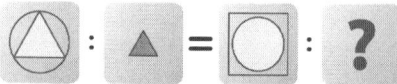

Welche Figur ersetzt das Fragezeichen logisch?

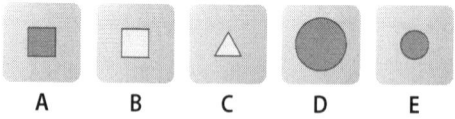

13)

Welche Figur ersetzt das Fragezeichen logisch?

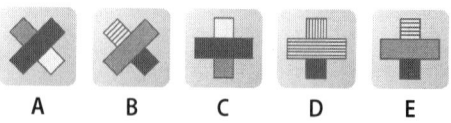

14)

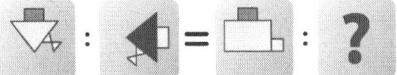

Welche Figur ersetzt das Fragezeichen logisch?

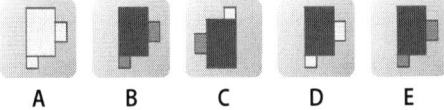

15)

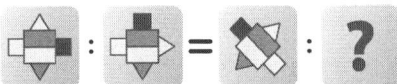

Welche Figur ersetzt das Fragezeichen logisch?

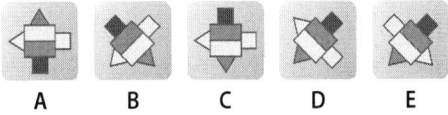

16)

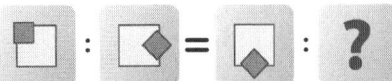

Welche Figur ersetzt das Fragezeichen logisch?

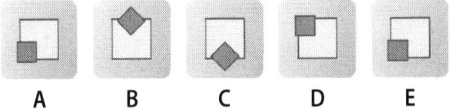

17)

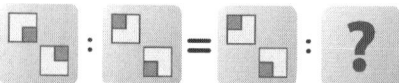

Welche Figur ersetzt das Fragezeichen logisch?

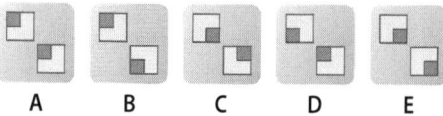

18)

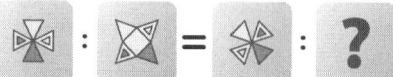

Welche Figur ersetzt das Fragezeichen logisch?

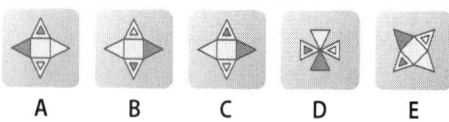

19)

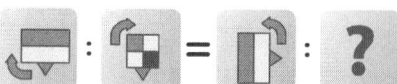

Welche Figur ersetzt das Fragezeichen logisch?

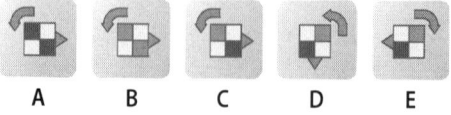

20)

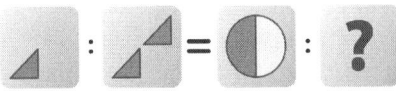

Welche Figur ersetzt das Fragezeichen logisch?

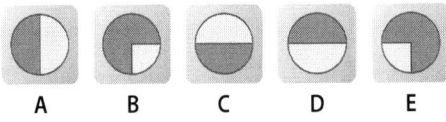

Figurenmatrizen *Bearbeitungszeit 10 Minuten*

Finden Sie heraus, nach welcher Regel die Figurenmatrix aufgebaut ist, und ergänzen Sie die fehlende Figur.

Hierzu ein Beispiel

Aufgabe

1)

Welche Figur ersetzt das Fragezeichen logisch?

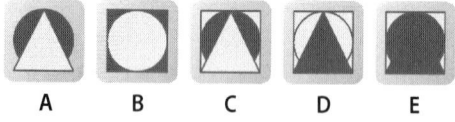

A   B   C   D   E

Antwort

Die beiden linken Figuren einer Reihe überlagern sich rechts, wobei sie ihre Farben tauschen.

Figurenmatrizen

> **Bearbeitungstipp**
>
> Um die Bildungsregel einer Matrix herauszufinden, erforschen Sie am besten zuerst eine einzelne Reihe oder Spalte: Welche Zusammenhänge gibt es, wie unterscheiden sich die Figuren – und darin enthaltene Objekte – in ihrer Form, Farbe, Größe und Ausrichtung?
>
> Wenn Sie in einer Reihe oder Spalte ein Schema erkannt haben, dann probieren Sie, ob es für die gesamte Matrix gilt.

Bitte bearbeiten Sie nun die Aufgaben: Markieren Sie den Lösungsbuchstaben der fehlenden Figur. Sie haben dafür **10 Minuten** Zeit.

21)

Welche Figur ersetzt das Fragezeichen logisch?

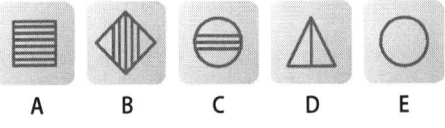

A B C D E

22)

Welche Figur ersetzt das Fragezeichen logisch?

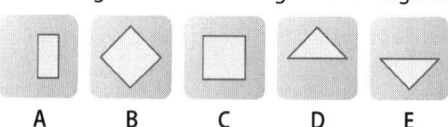

23)

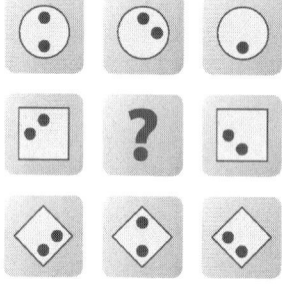

Welche Figur ersetzt das Fragezeichen logisch?

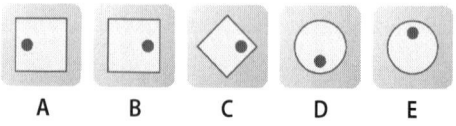

24)

Welche Figur ersetzt das Fragezeichen logisch?

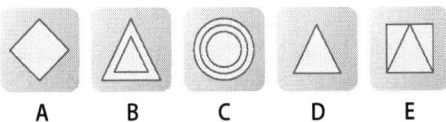

25)

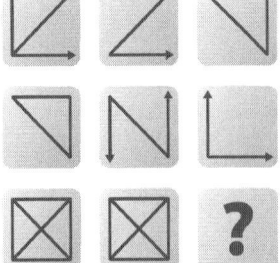

Welche Figur ersetzt das Fragezeichen logisch?

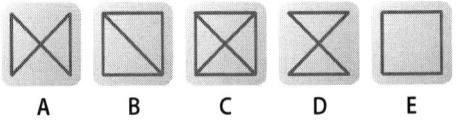

26)

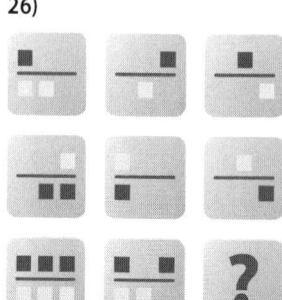

Welche Figur ersetzt das Fragezeichen logisch?

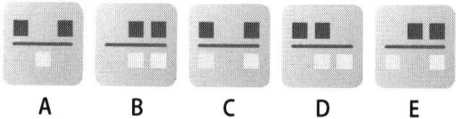

27)

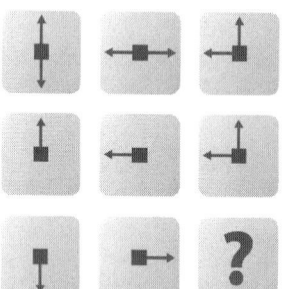

Welche Figur ersetzt das Fragezeichen logisch?

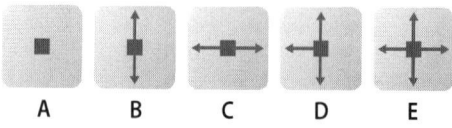

28)

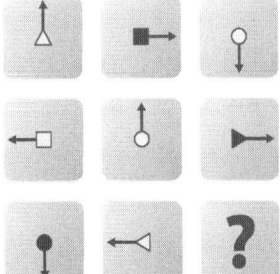

Welche Figur ersetzt das Fragezeichen logisch?

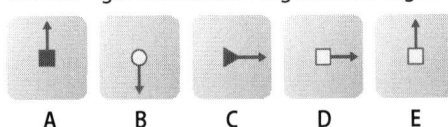

29)

Welche Figur ersetzt das Fragezeichen logisch?

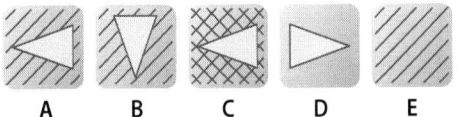

30)

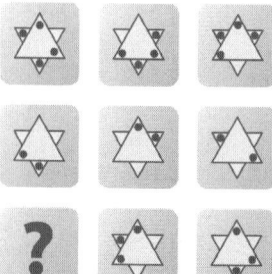

Welche Figur ersetzt das Fragezeichen logisch?

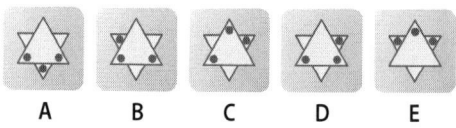

A   B   C   D   E

Musterwürfel zuordnen

Bearbeitungszeit 10 Minuten

Zu jeder Aufgabe erhalten Sie einen Würfel, dessen Seiten unterschiedlich gemustert sind. Entscheiden Sie, welcher der abgebildeten Musterwürfel dem Aufgabenwürfel entspricht – dieser kann beliebig nach links oder rechts, nach vorne oder hinten, im oder gegen den Uhrzeigersinn gedreht bzw. gekippt werden.

Hierzu ein Beispiel

Aufgabe

1) Ihnen wird ein Aufgabenwürfel vorgegeben.

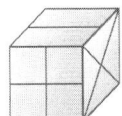

Welcher der Musterwürfel A bis E ist identisch mit dem Aufgabenwürfel?

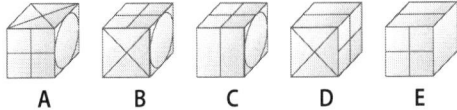

Antwort

Kippen Sie den Aufgabenwürfel nach links.

Bitte bearbeiten Sie nun die Aufgaben: Markieren Sie jeweils den Lösungsbuchstaben des richtigen Antwortvorschlags. Sie haben dafür **10 Minuten** Zeit.

31) Ihnen wird ein Aufgabenwürfel vorgegeben.

Welcher der Musterwürfel A bis E ist identisch mit dem Aufgabenwürfel?

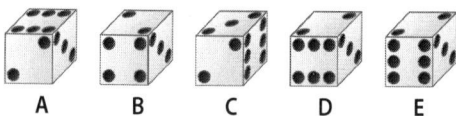

32) Ihnen wird ein Aufgabenwürfel vorgegeben.

Welcher der Musterwürfel A bis E ist identisch mit dem Aufgabenwürfel?

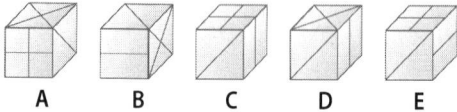

33) Ihnen wird ein Aufgabenwürfel vorgegeben.

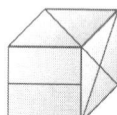

Welcher der Musterwürfel A bis E ist identisch mit dem Aufgabenwürfel?

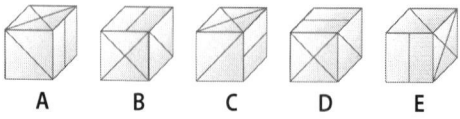

34) Ihnen wird ein Aufgabenwürfel vorgegeben.

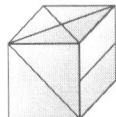

Welcher der Musterwürfel A bis E ist identisch mit dem Aufgabenwürfel?

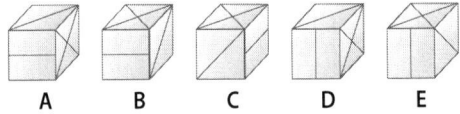

A   B   C   D   E

35) Ihnen wird ein Aufgabenwürfel vorgegeben.

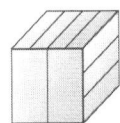

Welcher der Musterwürfel A bis E ist identisch mit dem Aufgabenwürfel?

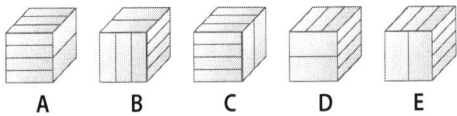

A   B   C   D   E

36) Ihnen wird ein Aufgabenwürfel vorgegeben.

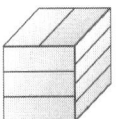

Welcher der Musterwürfel A bis E ist identisch mit dem Aufgabenwürfel?

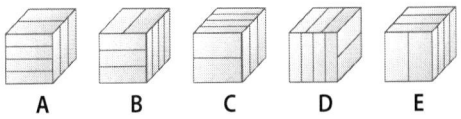

A   B   C   D   E

37) Ihnen wird ein Aufgabenwürfel vorgegeben.

Welcher der Musterwürfel A bis E ist identisch mit dem Aufgabenwürfel?

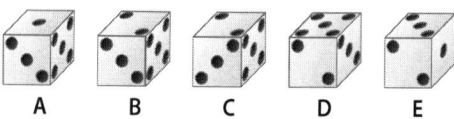

38) Ihnen wird ein Aufgabenwürfel vorgegeben.

Welcher der Musterwürfel A bis E ist identisch mit dem Aufgabenwürfel?

39) Ihnen wird ein Aufgabenwürfel vorgegeben.

Welcher der Musterwürfel A bis E ist identisch mit dem Aufgabenwürfel?

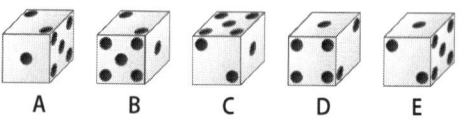

40) Ihnen wird ein Aufgabenwürfel vorgegeben.

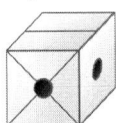

Welcher der Musterwürfel A bis E ist identisch mit dem Aufgabenwürfel?

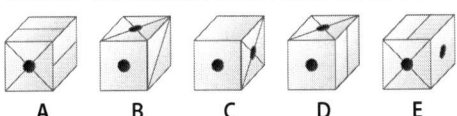

A   B   C   D   E

Spielwürfel drehen *Bearbeitungszeit 10 Minuten*

Die gegenüberliegenden Seiten eines Spielwürfels ergeben in der Summe immer die Augenzahl Sieben: Zeigt beispielsweise die Vorderseite eine „6", muss auf der Rückseite die „1" stehen. Daher können Sie von drei sichtbaren Würfelflächen auf die Lage aller anderen Flächen schließen.

Bitte führen Sie bei jeder Aufgabe die vorgegebenen Operationen durch und markieren Sie den Antwortbuchstaben der korrekten Lösung.

Hierzu ein Beispiel

Aufgabe

1) Der abgebildete Spielwürfel wird 90 Grad im Uhrzeigersinn gedreht.

Welche Vorderansicht zeigt der Würfel nun?

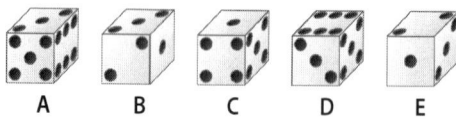

A   B   C   D   E

Antwort

(A)

Gegenprobe: Drehen Sie Lösungswürfel A 90 Grad gegen den Uhrzeigersinn.

Bitte bearbeiten Sie nun die Aufgaben: Markieren Sie jeweils den Lösungsbuchstaben des richtigen Antwortvorschlags. Sie haben dafür **10 Minuten** Zeit.

41) Der abgebildete Spielwürfel wird nach links gekippt und 90 Grad gegen den Uhrzeigersinn gedreht.

Welche Vorderansicht zeigt der Würfel nun?

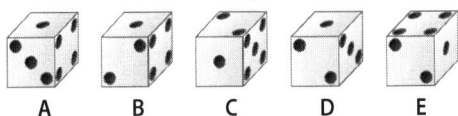

42) Der abgebildete Spielwürfel wird nach links gekippt und 90 Grad gegen den Uhrzeigersinn gedreht.

Welche Vorderansicht zeigt der Würfel nun?

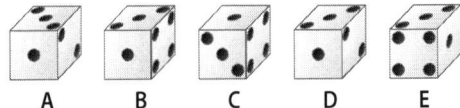

43) Der abgebildete Spielwürfel wird nach links gekippt und 90 Grad gegen den Uhrzeigersinn gedreht.

Welche Vorderansicht zeigt der Würfel nun?

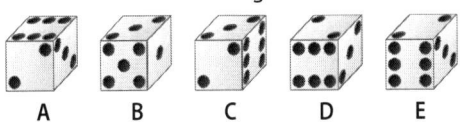

44) Der abgebildete Spielwürfel wird nach hinten gekippt und 90 Grad im Uhrzeigersinn gedreht.

Welche Vorderansicht zeigt der Würfel nun?

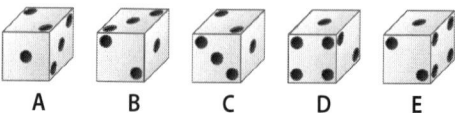

45) Der abgebildete Spielwürfel wird nach hinten gekippt und 90 Grad im Uhrzeigersinn gedreht.

Welche Vorderansicht zeigt der Würfel nun?

46) Der abgebildete Spielwürfel wird nach rechts gekippt und 90 Grad im Uhrzeigersinn gedreht.

Welche Vorderansicht zeigt der Würfel nun?

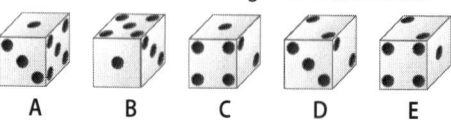

47) Der abgebildete Spielwürfel wird nach links gekippt und 90 Grad im Uhrzeigersinn gedreht.

Welche Vorderansicht zeigt der Würfel nun?

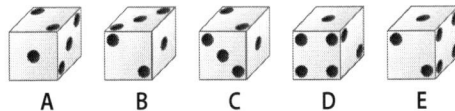

A   B   C   D   E

48) Der abgebildete Spielwürfel wird nach links gekippt, danach 90 Grad im Uhrzeigersinn gedreht und nach rechts gekippt.

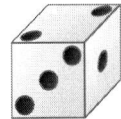

Welche Vorderansicht zeigt der Würfel nun?

A   B   C   D   E

49) Der abgebildete Spielwürfel wird zweimal nach hinten gekippt, danach nach links gekippt und 90 Grad im Uhrzeigersinn gedreht.

Welche Vorderansicht zeigt der Würfel nun?

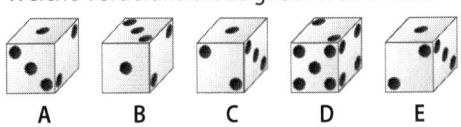

A   B   C   D   E

50) Der abgebildete Spielwürfel wird zweimal nach rechts gekippt und 90 Grad im Uhrzeigersinn gedreht.

Welche Vorderansicht zeigt der Würfel nun?

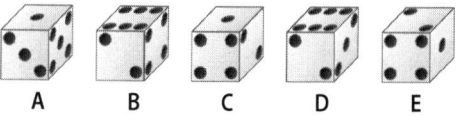

| A | B | C | D | E |

Gespiegelte Figuren

Bearbeitungszeit 1 Minute

Jede Reihe enthält eine Figur in fünf Variationen – viermal unterschiedlich weit gedreht, einmal jedoch gespiegelt.

Beantworten Sie bitte die folgenden Aufgaben, indem Sie den Antwortbuchstaben der gespiegelten Figur markieren.

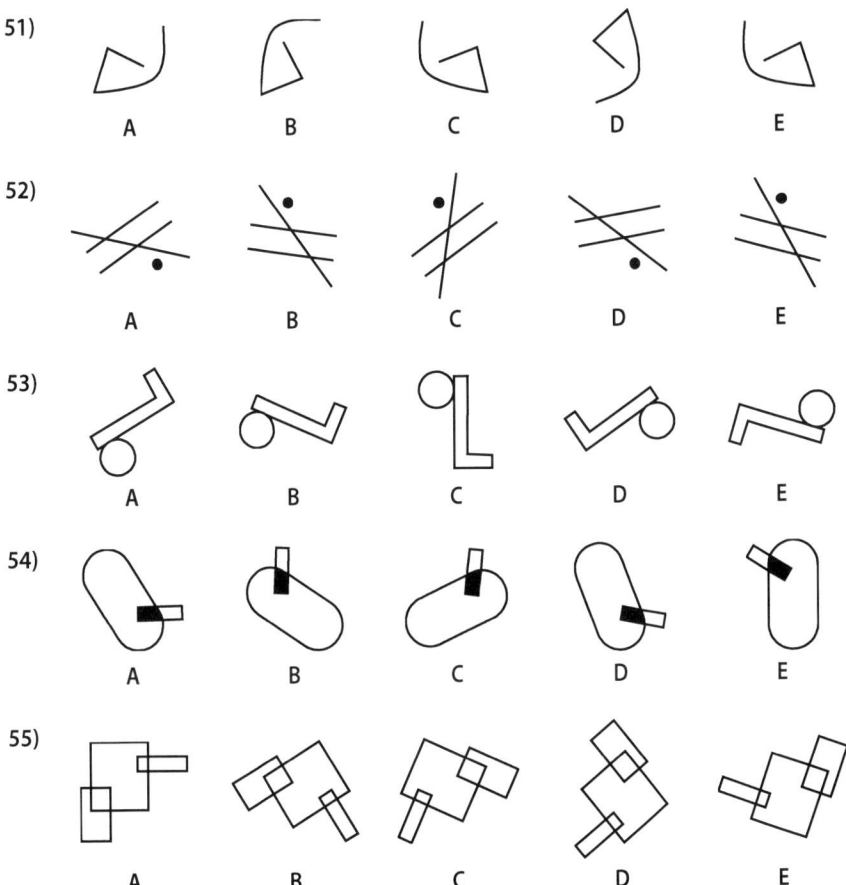

Formenpuzzle *Bearbeitungszeit 5 Minuten*

Zu jeder Aufgabe erhalten Sie fünf Flächenformen. Welche Puzzleteile A–E lassen sich zu welcher Grundform zusammensetzen?

Hierzu ein Beispiel

Aufgabe

1) Ihnen werden die Grundformen 1 bis 5 vorgegeben:

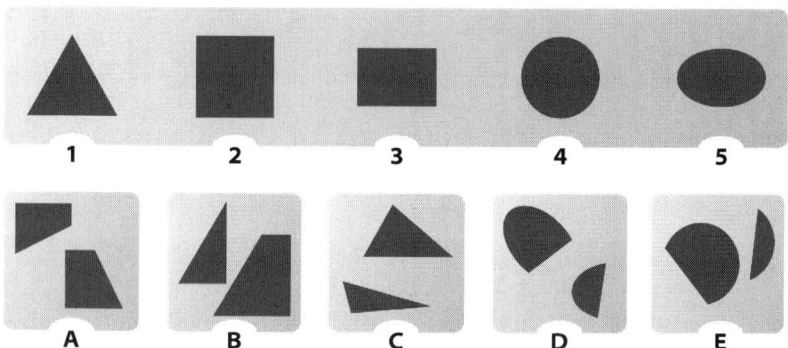

Ordnen Sie die Puzzleteile A bis E der entsprechenden Grundform zu.

1. ____   2. ____   3. ____   4. ____   5. ____

Antwort

1. C   2. B   3. A   4. E   5. D

Bitte bearbeiten Sie nun die Aufgaben: Tragen Sie jeweils die richtigen Buchstaben in die Lösungsfelder ein. Sie haben dafür **5 Minuten** Zeit.

56) Ihnen werden die Grundformen 1 bis 5 vorgegeben:

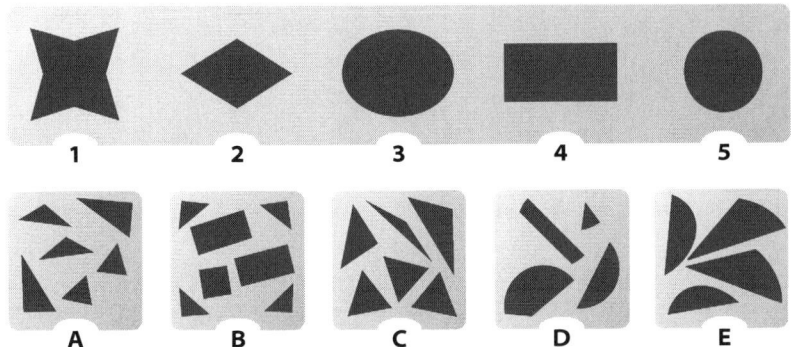

Ordnen Sie die Puzzleteile A bis E der entsprechenden Grundform zu.

1. _____   2. _____   3. _____   4. _____   5. _____

57) Ihnen werden die Grundformen 1 bis 5 vorgegeben:

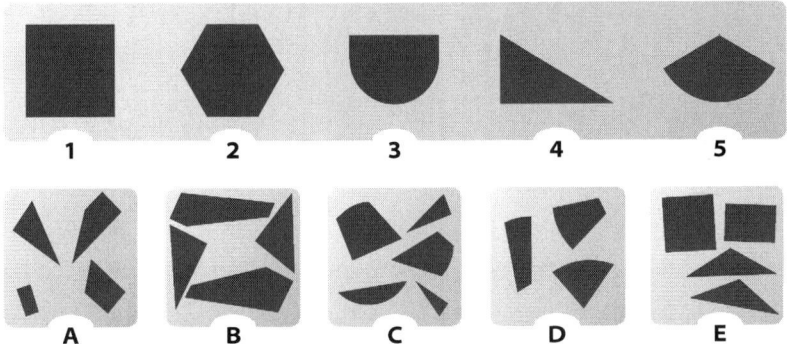

Ordnen Sie die Puzzleteile A bis E der entsprechenden Grundform zu.

1. _____   2. _____   3. _____   4. _____   5. _____

58) Ihnen werden die Grundformen 1 bis 5 vorgegeben:

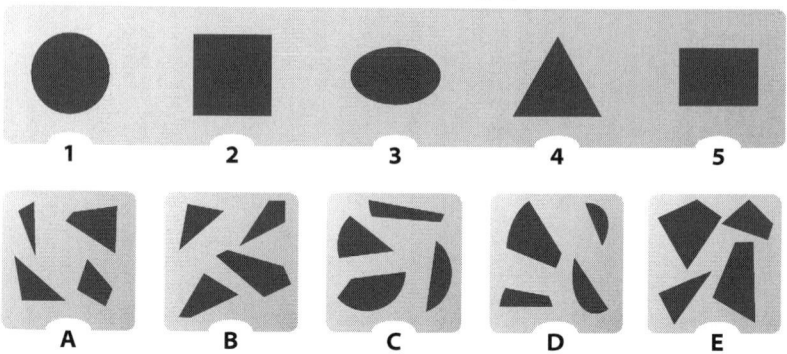

Ordnen Sie die Puzzleteile A bis E der entsprechenden Grundform zu.

1. _____   2. _____   3. _____   4. _____   5. _____

59) Ihnen werden die Grundformen 1 bis 5 vorgegeben:

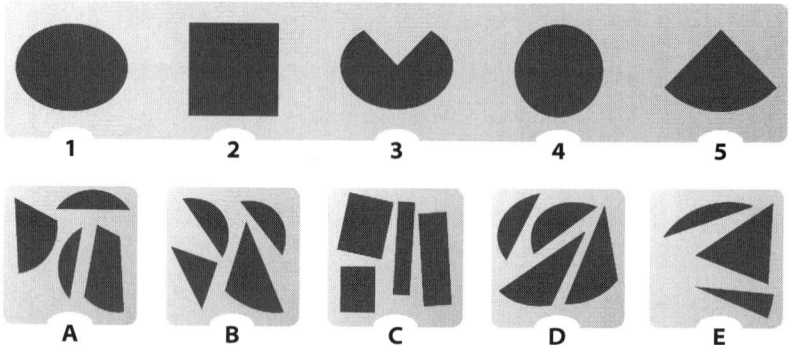

Ordnen Sie die Puzzleteile A bis E der entsprechenden Grundform zu.

1. _____   2. _____   3. _____   4. _____   5. _____

60) Ihnen werden die Grundformen 1 bis 5 vorgegeben:

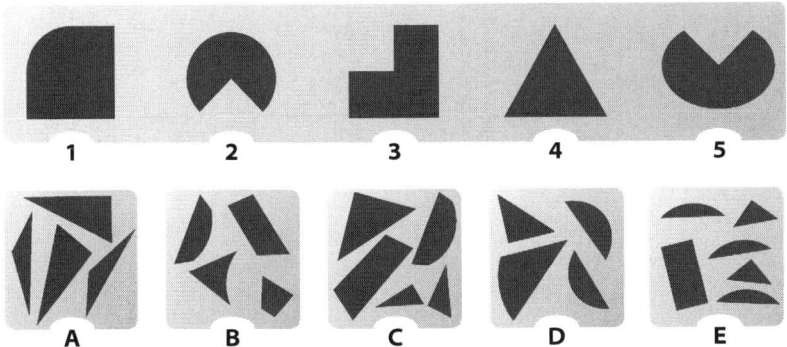

Ordnen Sie die Puzzleteile A bis E der entsprechenden Grundform zu.

1. _____   2. _____   3. _____   4. _____   5. _____

Lösungen: Visuelles Denkvermögen

1) D	21) A	41) B
2) E	22) C	42) D
3) E	23) B	43) C
4) C	24) D	44) D
5) D	25) B	45) A
6) C	26) B	46) C
7) D	27) A	47) D
8) D	28) E	48) B
9) E	29) C	49) C
10) E	30) D	50) B
11) D	31) C	51) A
12) E	32) C	52) C
13) E	33) B	53) D
14) D	34) D	54) B
15) D	35) A	55) C
16) D	36) C	56) 1C|2A|3E|4B|5D
17) C	37) C	57) 1B|2E|3C|4A|5D
18) C	38) A	58) 1C|2E|3D|4A|5B
19) C	39) C	59) 1D|2C|3B|4A|5E
20) B	40) C	60) 1C|2E|3A|4B|5D

Figurenreihen (Aufgaben 1–10)

Zu 1) D.

In jeder Figur stehen die Linien parallel zueinander.

Zu 2) E.

Jede folgende Figur ist um 135 Grad im Uhrzeigersinn gedreht.

Zu 3) E.

In jeder Figur wird eine von zwei Linien von zwei parallel laufenden kurzen Strichen gekreuzt.

Zu 4) C.

Die Reihe besteht aus Dreiecken und Vierecken, die sich abwechseln, wobei alle Vierecke grau eingefärbt sind.

Lösungen: Visuelles Denkvermögen

Zu 5) D.

Die Reihe besteht aus zwei Abbildungen, die sich abwechselnd wiederholen.

Zu 6) C.

Das kleine dunkle Quadrat springt zwischen den weißen Quadraten hin und her und ändert darin mit jedem Sprung seine horizontale Ausrichtung. Darüber hinaus wird bei jedem Sprung in das untere mittelgroße Quadrat ein weiteres graues Quadrat hinzugefügt.

Zu 7) D.

Bei jedem Schritt wird eines der kleinen grauen Quadrate rechts unten im Uhrzeigersinn entfernt. Der Querstrich am dicken waagerechten Balken setzt abwechselnd oberhalb und unterhalb des Balkens an und nähert sich schrittweise dem großen Quadrat. Der kurze Querstrich am dünnen senkrechten Balken setzt abwechselnd rechts und links am Balken an, wobei er sich dem großen Quadrat annähert und wieder von ihm entfernt.

Zu 8) D.

Die beiden linken Objekte bleiben unverändert. Das dritte Objekt von links – die senkrechte Linie mit zwei Querbalken an ihren Enden – verliert von Schritt zu Schritt einen Strich und verschwindet schließlich ganz. Dafür kommt ein neues Objekt am rechten Rand hinzu, das stetig um ein Element erweitert wird.

Zu 9) E.

Von Schritt zu Schritt dreht sich die Dreiecksform um 45 Grad gegen den Uhrzeigersinn. An den Eckpunkten sitzt innerhalb eines Felds stets das gleiche Element, das jedoch in keinem anderen Feld auftaucht.

Zu 10) E.

Von Schritt zu Schritt wechseln die dunklen Figuren (Viereck und Dreieck) ins jeweils diagonal gegenüberliegende Feld. Der Kreis mit dem Kreuz behält seine Position bei. Der weiße Kreis wandert im, das weiße Viereck gegen den Uhrzeigersinn durch die einzelnen Felder.

Visuelle Analogien (Aufgaben 11–20)

Zu 11) D.

Die Objekte (Kreise bzw. Vierecke) werden größer, ihre Anzahl halbiert sich, und sie werden mittig abgebildet.

Zu 12) E.

Die äußere Figur (Kreis bzw. Viereck) verschwindet, während sich die innere Figur verdunkelt und verkleinert.

Zu 13) E.

Die Figuren werden 135 Grad gegen den Uhrzeigersinn gedreht.

Zu 14) D.

Die Figuren werden 90 Grad im Uhrzeigersinn gedreht, zusätzlich wird der große helle Körper (Dreieck, Viereck) dunkel und das kleine dunkle Viereck hell. Das kleine weiße Quadrat der rechten Figur entspricht der Sanduhr der linken Figuren und bleibt unverändert.

Zu 15) D.

Die Figuren werden an der Senkrechten gespiegelt und 45 Grad im Uhrzeigersinn gedreht.

Zu 16) D.

Das kleine graue Quadrat dreht sich um den Mittelpunkt des weißen Quadrats um 135 Grad im Uhrzeigersinn.

Zu 17) C.

Von der ersten Figur zur zweiten werden die kleinen grauen Quadrate innerhalb der weißen Rechtecke diagonal gespiegelt. Dementsprechend müssen die kleinen Quadrate auch von der dritten zur vierten Figur diagonal gespiegelt werden.

Zu 18) C.

Die Figuren drehen sich 45 Grad gegen den Uhrzeigersinn. Innerhalb der Figuren ändern die kleinen Dreiecke – nicht aber die vollen Flächen – ihre Farbe von hell zu dunkel bzw. umgekehrt.

Zu 19) C.

Die Figuren werden 90 Grad im Uhrzeigersinn gedreht und anschließend horizontal gespiegelt.

Zu 20) B.

Die ursprüngliche Figur bleibt bestehen und wird mit ihrer diagonalen Spiegelung überlagert. Die Spiegelachse verläuft von der linken oberen zur rechten unteren Ecke des Hintergrund-Quadrats.

Figurenmatrizen (Aufgaben 21–30)

Zu 21) A.

In jeder Spalte und in jeder Reihe wechseln sich waagerechte und senkrechte Linien von Feld zu Feld ab. Zusätzlich verringert sich die Anzahl der Linien von links nach rechts immer um 1.

Zu 22) C.

Gehen Sie von oben nach unten vor: Die beiden oberen Figuren einer Spalte ergeben aufeinandergelegt das jeweils untere Objekt.

Zu 23) B.

Gehen Sie in den einzelnen Reihen von links nach rechts vor. In jeder Reihe kommt nur ein Objekttyp (Viereck, Raute, Kreis) vor. In den Objekten befinden sich zwei Punkte, die mit verschiedenen Geschwindigkeiten innerhalb des Objekts umlaufen: Ein Punkt wandert um 90° im Uhrzeigersinn, der andere um 180°.

Zu 24) D.

Die Objekte unterscheiden sich in ihrer Form (Kreis, Quadrat, Dreieck) und in der Anzahl ihrer Mäntel. In jeder Reihe und jeder Spalte haben alle Objekte eine unterschiedliche Form und Mantelzahl. Das fehlende Objekt ist ein Dreieck mit nur einem Mantel.

Zu 25) B.

Gehen Sie von oben nach unten vor: Die beiden oberen Figuren einer Spalte ergeben aufeinandergelegt das jeweils untere Objekt, wobei die Pfeilspitzen entfernt werden müssen.

Zu 26) B.

Betrachten Sie jede Spalte für sich: Das jeweils untere Objekt enthält genau so viele schwarze und weiße Quadrate wie die beiden anderen Objekte der Spalte zusammen. Schwarze Quadrate sind über dem „Bruchstrich" platziert, weiße Quadrate darunter – und ihre horizontale Lage wird beibehalten.

Zu 27) A.

Gehen Sie von oben nach unten vor: Die beiden oberen Figuren einer Spalte ergeben aufeinandergelegt das jeweils untere Objekt, wobei doppelt vorhandene Pfeile entfernt werden müssen.

Zu 28) E.

Gehen Sie von oben nach unten vor. Der Pfeil wird mit jedem Schritt nach unten um 90° gegen den Uhrzeigersinn gedreht. So kommen nur die Antworten A und E in Betracht. Zudem darf in jeder Spalte nur ein schwarzes Objekt sein, sodass nur Antwort E als Lösung bleibt.

Zu 29) C.

Gehen Sie in den einzelnen Spalten von oben nach unten vor. Jedes Feld zeigt ein keilförmiges Objekt vor einem Hintergrund. Von Feld zu Feld werden die Keile nun um 90° im Uhrzeigersinn gedreht. Der Hintergrund des jeweils untersten Feldes ergibt sich aus der „Addition" der beiden oberen Felder, die übereinandergelegt werden.

Zu 30) D.

Gehen Sie in den Reihen von links nach rechts vor. Die Punkte im inneren Dreieck wandern im Uhrzeigersinn, die im äußeren gegen den Uhrzeigersinn.

Musterwürfel zuordnen (Aufgaben 31–40)

Zu 31) C.

Kippen Sie den Aufgabenwürfel nach links und drehen Sie ihn um 90 Grad gegen den Uhrzeigersinn.

Zu 32) C.

Drehen Sie den Aufgabenwürfel um 90 Grad im Uhrzeigersinn und kippen Sie ihn nach rechts.

Zu 33) B.

Drehen Sie den Aufgabenwürfel um 90 Grad im Uhrzeigersinn und kippen Sie ihn nach rechts.

Zu 34) D.

Kippen Sie den Aufgabenwürfel nach hinten und drehen Sie ihn um 90 Grad im Uhrzeigersinn.

Zu 35) A.

Drehen Sie den Aufgabenwürfel um 90 Grad gegen den Uhrzeigersinn und kippen Sie ihn nach vorne.

Zu 36) C.

Kippen Sie den Aufgabenwürfel nach links und drehen Sie ihn um 90 Grad gegen den Uhrzeigersinn.

Zu 37) C.

Drehen Sie den Aufgabenwürfel um 90 Grad gegen den Uhrzeigersinn und kippen Sie ihn nach vorne.

Zu 38) A.

Kippen Sie den Aufgabenwürfel nach hinten und drehen Sie ihn um 90 Grad im Uhrzeigersinn.

Lösungen: Visuelles Denkvermögen

Zu 39) C.
Kippen Sie den Aufgabenwürfel nach hinten und drehen Sie ihn um 90 Grad im Uhrzeigersinn.

Zu 40) C.
Kippen Sie den Aufgabenwürfel zweimal nach vorne und drehen Sie ihn um 90 Grad im Uhrzeigersinn.

Spielwürfel drehen (Aufgaben 41–50)

Zu 41) B.
Gegenprobe: Drehen Sie Lösungswürfel B 90 Grad im Uhrzeigersinn und kippen Sie ihn nach rechts.

Zu 42) D.
Gegenprobe: Drehen Sie Lösungswürfel D 90 Grad im Uhrzeigersinn und kippen Sie ihn nach rechts.

Zu 43) C.
Gegenprobe: Drehen Sie Lösungswürfel C 90 Grad im Uhrzeigersinn und kippen Sie ihn nach rechts.

Zu 44) D.
Gegenprobe: Drehen Sie Würfel D 90 Grad im Uhrzeigersinn und kippen Sie ihn nach links.

Zu 45) A.
Gegenprobe: Drehen Sie Würfel A 90 Grad gegen den Uhrzeigersinn und kippen Sie ihn nach vorne.

Zu 46) C.
Gegenprobe: Drehen Sie Lösungswürfel C 90 Grad gegen den Uhrzeigersinn und kippen Sie ihn nach links.

Zu 47) D.
Gegenprobe: Drehen Sie Lösungswürfel D 90 Grad gegen den Uhrzeigersinn und kippen Sie ihn nach rechts.

Zu 48) B.
Gegenprobe: Kippen Sie Würfel B nach links, drehen Sie ihn 90 Grad gegen den Uhrzeigersinn und kippen Sie ihn dann nach rechts.

Zu 49) C.
Gegenprobe: Drehen Sie Würfel C 90 Grad gegen den Uhrzeigersinn, kippen Sie ihn nach rechts und anschließend zweimal nach vorne.

Zu 50) B.
Gegenprobe: Drehen Sie Lösungswürfel B 90 Grad gegen den Uhrzeigersinn und kippen Sie ihn zweimal nach links.

Visuelles Denkvermögen

Gespiegelte Figuren (Aufgaben 51–55)

Zu 51) A.

Zu 52) C.

Zu 53) D.

Zu 54) B.

Zu 55) C.

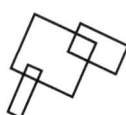

Formenpuzzle (Aufgaben 56–60)

Zu 56)   1C | 2A | 3E | 4B | 5D

Zu 57)   1B | 2E | 3C | 4A | 5D

Zu 58)   1C | 2E | 3D | 4A | 5B

Zu 59)   1D | 2C | 3B | 4A | 5E

Zu 60)   1C | 2E | 3A | 4B | 5D

Konzentration und Merkfähigkeit

Zahlensuche nach Rechenregel   *Bearbeitungszeit 4 Minuten*

Zu jedem Aufgabenblock erhalten Sie eine mathematische Regel.
Unterstreichen Sie jeweils alle Zahlen, auf die die vorgegebene Regel zutrifft.

Hierzu ein Beispiel

Aufgabe

Unterstreichen Sie alle Zahlen, die ohne Rest durch 2 teilbar sind.

1) 4   8   9   25   67   86   3   81   43   32
2) 76 90 27 69   76   45   55 61   44   18

Antwort

1) <u>4</u>   <u>8</u>   9   25   67   <u>86</u>   3   81   43   <u>32</u>
2) <u>76</u> <u>90</u> 27 69   <u>76</u>   45   55 61   <u>44</u>   <u>18</u>

Bitte beginnen Sie nun mit der Bearbeitung: Unterstreichen Sie die gesuchten Zahlen. Sie haben dafür **4 Minuten** Zeit.

Block A

Unterstreichen Sie alle Primzahlen, d. h. alle Zahlen, die genau durch zwei natürliche Zahlen – nämlich die Zahl 1 und sich selbst – teilbar sind.

1)	4	12	2	9	6	3	15	11	21	22
2)	24	8	7	10	25	13	5	26	27	44
3)	32	23	33	36	35	19	38	17	50	45
4)	49	55	29	48	51	39	46	37	40	52
5)	56	41	54	43	57	68	47	58	62	69
6)	70	64	59	80	65	76	63	67	78	81
7)	71	75	82	85	73	88	77	86	79	91
8)	83	74	84	89	90	92	97	93	87	94
9)	95	96	99	98	61	18	14	18	20	15
10)	28	30	53	34	16	42	31	48	50	54

Block B

Unterstreichen Sie alle Zahlen, die um 8 kleiner sind als ihr linker Nachbar.

11)	1	36	28	9	11	38	15	7	50	53
12)	33	25	7	19	23	15	5	41	33	44
13)	32	25	17	12	35	10	3	17	9	2
14)	55	49	39	48	51	43	46	38	26	18
15)	56	39	31	43	35	68	47	39	62	54
16)	70	64	56	88	65	76	68	67	74	66
17)	71	63	61	53	53	45	77	86	78	91
18)	83	75	68	89	81	92	84	93	85	94
19)	95	87	5	−3	82	18	14	6	−2	−9
20)	28	22	14	34	26	42	34	26	50	42

Dispositionsliste merken

Einprägezeit 5 Minuten

Im Folgenden müssen Sie sich Angaben aus einer Dispositionsliste einprägen.

Auf der nächsten Seite finden Sie eine Liste mit zwölf Artikeln: Aufgeführt sind jeweils der Lieferantenname, die Artikelbezeichnung, die Bestellmenge und das Lieferdatum. Prägen Sie sich diese Informationen möglichst gut ein.

Hierzu ein Beispiel

Dispositionsliste

Lieferantenname	Artikelbezeichnung	Bestellmenge	Lieferdatum
Lambo	Stuhl	200 Stück	Mitte März
Subati	Vase	120 Stück	Anfang Juni
Matalis	Zahnbürste	350 Stück	Ende November
Wilko	Hose	600 Stück	Anfang Mai
Fabit	Säge	40 Stück	Anfang März

Aufgabe

1) Welcher Artikel wird über den Lieferanten Lambo bestellt?
A. Vase
B. Zahnbürste
C. Stuhl
D. Hose
E. Säge

Antwort

 Stuhl

> **Merkhilfe:**
>
> ¬ Die zwölf Artikel der Dispositionsliste lassen sich in vier Warengruppen einordnen: Lebensmittel, Elektrogeräte, Textilien und Möbel.
>
> ¬ Innerhalb einer Warengruppe sind die letzten beiden Buchstaben des jeweiligen Lieferantennamens, der Liefermonat sowie die Bestellmenge stets identisch.

Hier nun die Dispositionsliste:

Zum Einprägen haben Sie **5 Minuten** Zeit. Hierbei dürfen Sie sich keine Notizen machen.

Lieferant	Artikelbezeichnung	Bestellmenge	Lieferdatum
Lato	Tisch	20 Stück	Mitte April
Ramba	Brot	90 Stück	Anfang November
Sila	Rasiergerät	10 Stück	Ende Februar
Molo	Pullover	70 Stück	Ende Mai
Kato	Bett	20 Stück	Ende April
Mamba	Käse	90 Stück	Mitte November
Mila	Lampe	10 Stück	Mitte Februar
Falo	Hose	70 Stück	Mitte Mai
Rato	Schrank	20 Stück	Anfang April
Tamba	Butter	90 Stück	Ende November
Gila	Bügeleisen	10 Stück	Anfang Februar
Lalo	Hemd	70 Stück	Anfang Mai

! *Hinweis*

Nachdem Sie sich die Liste eingeprägt haben, sollten Sie sich 5 Minuten mit etwas anderem beschäftigen, bevor Sie die dazugehörigen Fragen aus dem Gedächtnis beantworten.

Decken Sie dafür diese Seite ab.

Dispositionsliste merken   *Bearbeitungszeit 10 Minuten*

Soeben lag Ihnen eine Dispositionsliste vor, die Sie sich einprägen sollten.

Bitte beginnen Sie nun mit der Bearbeitung: Markieren Sie jeweils den Lösungsbuchstaben des richtigen Antwortvorschlags.

21) Wie lautet der Lieferant für die Schränke?
A. Molo
B. Sila
C. Ramba
D. Rato
E. Lalo

22) Wie lautet der Lieferant für den Käse?
A. Kato
B. Mamba
C. Rato
D. Falo
E. Mila

23) Wie lautet der Lieferant für die Lampen?
A. Ramba
B. Lato
C. Mila
D. Gila
E. Tamba

24) Wie lautet der Lieferant für die Bügeleisen?
A. Ramba
B. Gila
C. Tamba
D. Lato
E. Mila

25) Wie lautet der Lieferant für die Rasiergeräte?
A. Sila
B. Lato
C. Tamba
D. Ramba
E. Mila

26) Wie lautet der Lieferant für das Brot?
A. Sila
B. Lato
C. Tamba
D. Ramba
E. Mila

27) Welchen Artikel liefert die Firma Mamba?
A. Bügeleisen
B. Käse
C. Rasiergerät
D. Hemd
E. Pullover

28) Welchen Artikel liefert die Firma Lalo?
A. Schrank
B. Butter
C. Hemd
D. Bügeleisen
E. Rasiergerät

29) Welchen Artikel liefert die Firma Ramba?
A. Brot
B. Rasiergerät
C. Pullover
D. Tisch
E. Schraubenschlüssel

30) Welchen Artikel liefert die Firma Lato?
A. Brot
B. Rasiergerät
C. Pullover
D. Tisch
E. Schraubenschlüssel

31) Welchen Artikel liefert die Firma Molo?
A. Brot
B. Rasiergerät
C. Pullover
D. Tisch
E. Käse

32) Welchen Artikel liefert die Firma Sila?
A. Brot
B. Rasiergerät
C. Hose
D. Tisch
E. Käse

33) Von welchem Artikel wurden 20 Stück bestellt?
A. Käse
B. Rasiergerät
C. Pullover
D. Tisch
E. Hose

34) Von welchem Artikel wurden 10 Stück bestellt?
A. Schrank
B. Butter
C. Hemd
D. Bügeleisen
E. Käse

35) Von welchem Artikel wurden 90 Stück bestellt?
A. Schrank
B. Lampe
C. Käse
D. Bett
E. Hose

36) Von welchem Artikel wurden 70 Stück bestellt?
A. Schrank
B. Lampe
C. Brot
D. Bett
E. Hose

37) Wie lautet das Lieferdatum für die Lampen?
A. Mitte Februar
B. Mitte April
C. Mitte November
D. Mitte Mai
E. Anfang Mai

38) Wie lautet das Lieferdatum für die Pullover?
A. Mitte Februar
B. Ende April
C. Ende Mai
D. Anfang November
E. Anfang Februar

39) Wie lautet das Lieferdatum für die Rasiergeräte?
A. Mitte April
B. Ende November
C. Mitte November
D. Anfang Mai
E. Ende Februar

40) Wie lautet das Lieferdatum für die Bügeleisen?
A. Mitte April
B. Anfang Februar
C. Mitte November
D. Ende November
E. Ende Mai

n/m-Test *Bearbeitungszeit 3 Minuten*

Die vorliegenden Reihen bestehen aus zwei Buchstaben: „n" und „m".
Bitte finden Sie alle „n"s und notieren Sie die ermittelte Anzahl im rechten Feld.

41) m m m n m m n m m m m m m m m m m m m m _____
42) m m n n m m n n m m m m m m m m m m m m _____
43) m m m m m m m n m n m n m m m m m m m m _____
44) m m m m m m m m m m n n n m m m m m m m _____
45) m m m m m m m m m m m m m m n n m n m n _____
46) m m m m m m m n m m m n m m m m m m m m _____
47) m m m m m m m n n m n m n m m m m m m m _____
48) m m m m m n m m n m n m m m m m m m m m _____
49) m n m m m m m m m m m m m m m m m m m m _____
50) m n m n m m m m m m m m m m m m m m m m _____
51) m m m m m n m n m n m m m m m m m m m m _____
52) m m m m m m m m m n m m n n m m m m m m _____
53) m m m m m m m m m m m m m m n n m n m m _____
54) n m n n n m m m m m m m m m m m m m m m _____
55) m n n m m n n m m m m m m m m m m m m m _____
56) m m m n n m n n m m m m m m m m m m m m _____
57) n n n m n m n m m m m m m m m m m m m m _____
58) m n m m n m m m m m m m m m m m m m m m _____
59) n m m m m m m m m m m m m m m m m m m m _____
60) m m n m m m m m m m m m m m m m m m m m _____

61) m m n m m n m m n m m n m m m n m m m m
62) m m m m m m n m m n m m m n m m m m m
63) m m m n m m m m n m m m n m m n m m m m
64) m m m m m n m m m m m m m m m m m m m m
65) m m n m m n m m n m m m n m m m m n m m
66) m m m m m m m m m n m n m m n m n m m m
67) m m m n m n m m m m m m m m m m m m m m
68) m m m m m n m n m n n m m m m m m m m m
69) m m n n m n m m m m m m m m m m m m m m
70) m m m m n m m m m n m n m m m m m m m m
71) m m m m m m m m m m m m n m n m n n n
72) m m m m m m m m m m m n m m n m m m n m
73) m m m m m m m m n m m m m m m m m m m m
74) m m m m m m m m n m m m m m m m m m m m
75) m m m m m m m m m m m n n m m n m m m
76) m m m n m m m m n m m m m n m m m m
77) m m n m n m m m m m m m m m m m m m
78) m m m m m m m n m n m m m m m m m m
79) m m m m m m m m n m m m m m m m m m
80) m m m m m m n m n m m m m m m m m m

Original und Abschrift

Bearbeitungszeit 3 Minuten

Nun müssen Sie Zeichenfolgen miteinander vergleichen.

Die Originalfolge steht jeweils links, die Abschrift rechts. Überprüfen Sie die Abschriften bitte – Stelle für Stelle – auf Tippfehler und notieren Sie die Anzahl der Fehler pro Zeile im rechten Feld.

81)	2158318	2156316	___
82)	6458482	6258284	___
83)	1859782	1869762	___
84)	3587197	3287187	___
85)	5784986	5789486	___
86)	2258791	2258797	___
87)	5478615	5478916	___
88)	7945874	7943874	___
89)	6487459	6481456	___
90)	3124587	8124531	___
91)	5487951	5487851	___
92)	6547894	6541894	___
93)	3249782	3248788	___
94)	3597874	3597824	___
95)	3549872	3649612	___
96)	0054862	0005486	___
97)	0010124	0010012	___
98)	1115482	1154822	___

99)	2211223	2221113	_____
100)	3344556	3344456	_____
101)	HGRFLED	HGRFLEB	_____
102)	RAGSEFA	RAGBEEA	_____
103)	JAHWERS	JAHVERS	_____
104)	HATWRSD	HATWBSD	_____
105)	ÖAJRSFAJ	OAJRSEAJ	_____
106)	JAHWNMN	JAHVMNN	_____
107)	MNMNNMM	MNNNMMM	_____
108)	kjhdHJGG	kjhbHJgG	_____
109)	lkjdsURT	lkjDsuRT	_____
110)	ncHgsTG	ncHgStg	_____
111)	jbdEF>E=	jdbEE>E=	_____
112)	QoOqbpBD	QOOqdpbD	_____
113)	JA54zR7CD	JJA54zR7C	_____
114)	JY23BDQO	JYY23BDO	_____
115)	GA+32BBD>	GA+82BDD>	_____
116)	&%G?ARV	&%$%§RV	_____
117)	FIE§§!5 668	FIE§$!5 868	_____
118)	ÜüÖöOoUu	ÜüöÖoOUu	_____
119)	ÖöÜüQqOo	ÖöÜüObOo	_____
120)	bddbdbdb	bdbbdddb	_____

Codierte Wörter

Bearbeitungszeit 4 Minuten

Jeder Einrichtung und jeder Stadt ist ein zweistelliger Zahlencode zugeordnet.
Setzen Sie die Einrichtungs- und Städtecodes richtig zusammen.

Hierzu ein Beispiel

Code-Tabelle

Einrichtung	Code	Stadt	Code
Polizei	01	Offenbach	01
Gymnasium	02	Hamburg	02

Aufgabe

1) Wie lautet der Code für das Gymnasium in Offenbach?   _0201_

Hier nun die Code-Tabelle:

Einrichtung	Code	Stadt	Code
Theater	01	Hannover	01
Schwimmbad	02	Kassel	02
Stadthalle	03	Würzburg	03
Schule	04	Karlsruhe	04
Krankenhaus	05	Aachen	05
Universität	06	München	06
Patentamt	07	Osnabrück	07
Polizei	08	Rostock	08
Bundeswehr	09	Berlin	09
Feuerwehr	10	Potsdam	10

Bitte beginnen Sie nun mit den Aufgaben – Sie haben dafür **4 Minuten** Zeit.
Wie lautet der Code ...

121) ... für die Schule in Karlsruhe? _____

122) ... für das Theater in Hannover? _____

123) ... für das Schwimmbad in Kassel? _____

124) ... für die Polizei in Rostock?

125) ... für das Patentamt in Osnabrück?

126) ... für die Universität in München?

127) ... für das Krankenhaus in Aachen?

128) ... für die Stadthalle in Würzburg?

129) ... für die Bundeswehr in Berlin?

130) ... für die Feuerwehr in Potsdam?

131) ... für das Theater in Karlsruhe?

132) ... für das Krankenhaus in Würzburg?

133) ... für die Polizei in Berlin?

134) ... für das Schwimmbad in Rostock?

135) ... für die Stadthalle in Osnabrück?

136) ... für die Universität in Hannover?

137) ... für das Patentamt in Aachen?

138) ... für die Schule in München?

139) ... für die Bundeswehr in Potsdam?

140) ... für die Feuerwehr in Kassel?

141) ... für das Schwimmbad in Potsdam?

142) ... für die Universität in Berlin?

143) ... für die Polizei in Aachen?

144) ... für die Schule in Kassel?

145) ... für das Krankenhaus in Hannover?

146) ... für das Theater in Würzburg? _____

147) ... für die Stadthalle in München? _____

148) ... für das Patentamt in Würzburg? _____

149) ... für die Bundeswehr in Osnabrück? _____

150) ... für die Feuerwehr in Rostock? _____

151) ... für das Krankenhaus in Berlin? _____

152) ... für die Polizei in München? _____

153) ... für die Schule in Potsdam? _____

154) ... für das Schwimmbad in Hannover? _____

155) ... für das Theater in Berlin? _____

Einrichtung	Code	Stadt	Code
Theater	01	Hannover	01
Schwimmbad	02	Kassel	02
Stadthalle	03	Würzburg	03
Schule	04	Karlsruhe	04
Krankenhaus	05	Aachen	05
Universität	06	München	06
Patentamt	07	Osnabrück	07
Polizei	08	Rostock	08
Bundeswehr	09	Berlin	09
Feuerwehr	10	Potsdam	10

Wortgruppen merken

Einprägezeit 3 Minuten

Bitte merken Sie sich, welche Wörter zu welchen Wortgruppen gehören.

Zum Einprägen haben Sie **3 Minuten** Zeit. Hierbei dürfen Sie sich keine Notizen machen.

Wortgruppentabelle

Sportarten:				
Diskuswurf	Zehnkampf	Golf	Volleyball	Yoga
Vornamen:				
Lisa	Torsten	Ines	Julia	Christian
Hauptstädte:				
Berlin	Oslo	Rom	Athen	Paris
Obstarten:				
Zitrone	Quitte	Kirsche	Nektarine	Erdbeere
Insekten:				
Fliege	Wespe	Heuschrecke	Schmetterling	Marienkäfer

! *Hinweis*

Nachdem Sie sich die Tabelle eingeprägt haben, sollten Sie sich 5 Minuten mit etwas anderem beschäftigen, bevor Sie die dazugehörigen Fragen aus dem Gedächtnis beantworten.

Wortgruppen merken

Bearbeitungszeit 10 Minuten

Soeben lag Ihnen eine Tabelle mit Wörtern vor, die bestimmten Wortgruppen zugeordnet waren.

Bitte beginnen Sie nun mit der Bearbeitung: Markieren Sie jeweils den Lösungsbuchstaben des richtigen Antwortvorschlags.

156) In welche Begriffsgruppe gehört das Wort mit dem Anfangsbuchstaben „Q"?

A. Sportarten
B. Vornamen
C. Hauptstädte
D. Obstarten
E. Insekten

157) In welche Begriffsgruppe gehört das Wort mit dem Anfangsbuchstaben „H"?

A. Sportarten
B. Vornamen
C. Hauptstädte
D. Obstarten
E. Insekten

158) In welche Begriffsgruppe gehört das Wort mit dem Anfangsbuchstaben „I"?

A. Sportarten
B. Vornamen
C. Hauptstädte
D. Obstarten
E. Insekten

159) In welche Begriffsgruppe gehört das Wort mit dem Anfangsbuchstaben „J"?

A. Sportarten
B. Vornamen
C. Hauptstädte
D. Obstarten
E. Insekten

160) In welche Begriffsgruppe gehört das Wort mit dem Anfangsbuchstaben „M"?

A. Sportarten
B. Vornamen
C. Hauptstädte
D. Obstarten
E. Insekten

161) In welche Begriffsgruppe gehört das Wort mit dem Anfangsbuchstaben „L"?

A. Sportarten
B. Vornamen
C. Hauptstädte
D. Obstarten
E. Insekten

162) In welche Begriffsgruppe gehört das Wort mit dem Anfangsbuchstaben „E"?
A. Sportarten
B. Vornamen
C. Hauptstädte
D. Obstarten
E. Insekten

163) In welche Begriffsgruppe gehört das Wort mit dem Anfangsbuchstaben „P"?
A. Sportarten
B. Vornamen
C. Hauptstädte
D. Obstarten
E. Insekten

164) In welche Begriffsgruppe gehört das Wort mit dem Anfangsbuchstaben „G"?
A. Sportarten
B. Vornamen
C. Hauptstädte
D. Obstarten
E. Insekten

165) In welche Begriffsgruppe gehört das Wort mit dem Anfangsbuchstaben „T"?
A. Sportarten
B. Vornamen
C. Hauptstädte
D. Obstarten
E. Insekten

166) Die Sportart, die im Alphabet am weitesten hinten steht, beginnt mit …?
A. T.
B. W.
C. X.
D. Y.
E. Z.

167) Der Vorname, der im Alphabet am weitesten vorne steht, beginnt mit …?
A. A.
B. B.
C. C.
D. D.
E. F.

168) Die Hauptstadt, die im Alphabet am weitesten hinten steht, beginnt mit …?
A. O.
B. P.
C. Q.
D. R.
E. S.

169) Die Obstart, die im Alphabet am weitesten vorne steht, beginnt mit …?
A. K.
B. E.
C. F.
D. I.
E. L.

170) Die Obstart, die im Alphabet am weitesten hinten steht, beginnt mit …?
A. Y.
B. Z.
C. V.
D. U.
E. T.

171) Das Insekt, das im Alphabet am weitesten hinten steht, beginnt mit …?
A. Z.
B. Y.
C. S.
D. Q.
E. W.

172) Die Sportart, die im Alphabet am weitesten vorne steht, beginnt mit …?
A. A.
B. B.
C. D.
D. E.
E. F.

173) Das Insekt, das im Alphabet am weitesten vorne steht, beginnt mit …?
A. A.
B. F.
C. M.
D. O.
E. Q.

174) Der Vorname, der im Alphabet am weitesten hinten steht, beginnt mit …?
A. R.
B. S.
C. V.
D. T.
E. N.

175) Die Hauptstadt, die im Alphabet am weitesten vorne steht, beginnt mit …?
A. B.
B. P.
C. F.
D. E.
E. A.

176) In welche Begriffsgruppe gehört das Wort mit dem Anfangsbuchstaben „C"?
A. Sportarten
B. Vornamen
C. Hauptstädte
D. Obstarten
E. Insekten

177) In welche Begriffsgruppe gehört das Wort mit dem Anfangsbuchstaben „R"?
A. Sportarten
B. Vornamen
C. Hauptstädte
D. Obstarten
E. Insekten

178) In welche Begriffsgruppe gehört das Wort mit dem Anfangsbuchstaben „A"?
A. Sportarten
B. Vornamen
C. Hauptstädte
D. Obstarten
E. Insekten

179) In welche Begriffsgruppe gehört das Wort mit dem Anfangsbuchstaben „F"?
A. Sportarten
B. Vornamen
C. Hauptstädte
D. Obstarten
E. Insekten

180) In welche Begriffsgruppe gehört das Wort mit dem Anfangsbuchstaben „K"?
A. Sportarten
B. Vornamen
C. Hauptstädte
D. Obstarten
E. Insekten

181) In welche Begriffsgruppe gehört das Wort mit dem Anfangsbuchstaben „Y"?
A. Sportarten
B. Vornamen
C. Hauptstädte
D. Obstarten
E. Insekten

182) In welche Begriffsgruppe gehört das Wort mit dem Anfangsbuchstaben „N"?
A. Sportarten
B. Vornamen
C. Hauptstädte
D. Obstarten
E. Insekten

183) In welche Begriffsgruppe gehört das Wort mit dem Anfangsbuchstaben „D"?
A. Sportarten
B. Vornamen
C. Hauptstädte
D. Obstarten
E. Insekten

184) In welche Begriffsgruppe gehört das Wort mit dem Anfangsbuchstaben „O"?
A. Sportarten
B. Vornamen
C. Hauptstädte
D. Obstarten
E. Insekten

185) In welche Begriffsgruppe gehört das Wort mit dem Anfangsbuchstaben „S"?
A. Sportarten
B. Vornamen
C. Hauptstädte
D. Obstarten
E. Insekten

Figuren wiederfinden

Bearbeitungszeit 3 Minuten

Nun geht es darum, vorgegebene Figuren wiederzufinden.

Gesucht werden diese zwei Figuren:

Bitte finden Sie die vorgestellten Figuren und kreuzen Sie sie an.

186)  ☐ ☐ ☐ ☐ ☐ ☐ ☐ ☐ ☐ ☐

187)  ☐ ☐ ☐ ☐ ☐ ☐ ☐ ☐ ☐ ☐

188)  ☐ ☐ ☐ ☐ ☐ ☐ ☐ ☐ ☐ ☐

189)  ☐ ☐ ☐ ☐ ☐ ☐ ☐ ☐ ☐ ☐

190)  ☐ ☐ ☐ ☐ ☐ ☐ ☐ ☐ ☐ ☐

191)  ☐ ☐ ☐ ☐ ☐ ☐ ☐ ☐ ☐ ☐

Konzentration und Merkfähigkeit

192)
193)
194)
195)
196)
197)
198)
199)
200)

Geknickte Linien

Bearbeitungszeit 5 Minuten

Folgen Sie dem Pfeilverlauf und zählen Sie sämtliche Linksknicke. Die ermittelte Anzahl schreiben Sie ins Feld darunter.

Hierzu ein Beispiel

Aufgabe

1)

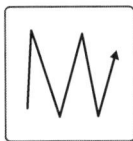

___

Antwort

1)

2

Bitte beginnen Sie nun mit der Bearbeitung: Zählen Sie alle Linksknicke. Sie haben dafür **5 Minuten** Zeit.

201)   202)   203)   204)   205)

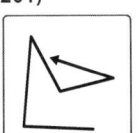 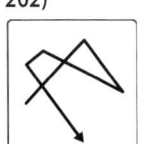 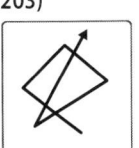 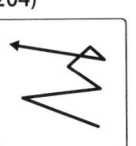 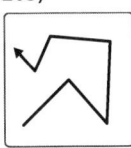

___   ___   ___   ___   ___

Konzentration und Merkfähigkeit

206)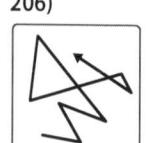
207)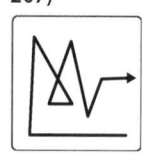
208)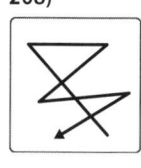
209)
210)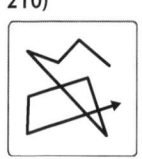

211)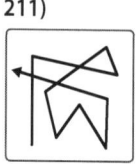
212)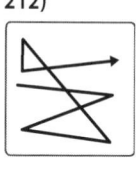
213)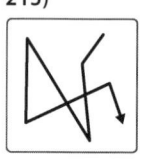
214)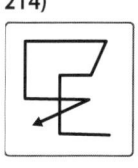
215)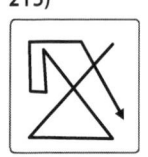

216)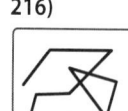
217)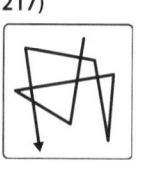
218)
219)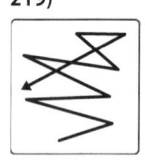
220)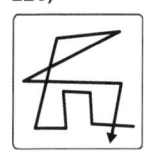

221)
222)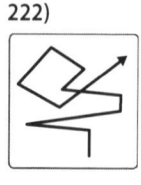
223)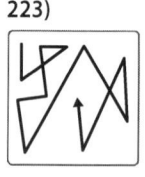
224)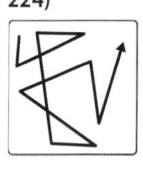
225)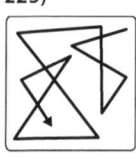

Verschlüsselte Zeichen

Bearbeitungszeit 15 Minuten

Zu jedem folgenden Aufgabenblock erhalten Sie eine Code-Tabelle, die mehreren Ausgangszeichen bestimmte Codezeichen zuweist.

Um eine Aufgabe zu lösen, müssen Sie zuerst die vorgegebenen Ausgangszeichen mithilfe der Code-Tabelle in Codezeichen umwandeln.

Anschließend überprüfen Sie die Aufgabenreihe – Stelle für Stelle, von links nach rechts: Immer dann, wenn Sie einem soeben erhaltenen Codezeichen begegnen, notieren Sie bitte das Nachbarzeichen links davon. So erhalten Sie schließlich eine weitere Zeichenfolge als Lösungsreihe.

Hierzu ein Beispiel

Code-Tabelle

Ausgangszeichen:	g	h	i	j
Codezeichen:	a	b	c	d

Aufgabe

1) Wie lautet die Lösungsreihe?

   ¬ Aufgabenreihe: **a 2 c d a 5**

   ¬ Gegebene Ausgangszeichen: **i, jg**

Antwort

   2 c

Die Ausgangszeichen „i" und „jg" werden mithilfe der Code-Tabelle in die Codezeichen „c" und „da" entschlüsselt. In der Aufgabenreihe steht vor dem Codezeichen „c" eine „2" und vor „da" ein „c". Die Lösungsreihe lautet somit „2 c".

Bitte beginnen Sie nun mit der Bearbeitung: Tragen Sie jeweils die Lösungsreihe ein. Sie haben dafür **15 Minuten** Zeit.

Code-Tabelle A

Ausgangszeichen:	o	p	q	r	s
Codezeichen:	a	b	c	d	e

226) Wie lautet die Lösungsreihe?
- Aufgabenreihe: a c f p e r l
- Gegebene Ausgangszeichen: q, s

_____

227) Wie lautet die Lösungsreihe?
- Aufgabenreihe: a d c d f d
- Gegebene Ausgangszeichen: r

_____

228) Wie lautet die Lösungsreihe?
- Aufgabenreihe: e b c o b e o
- Gegebene Ausgangszeichen: p

_____

229) Wie lautet die Lösungsreihe?
- Aufgabenreihe: x o a p b r s
- Gegebene Ausgangszeichen: o, p

_____

230) Wie lautet die Lösungsreihe?
- Aufgabenreihe: o p n q r e s u e
- Gegebene Ausgangszeichen: p, s

_____

Code-Tabelle B

Ausgangszeichen:	p	q	f	x	v	r	m	y	h	u	j	k	t
Codezeichen:	a	b	c	d	e	f	g	h	i	j	k	l	m

231) Wie lautet die Lösungsreihe?

¬ Aufgabenreihe: e r j g a o d j v h s d r o k e j

¬ Gegebene Ausgangszeichen: p, jv

232) Wie lautet die Lösungsreihe?

¬ Aufgabenreihe: m j a d h g f s u z t o s d n j

¬ Gegebene Ausgangszeichen: q, v, u

233) Wie lautet die Lösungsreihe?

¬ Aufgabenreihe: w a f f s g a f k v h d a k i s h r z p h

¬ Gegebene Ausgangszeichen: pr, j

234) Wie lautet die Lösungsreihe?

¬ Aufgabenreihe: a o p c i j k d e g r s t h f g n b l m

¬ Gegebene Ausgangszeichen: x, m, k, t

235) Wie lautet die Lösungsreihe?

¬ Aufgabenreihe: f h l b w a q m y d x e r c k h g i k a

¬ Gegebene Ausgangszeichen: p, y, t

Code-Tabelle C

Ausgangszeichen:	1	m	a	l	n	6	0	8	9	t	o	ö	7	p	d
Codezeichen:	g	e	l	w	1	ö	m	5	i	j	a	0	9	r	q

236) Wie lautet die Lösungsreihe?

¬ Aufgabenreihe: t 1 4 9 0 c 9 n s h b q q m a c b m y x k x ö 4 5 m k x p 3 n x b n

¬ Gegebene Ausgangszeichen: n, 6, t, d

237) Wie lautet die Lösungsreihe?

¬ Aufgabenreihe: 5 j a 0 9 r g w e o 1 ö m q g e o 1 ö m i l j a ö m 5 i l 0 w q 1

¬ Gegebene Ausgangszeichen: 1, m, a, 60

238) Wie lautet die Lösungsreihe?

¬ Aufgabenreihe: j 5 f 5 3 7 l 1 l 7 1 5 3 j r l 1 j q q

¬ Gegebene Ausgangszeichen: a, n, 8, p

239) Wie lautet die Lösungsreihe?

¬ Aufgabenreihe: w e 5 y 2 u 1 i a 3 b n e 5 c d n b v 1 i 8 a e q k e 5 d 0 1

¬ Gegebene Ausgangszeichen: n9, ö, m8, o, d

240) Wie lautet die Lösungsreihe?

¬ Aufgabenreihe: e k c v p l a ö 4 v j 9 y m h i s l q n ü 1 f m ü m w i g e ü

¬ Gegebene Ausgangszeichen: 9, d, 7, 0

Zeitungsbericht wiedergeben

Einprägezeit 5 Minuten

Ihnen liegt ein Zeitungsausschnitt mit einer (fiktiven) Nachrichtenmeldung vor.

Bitte lesen Sie sich die Meldung aufmerksam durch. Geben Sie den geschilderten Sachverhalt anschließend möglichst genau in einem eigenen Bericht wieder.

Zum Einprägen haben Sie **5 Minuten** Zeit. Hierbei dürfen Sie sich keine Notizen machen.

Feuerwehr im Dauereinsatz – turbulente Nacht in Freiburg

Nicht zu beneiden waren die Angehörigen der Berufsfeuerwehr Freiburg am Samstagabend: Gleich zwei Großeinsätze hielten Mensch und Material auf Trab. Gegen 2:15 Uhr alarmierten Anwohner nach einer Explosion im Gewerbegebiet West die Leitstelle, die sofort vier Löschzüge der Hauptfeuerwache zum Einsatzort beorderte. Bei ihrer Ankunft stand ein Lagerhaus bereits im Vollbrand, zwei andere Gebäude waren akut bedroht. Unter dem Einsatz von Atemschutzgeräten und vier großen C-Rohren gelang es schließlich, das Feuer unter Kontrolle zu bringen.

Neben den Löschzügen der Hauptfeuerwache beteiligten sich die Freiwilligen Feuerwehren verschiedener Stadtteile an dem Einsatz, insgesamt waren 14 Fahrzeuge und rund 70 Mann vor Ort. Nach Polizeiangaben beläuft sich der Gesamtschaden auf rund 100.000 Euro. Über die Explosionsursache herrscht Ungewissheit, die Kriminalpolizei ermittelt.

Gegen 3:35 Uhr dann der nächste Alarm: Noch während des Brandes im Gewerbegebiet wurde ein schwerer Verkehrsunfall mit Lkw-Beteiligung auf der Autobahn A 5 gemeldet. Sofort eilten die restlichen verfügbaren Freiburger Einsatzkräfte und ihre Kollegen aus Emmendingen mit sechs Fahrzeugen zum Unfallort, wo sie einen auf der Fahrerseite liegenden Sattelzug vorfanden. Nur mithilfe von hydraulischem Rettungsgerät gelang es, den Fahrer aus dem Fahrzeugwrack zu befreien. Aus dem beschädigten Tank des Lkw liefen mehrere hundert Liter Dieselkraftstoff, der durch Ölbinder

> zum größten Teil unschädlich gemacht werden konnte. Die Autobahn war noch bis in die frühen Morgenstunden für Aufräumarbeiten in beide Richtungen gesperrt.

Dieser Text ist frei erfunden.

! **Hinweis**

Bei dieser Aufgabe ist keine Unterbrechung notwendig, bitte beginnen Sie direkt mit der Bearbeitung!

Decken Sie dafür diese Seite ab.

Tipps zur Bearbeitung

- Versuchen Sie besser nicht, den vorliegenden Text komplett auswendig zu lernen: Gehen Sie vom Wichtigen zum Unwichtigen und prägen Sie sich erst dann weitere Details ein, wenn Ihnen das Handlungsgerüst klar ist (wer hat wann was warum und wie gemacht?).
- Konzentrieren Sie sich besonders auf Schlüsselbegriffe sowie Orts- und Zeitangaben.
- Achten Sie beim Schreiben Ihres Berichts auf einen strukturierten Aufbau, eine korrekte Rechtschreibung und einen präzisen, flüssigen Schreibstil.

Zeitungsbericht wiedergeben   *Bearbeitungszeit 10 Minuten*

241) Bitte geben Sie nun in eigenen Worten wieder, was geschehen ist.

Konzentration und Merkfähigkeit

Stadtplan: Route einprägen

Einprägezeit 1 Minute

Im vorliegenden Stadtplan ist eine Route eingezeichnet.
Die Route beginnt an der Grundschule und endet am Hauptbahnhof.
Bitte prägen Sie sich den Wegverlauf (gestrichelte Linie) gut ein.

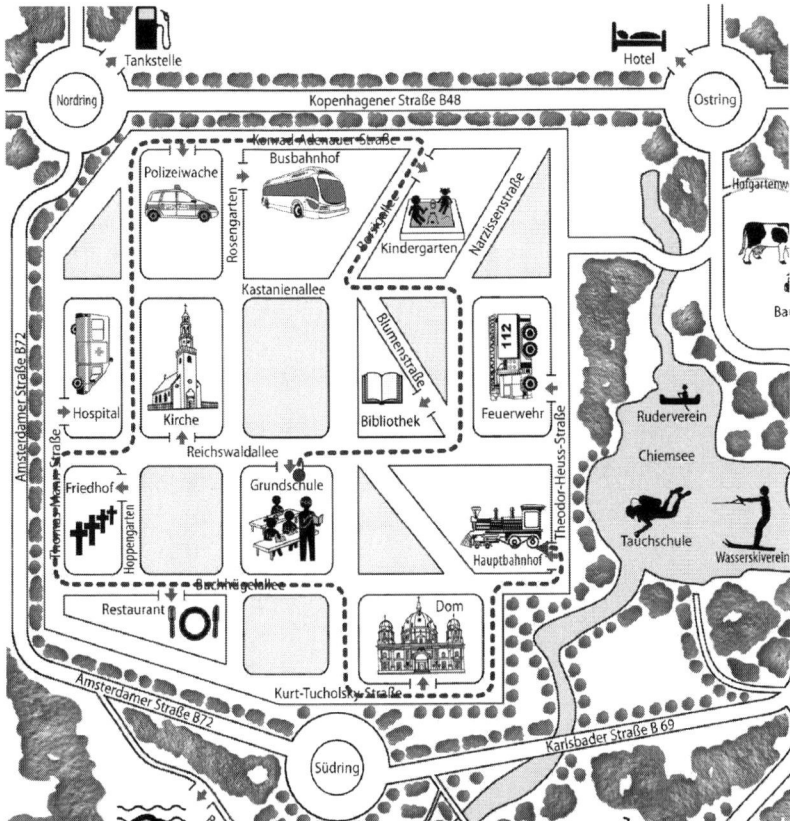

! *Hinweis*

Bei dieser Aufgabe ist keine Unterbrechung notwendig, bitte beginnen Sie direkt mit der Bearbeitung!

Stadtplan: Route einprägen   *Bearbeitungszeit 1 Minute*

Bitte zeichnen Sie den Wegverlauf nun im unten abgebildeten Stadtplan nach.

242)

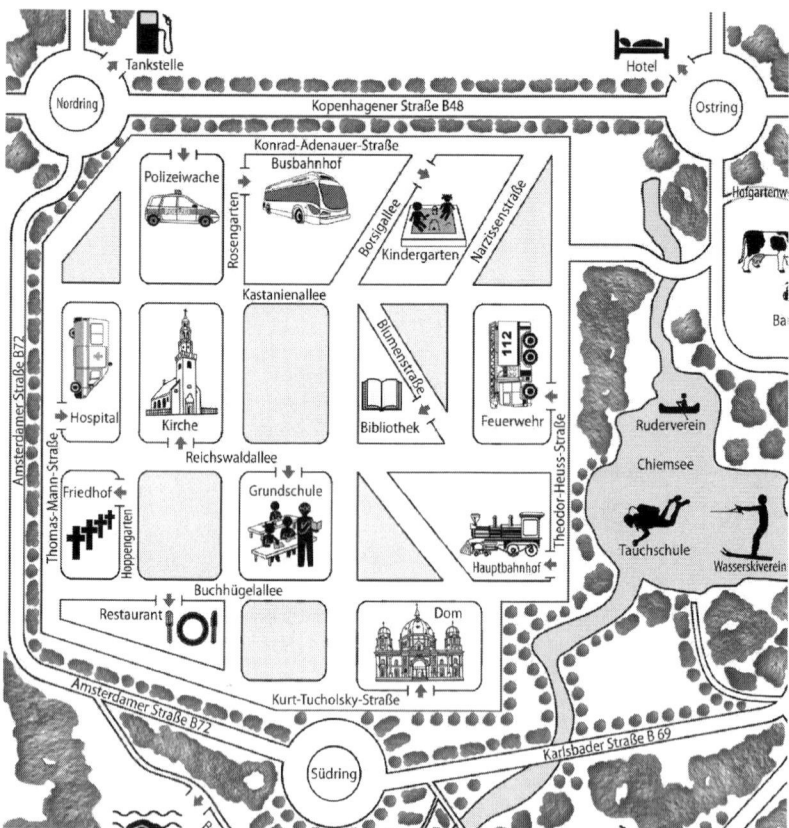

Lösungen: Konzentration und Merkfähigkeit

1)	31) C	61) 5
2)	32) B	62) 3
3)	33) D	63) 4
4)	34) D	64) 1
5)	35) C	65) 5
6)	36) E	66) 5
7)	37) A	67) 2
8)	38) C	68) 4
9)	39) E	69) 3
10) siehe	40) B	70) 4
11) Erklärung	41) 2	71) 5
12)	42) 4	72) 3
13)	43) 3	73) 1
14)	44) 3	74) 1
15)	45) 4	75) 3
16)	46) 3	76) 3
17)	47) 3	77) 3
18)	48) 3	78) 3
19)	49) 1	79) 1
20)	50) 3	80) 2
21) D	51) 3	81) 2
22) B	52) 4	82) 3
23) C	53) 3	83) 2
24) B	54) 5	84) 2
25) A	55) 4	85) 2
26) D	56) 5	86) 1
27) B	57) 5	87) 2
28) C	58) 2	88) 1
29) A	59) 1	89) 2
30) D	60) 1	90) 3

91) 1	123) 0202	155) 0109
92) 1	124) 0808	156) D
93) 2	125) 0707	157) E
94) 1	126) 0606	158) B
95) 3	127) 0505	159) B
96) 5	128) 0303	160) E
97) 3	129) 0909	161) B
98) 4	130) 1010	162) D
99) 3	131) 0104	163) C
100) 1	132) 0503	164) A
101) 1	133) 0809	165) B
102) 2	134) 0208	166) E
103) 1	135) 0307	167) C
104) 1	136) 0601	168) D
105) 2	137) 0705	169) B
106) 3	138) 0406	170) B
107) 2	139) 0910	171) E
108) 2	140) 1002	172) C
109) 2	141) 0210	173) B
110) 3	142) 0609	174) D
111) 3	143) 0805	175) E
112) 3	144) 0402	176) B
113) 8	145) 0501	177) C
114) 5	146) 0103	178) C
115) 2	147) 0306	179) E
116) 3	148) 0703	180) D
117) 2	149) 0907	181) A
118) 4	150) 1008	182) D
119) 2	151) 0509	183) A
120) 2	152) 0806	184) C
121) 0404	153) 0410	185) E
122) 0101	154) 0201	186) siehe Erklärung

Lösungen: Konzentration und Merkfähigkeit

187)	206) 4	225) 5
188)	207) 1	226) a p
189)	208) 1	227) a c f
190)	209) 2	228) e o
191)	210) 6	229) o p
192)	211) 6	230) r u
193) siehe	212) 4	231) g o
194) Erklärung	213) 3	232) m n
195)	214) 4	233) w g f a
196)	215) 3	234) k e f b l
197)	216) 5	235) f w q k k
198)	217) 2	236) t b q x
199)	218) 3	237) r w 1 q g 1 i a i
200)	219) 3	238) j f 7 l 1 7 1 j r l
201) 2	220) 3	239) w u i n v 8 e k d
202) 2	221) 5	240) j y h l f ü w
203) 0	222) 7	241) siehe Erklärung
204) 1	223) 7	242) siehe Erklärung
205) 3	224) 6	

Zahlensuche nach Rechenregel (Aufgaben 1–20)

Block A

Zu 1)	4	12	*2*	9	6	*3*	15	*11*	21	22
Zu 2)	24	8	*7*	10	25	*13*	*5*	26	27	44
Zu 3)	32	*23*	33	36	35	*19*	38	*17*	50	45
Zu 4)	49	55	*29*	48	51	39	46	*37*	40	52
Zu 5)	56	*41*	54	*43*	57	68	*47*	58	62	69
Zu 6)	70	64	*59*	80	65	76	63	*67*	78	81
Zu 7)	*71*	75	82	85	*73*	88	77	86	*79*	91
Zu 8)	*83*	74	84	*89*	90	92	*97*	93	87	94
Zu 9)	95	96	99	98	*61*	18	14	18	20	15
Zu 10)	28	30	*53*	34	16	42	*31*	48	50	54

Die Primzahlen bis 100 lauten: 2, 3, 5, 7, 11, 13, 17, 19, 23, 29, 31, 37, 41, 43, 47, 53, 59, 61, 67, 71, 73, 79, 83, 89, 97

Block B

Zu 11)	1	36	*28*	9	11	38	15	*7*	50	53
Zu 12)	33	*25*	7	19	23	*15*	5	41	*33*	44
Zu 13)	32	25	*17*	12	35	10	3	17	*9*	2
Zu 14)	55	49	39	48	51	*43*	46	*38*	26	*18*
Zu 15)	56	39	*31*	43	*35*	68	47	*39*	62	*54*
Zu 16)	70	64	*56*	88	65	76	*68*	67	74	*66*
Zu 17)	71	*63*	61	*53*	53	*45*	77	86	*78*	91
Zu 18)	83	*75*	68	89	*81*	92	*84*	93	*85*	94
Zu 19)	95	*87*	5	*–3*	82	18	14	*6*	*–2*	–9
Zu 20)	28	22	*14*	34	*26*	42	*34*	26	50	*42*

Lösungen: Konzentration und Merkfähigkeit

Dispositionsliste merken (Aufgaben 21–40)

Zu 21)	D. Rato	Zu 31)	C. Pullover
Zu 22)	B. Mamba	Zu 32)	B. Rasiergerät
Zu 23)	C. Mila	Zu 33)	D. Tisch
Zu 24)	B. Gila	Zu 34)	D. Bügeleisen
Zu 25)	A. Sila	Zu 35)	C. Käse
Zu 26)	D. Ramba	Zu 36)	E. Hose
Zu 27)	B. Käse	Zu 37)	A. Mitte Februar
Zu 28)	C. Hemd	Zu 38)	C. Ende Mai
Zu 29)	A. Brot	Zu 39)	E. Ende Februar
Zu 30)	D. Tisch	Zu 40)	B. Anfang Februar

n/m-Test (Aufgaben 41–80)

Zu 41)	m m m n m m m n m m m m m m m m m m m m	2
Zu 42)	m m n n m m n n m m m m m m m m m m m m	4
Zu 43)	m m m m m m m m n m m n m m n m m m m m	3
Zu 44)	m m m m m m m m m m m n n n m m m m m m	3
Zu 45)	m m m m m m m m m m m m m m n n m n m n	4
Zu 46)	m m m m m m m m m n m m m m n m n m m m	3
Zu 47)	m m m m m m m m n m n m n m m m m m m m	3
Zu 48)	m m m m m m m n m m n m m m n m m m m m	3
Zu 49)	m n m m m m m m m m m m m m m m m m m m	1
Zu 50)	m n m n m n m m m m m m m m m m m m m m	3
Zu 51)	m m m m m n m n m n m m m m m m m m m m	3
Zu 52)	m m m m m m m m m n m m n n m m m m m m	4
Zu 53)	m m m m m m m m m m m m m n n m n m m	3

Konzentration und Merkfähigkeit

Zu 54)	n	m	n	n	n	n	m	m	m	m	m	m	m	m	m	m	m	m	m	m	5
Zu 55)	m	n	n	m	m	n	n	m	m	m	m	m	m	m	m	m	m	m	m	m	4
Zu 56)	m	m	m	n	n	m	n	n	n	m	m	m	m	m	m	m	m	m	m	m	5
Zu 57)	n	n	n	m	n	m	n	m	m	m	m	m	m	m	m	m	m	m	m	m	5
Zu 58)	m	n	m	m	n	m	m	m	m	m	m	m	m	m	m	m	m	m	m	m	2
Zu 59)	m	m	n	m	m	m	m	m	m	m	m	m	m	m	m	m	m	m	m	m	1
Zu 60)	m	m	n	m	m	m	m	m	m	m	m	m	m	m	m	m	m	m	m	m	1
Zu 61)	m	m	n	m	m	n	m	m	n	m	m	n	m	m	m	n	m	m	m	m	5
Zu 62)	m	m	m	m	m	m	n	m	m	n	m	m	m	n	m	m	m	m	m	m	3
Zu 63)	m	m	m	n	m	m	m	m	n	m	m	m	n	m	m	n	m	m	m	m	4
Zu 64)	m	m	m	m	m	m	n	m	m	m	m	m	m	m	m	m	m	m	m	m	1
Zu 65)	m	m	n	m	m	n	m	m	n	m	m	m	n	m	m	m	m	n	m	m	5
Zu 66)	m	m	m	m	m	m	m	m	m	m	n	m	n	m	n	n	m	n	m	m	5
Zu 67)	m	m	m	n	m	n	m	m	m	m	m	m	m	m	m	m	m	m	m	m	2
Zu 68)	m	m	m	m	m	n	m	n	m	n	n	m	m	m	m	m	m	m	m	m	4
Zu 69)	m	m	n	n	m	n	m	m	m	m	m	m	m	m	m	m	m	m	m	m	3
Zu 70)	m	m	m	m	n	m	m	n	m	m	n	m	n	m	m	m	m	m	m	m	4
Zu 71)	m	m	m	m	m	m	m	m	m	m	m	m	m	n	m	n	m	n	n	n	5
Zu 72)	m	m	m	m	m	m	m	m	m	m	m	n	m	m	n	m	m	n	m	m	3
Zu 73)	m	m	m	m	m	m	m	m	m	n	m	m	m	m	m	m	m	m	m	m	1
Zu 74)	m	m	m	m	m	m	m	m	m	n	m	m	m	m	m	m	m	m	m	m	1
Zu 75)	m	m	m	m	m	m	m	m	m	m	m	m	n	n	m	m	n	m	m	m	3
Zu 76)	m	m	m	n	m	m	m	m	n	m	m	m	m	m	m	n	m	m	m	m	3
Zu 77)	m	m	n	m	n	m	n	m	m	m	m	m	m	m	m	m	m	m	m	m	3
Zu 78)	m	m	m	m	m	m	n	m	n	m	n	m	m	m	m	m	m	m	m	m	3
Zu 79)	m	m	m	m	m	m	m	m	n	m	m	m	m	m	m	m	m	m	m	m	1
Zu 80)	m	m	m	m	m	m	m	n	m	n	m	m	m	m	m	m	m	m	m	m	2

Lösungen: Konzentration und Merkfähigkeit

Original und Abschrift (Aufgaben 81–120)

Zu 81)	2158318	2156316	2
Zu 82)	6458482	6258284	3
Zu 83)	1859782	1869762	2
Zu 84)	3587197	3287187	2
Zu 85)	5784986	5789486	2
Zu 86)	2258791	2258797	1
Zu 87)	5478615	5478916	2
Zu 88)	7945874	7943874	1
Zu 89)	6487459	6481456	2
Zu 90)	3124587	8124531	3
Zu 91)	5487951	5487851	1
Zu 92)	6547894	6541894	1
Zu 93)	3249782	3248788	2
Zu 94)	3597874	3597824	1
Zu 95)	3549872	3649612	3
Zu 96)	0054862	0005486	5
Zu 97)	0010124	0010012	3
Zu 98)	1115482	1154822	4
Zu 99)	2211223	2221113	3
Zu 100)	3344556	3344456	1
Zu 101)	HGRFLED	HGRFLEB	1
Zu 102)	RAGSEFA	RAGBEEA	2
Zu 103)	JAHWERS	JAHVERS	1

Zu 104)	HATWRSD	HATW**B**SD	1
Zu 105)	ÖAJRSFAJ	**O**AJRS**E**AJ	2
Zu 106)	JAHWNMN	JAH**VMN**N	3
Zu 107)	MNMNNMM	MN**NNM**MM	2
Zu 108)	kjhdHJGG	kjh**b**HJ**g**G	2
Zu 109)	lkjdsURT	lkj**D**s**u**RT	2
Zu 110)	ncHgsTG	ncHg**Stg**	3
Zu 111)	jbdEF>E=	j**db**E**E**>E=	3
Zu 112)	QoOqbpBD	Q**O**Oq**dpb**D	3
Zu 113)	JA54zR7CD	**JJA54zR7C**	8
Zu 114)	JY23BDQO	JY**Y23BD**O	5
Zu 115)	GA+32BBD>	GA+**8**2B**DD**>	2
Zu 116)	&%G?ARV	&%**$%§**RV	3
Zu 117)	FIE§§!5 668	FIE§**$**!5 **8**68	2
Zu 118)	ÜüÖöOoUu	Üü**ÖoO**Uu	4
Zu 119)	ÖöÜüQqOo	ÖöÜü**Ob**Oo	2
Zu 120)	bddbdbdb	bd**b**bd**d**db	2

Codierte Wörter (Aufgaben 121–155)

Zu 121)	Wie lautet der Code für die Schule in Karlsruhe?	0404
Zu 122)	Wie lautet der Code für das Theater in Hannover?	0101
Zu 123)	Wie lautet der Code für das Schwimmbad in Kassel?	0202
Zu 124)	Wie lautet der Code für die Polizei in Rostock?	0808
Zu 125)	Wie lautet der Code für das Patentamt in Osnabrück?	0707
Zu 126)	Wie lautet der Code für die Universität in München?	0606

Zu 127) Wie lautet der Code für das Krankenhaus in Aachen? 0505

Zu 128) Wie lautet der Code für die Stadthalle in Würzburg? 0303

Zu 129) Wie lautet der Code für die Bundeswehr in Berlin? 0909

Zu 130) Wie lautet der Code für die Feuerwehr in Potsdam? 1010

Zu 131) Wie lautet der Code für das Theater in Karlsruhe? 0104

Zu 132) Wie lautet der Code für das Krankenhaus in Würzburg? 0503

Zu 133) Wie lautet der Code für die Polizei in Berlin? 0809

Zu 134) Wie lautet der Code für das Schwimmbad in Rostock? 0208

Zu 135) Wie lautet der Code für die Stadthalle in Osnabrück? 0307

Zu 136) Wie lautet der Code für die Universität in Hannover? 0601

Zu 137) Wie lautet der Code für das Patentamt in Aachen? 0705

Zu 138) Wie lautet der Code für die Schule in München? 0406

Zu 139) Wie lautet der Code für die Bundeswehr in Potsdam? 0910

Zu 140) Wie lautet der Code für die Feuerwehr in Kassel? 1002

Zu 141) Wie lautet der Code für das Schwimmbad in Potsdam? 0210

Zu 142) Wie lautet der Code für die Universität in Berlin? 0609

Zu 143) Wie lautet der Code für die Polizei in Aachen? 0805

Zu 144) Wie lautet der Code für die Schule in Kassel? 0402

Zu 145) Wie lautet der Code für das Krankenhaus in Hannover? 0501

Zu 146) Wie lautet der Code für das Theater in Würzburg? 0103

Zu 147) Wie lautet der Code für die Stadthalle in München? 0306

Zu 148) Wie lautet der Code für das Patentamt in Würzburg? 0703

Zu 149) Wie lautet der Code für die Bundeswehr in Osnabrück? 0907

Zu 150) Wie lautet der Code für die Feuerwehr in Rostock? 1008

Zu 151) Wie lautet der Code für das Krankenhaus in Berlin?   0509

Zu 152) Wie lautet der Code für die Polizei in München?   0806

Zu 153) Wie lautet der Code für die Schule in Potsdam?   0410

Zu 154) Wie lautet der Code für das Schwimmbad in Hannover?   0201

Zu 155) Wie lautet der Code für das Theater in Berlin?   0109

Wortgruppen merken (Aufgaben 156–185)

Zu 156) **D.** Obstarten

Das gesuchte Wort lautet Quitte und zählt zur Gruppe „Obstarten".

Zu 157) **E.** Insekten

Das gesuchte Wort lautet Heuschrecke und zählt zur Gruppe „Insekten".

Zu 158) **B.** Vornamen

Das gesuchte Wort lautet Ines und zählt zur Gruppe „Vorname".

Zu 159) **B.** Vornamen

Das gesuchte Wort lautet Julia und zählt zur Gruppe „Vorname".

Zu 160) **E.** Insekten

Das gesuchte Wort lautet Marienkäfer und zählt zur Gruppe „Insekten".

Zu 161) **B.** Vornamen

Das gesuchte Wort lautet Lisa und zählt zur Gruppe „Vornamen".

Zu 162) **D.** Obstarten

Das gesuchte Wort lautet Erdbeere und zählt zur Gruppe „Obstarten".

Zu 163) **C.** Hauptstädte

Das gesuchte Wort lautet Paris und zählt zur Gruppe „Hauptstädte".

Zu 164) **A.** Sportarten

Das gesuchte Wort lautet Golf und zählt zur Gruppe „Sportarten".

Zu 165) **B.** Vornamen

Das gesuchte Wort lautet Torsten und zählt zur Gruppe „Vornamen".

Zu 166) **E.** Z.

Die Sportart, die im Alphabet am weitesten hinten steht, lautet Zehnkampf.

Zu 167) **C.** C.

Der Vorname, der im Alphabet am weitesten vorne steht, lautet Christian.

Zu 168) **D.** R.

Die Hauptstadt, die im Alphabet am weitesten hinten steht, lautet Rom.

Zu 169) B. E.

Die Obstart, die im Alphabet am weitesten vorne steht, lautet Erdbeere.

Zu 170) B. Z.

Die Obstart, die im Alphabet am weitesten hinten steht, lautet Zitrone.

Zu 171) E. W.

Das Insekt, das im Alphabet am weitesten hinten steht, lautet Wespe.

Zu 172) C. D.

Die Sportart, die im Alphabet am weitesten vorne steht, lautet Diskuswurf.

Zu 173) B. F.

Das Insekt, das im Alphabet am weitesten vorne steht, lautet Fliege.

Zu 174) D. T.

Der Vorname, der im Alphabet am weitesten hinten steht, lautet Torsten.

Zu 175) E. A.

Die Hauptstadt, die im Alphabet am weitesten hinten vorne, lautet Athen.

Zu 176) B. Vornamen

Das gesuchte Wort lautet Christian und zählt zur Gruppe „Vornamen".

Zu 177) C. Hauptstädte

Das gesuchte Wort lautet Rom und zählt zur Gruppe „Hauptstädte".

Zu 178) C. Hauptstädte

Das gesuchte Wort lautet Athen und zählt zur Gruppe „Hauptstädte".

Zu 179) E. Insekten

Das gesuchte Wort lautet Fliege und zählt zur Gruppe „Insekten".

Zu 180) D. Obstarten

Das gesuchte Wort lautet Kirsche und zählt zur Gruppe „Obstarten".

Zu 181) A. Sportarten

Das gesuchte Wort lautet Yoga und zählt zur Gruppe „Sportarten".

Zu 182) D. Obstarten

Das gesuchte Wort lautet Nektarine und zählt zur Gruppe „Obstarten".

Zu 183) A. Sportarten

Das gesuchte Wort lautet Diskuswurf und zählt zur Gruppe „Sportarten".

Zu 184) C. Hauptstädte

Das gesuchte Wort lautet Oslo und zählt zur Gruppe „Hauptstädte".

Zu 185) E. Insekten

Das gesuchte Wort lautet Schmetterling und zählt zur Gruppe „Insekten".

Konzentration und Merkfähigkeit

Figuren wiederfinden (Aufgaben 186–200)

Zu 186)
Zu 187)
Zu 188)
Zu 189)
Zu 190)
Zu 191)
Zu 192)
Zu 193)

Zu 194)
Zu 195)
Zu 196)
Zu 197)
Zu 198)
Zu 199)
Zu 200)

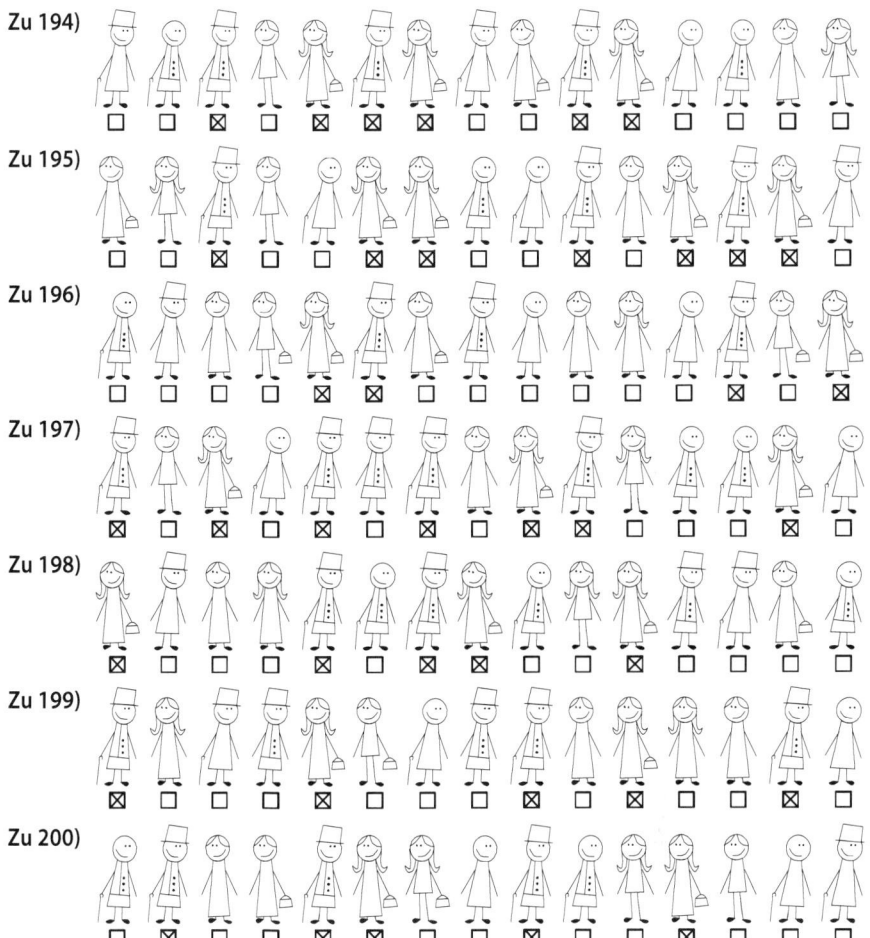

Konzentration und Merkfähigkeit

Geknickte Linien (Aufgaben 201–225)

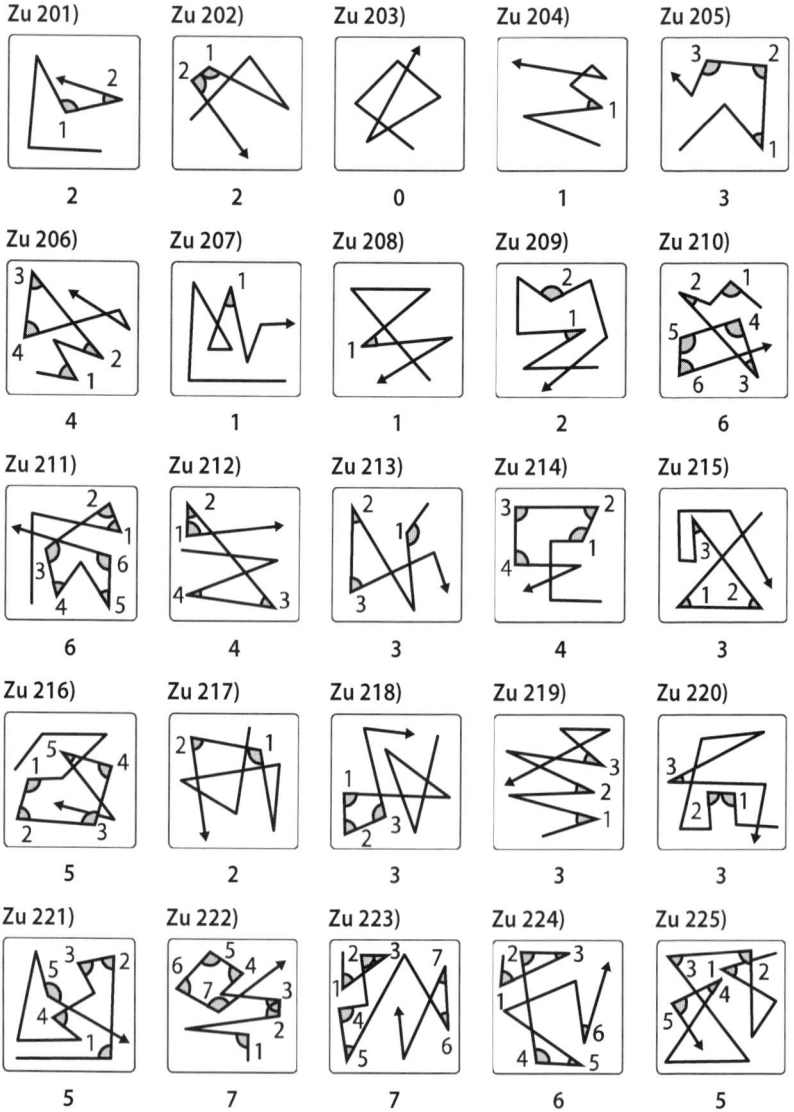

Verschlüsselte Zeichen (Aufgaben 226–240)

Zu 226) a p

Zu 227) a c f

Zu 228) e o

Zu 229) o p

Zu 230) r u

Zu 231) g o

Zu 232) m n

Zu 233) w g f a

Zu 234) k e f b l

Zu 235) f w q k k

Zu 236) t b q x

Zu 237) r w 1 q g 1 i a i

Zu 238) j f 7 l 1 7 1 j r l

Zu 239) w u i n v 8 e k d

Zu 240) j y h l f ü w

Zeitungsbericht wiedergeben (Aufgabe 241)

Zu 241)

Hier geht es darum, das berichtete Geschehen verständlich, sachlich und zutreffend wiederzugeben. Formulieren Sie klar und präzise, achten Sie auf Rechtschreibung und Grammatik. Sie müssen sich nicht jede kleinste Einzelheit merken und sie akribisch genau wiedergeben. Konzentrieren Sie sich auf das Wesentliche, auf das Handlungsgerüst. Orientierung bieten die zentralen „w"-Fragen: Wer war beteiligt, was hat er wann, wo und wie gemacht?

Beachten Sie kausale Zusammenhänge und zeitliche Reihenfolgen. Und behalten Sie die Bearbeitungszeit im Auge: 10 Minuten sind nicht gerade viel – proben Sie gegebenenfalls mehrmals, in der Kürze der Zeit einen guten Bericht zu Papier zu bringen.

Stadtplan: Route einprägen (Aufgabe 242)

Zu 242)

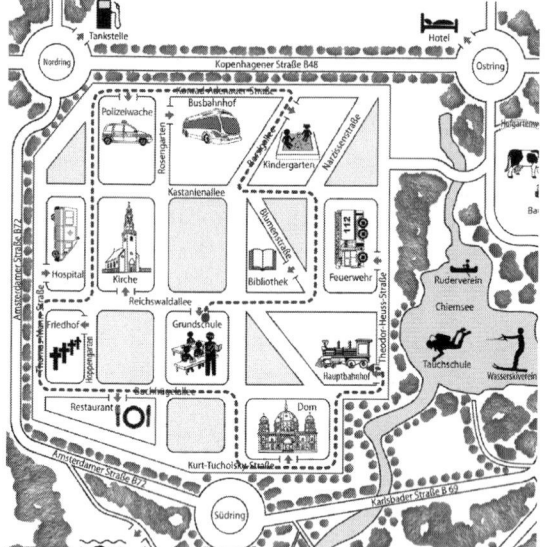

Anhang

Tabelle: Maße und Einheiten

Einheit	Einheitenzeichen	Umrechnung
Länge		
Kilometer	km	1 km = 1.000 m
Meter	m	1 m = 10 dm = 100 cm
Dezimeter	dm	1 dm = 10 cm = 100 mm
Zentimeter	cm	1 cm = 10 mm
Millimeter	mm	1 mm = 1.000 µm
Mikrometer	µm	
Fläche		
Quadratkilometer	km²	1 km² = 100 ha
Hektar	ha	1 ha = 100 a
Ar	a	1 a = 100 m²
Quadratmeter	m²	1 m² = 100 dm²
Quadratdezimeter	dm²	1 dm² = 100 cm²
Quadratzentimeter	cm²	1 cm² = 100 mm²
Quadratmillimeter	mm²	
Volumen		
Kubikkilometer	km³	1 km³ = 1.000.000.000 m³
Kubikmeter	m³	1 m³ = 1.000 dm³
Kubikdezimeter	dm³	1 dm³ = 1.000 cm³
Kubikzentimeter	cm³	1 cm³ = 1.000 mm³
Kubikmillimeter	mm³	

Hektoliter	hl	1 hl = 100 l
Liter	l	1 l = 10 dl
Deziliter	dl	1 dl = 10 cl
Zentiliter	cl	1 cl = 10 ml
Milliliter	ml	1 ml = 1.000 µl
Mikroliter	µl	
Masse		
Tonne	t	1 t = 20 ztr = 1.000 kg
Zentner	ztr	1 ztr = 50 kg
Kilogramm	kg	1 kg = 1.000 g
Pfund	pf	1 pf = 500 g
Gramm	g	1 g = 1.000 mg
Milligramm	mg	1 mg = 1.000 µg
Mikrogramm	µg	
Zeit		
Jahr	a	1 a = 365 d
Woche	w	1 w = 7 d
Tag	d	1 d = 24 h
Stunde	h	1 h = 60 min
Minute	min	1 min = 60 s
Sekunde	s	1 s = 1.000 ms
Millisekunden	ms	
Geschwindigkeit		
Kilometer pro Stunde	km/h	1 km/h = 0,2778 m/s
Meter pro Sekunde	m/s	1 m/s = 3,6 km/h

		Kraft	
Newton	N		$1\,N = 1\,kg \times m/s^2$
		Druck	
Bar	bar		$1\,bar = 100.000\,Pa$
Pascal	Pa		$1\,Pa = 0{,}00001\,bar$
		Temperatur	
Grad Celsius	°C		$T_{Celsius} = T_{Kelvin} - 273{,}15$
Kelvin	K		$T_{Kelvin} = T_{Celsius} + 273{,}15$

Ausbildungspark Verlag

Bettinastraße 69 • 63067 Offenbach am Main
Tel. (069) 40 56 49 73 • Fax (069) 43 05 86 02
E-Mail: kontakt@ausbildungspark.com
Internet: www.ausbildungspark.com

Copyright © 2020 Ausbildungspark Verlag – Gültekin & Mery GbR.
Alle Rechte liegen beim Verlag.

Das Werk, einschließlich aller seiner Teile, ist urheberrechtlich geschützt. Jede Verwertung außerhalb der engen Grenzen des Urheberrechtsgesetzes ist ohne Zustimmung des Verlages unzulässig und strafbar. Das gilt insbesondere für Vervielfältigungen, Übersetzungen, Mikroverfilmungen und die Einspeicherung und Verarbeitung in elektronischen Systemen.

Mit Ausbildungspark erfolgreich bewerben.

Der Testtrainer

Geeignet für alle Arten von Eignungs- und Einstellungstests, Fähigkeits- und Intelligenztests.

Testerfolg ist keine Glückssache!
… sondern eine Frage der Übung – mit dem Testtrainer.
Das unverzichtbare Handbuch für Ausbildung, Studium und Beruf zeigt, wie Sie Ihre Prüfung souverän meistern. Geeignet für alle Arten von Eignungs- und Einstellungstests, Fähigkeits- und Intelligenztests.

Optimal vorbereitet …

¬ **für alle Themenbereiche:**
Allgemeinwissen, Rechtschreibung und Grammatik, Sprachverständnis, Mathematik, Logik, technisches Verständnis, visuelles Denkvermögen, Konzentration, Merkfähigkeit, Persönlichkeitstest, Kreativität und viele mehr

¬ **durch Original-Testfragen:**
aus den aktuellen Auswahlverfahren namhafter Unternehmen und des öffentlichen Dienstes

¬ **mit mehr als 2.500 Aufgaben:**
inklusive ausführlich kommentierter Lösungen und zahlreicher Bearbeitungstipps

Lesen, verstehen, lösen. Bekämpfen Sie Prüfungsstress und Unsicherheit durch gezieltes Training – für eine Prüfung ohne böse Überraschungen!

Testtrainer
548 Seiten
ISBN 978-3-941356-03-0

19,95 €

Mit **Ausbildungspark**
erfolgreich bewerb

Testtrainer spezial
Prinzip verstanden, Aufgabe gelöst!

Optimal vorbereitet – für alle Prüfungsthemen: Die „Testtrainer spezial" zeigen kompakt und verständlich, wie man jede Aufgabe „knackt".

Zahlreiche Aufgaben: mit Erklärungen, Beispielen und Bearbeitungstipps.

Kommentierte Lösungen: Hintergründe und Zusammenhänge auf dem aktuellen Stand.

Originale Musterprüfungen: Sind Sie fit für Ihren Test?

Testtrainer Allgemeinwissen

364 Seiten
ISBN 978-3-95624-047-8

12,95 €

Testtrainer Konzentration und Merkfähigkeit

306 Seiten
ISBN 978-3-95624-045-4

12,95 €

Testtrainer Mathematik

308 Seiten
ISBN 978-3-95624-027-0

12,95 €

Testtrainer Deutsch

230 Seiten
ISBN 978-3-95624-042-3

12,95 €

Testtrainer Logisches Denken

304 Seiten
ISBN 978-3-95624-050-8

12,95 €

Das Vorstellungsgespräch zur Ausbildung
Die häufigsten Fragen, die besten Antworten – sicher zum Ausbildungsplatz

Die Pflichtlektüre fürs Bewerbungsgespräch: Praxisnah und verständlich zeigt dieses Handbuch, wie sich Ausbildungsbewerber in ihrem Auswahlinterview sicher in Szene setzen. Ohne Standardfloskeln – denn nur individuelle Antworten überzeugen den Personaler!

- **Die häufigsten Fragen:**
  über 100 Originalfragen zu Stärken und Schwächen, Sozialkompetenz, Schule und Werdegang, Berufswahl, Hobbys, Internetnutzung u. v. m.
- **Die besten Antworten:**
  Beispiele, Tipps und Strategien – wie Sie die Hintergründe einer Frage entschlüsseln, zielgerichtet reagieren und heikle Situationen souverän meistern
- **Die perfekte Vorbereitung:**
  Kleiderwahl, Branchen- und Betriebsrecherche, Stärken/Schwächen-Analyse
- **Der sichere Auftritt:**
  Gesprächsverhalten, Körpersprache und Etikette

Das Vorstellungsgespräch zur Ausbildung
378 Seiten
ISBN 978-3-95624-000-3

19,95 €

Mit **Ausbildungspark** erfolgreich bewerben.

Den Einstellungs- und Eignungstest zur Ausbildung üben – gezielt für Ihren Beruf

Unsere Prüfungspakete …

- umfassen **5 originale Musterprüfungen** zur optimalen Testsimulation.
- enthalten ein **Begleitbuch** mit ausführlich kommentierten Lösungen.
- bereiten Sie zielgerichtet auf Ihren Einstellungstest zur Ausbildung vor.
- bringen Ihre Allgemeinbildung auf den neuesten Stand und frischen Ihr prüfungsrelevantes Schulwissen auf.
- bekämpfen die Prüfungsangst – denn das beste Mittel gegen Prüfungsstress und Unsicherheit ist gezielte Vorbereitung.
- stehen für eine Prüfung ohne böse Überraschungen!

Den Eignungstest/Einstellungstest zur Ausbildung sicher bestehen: Mit den Ausbildungspark Prüfungspaketen üben Sie berufsspezifisch und effizient! Das Durcharbeiten der Prüfungen der letzten Jahre zeigt Ihnen, ob Ihr Kenntnisstand den Prüfungsanforderungen entspricht. Zudem vermeiden Sie böse Überraschungen, da fast alle aktuellen Prüfungsaufgaben so oder in ähnlicher Form schon einmal gestellt wurden.

- Mechatronik/Mechanik
- Elektronik
- Fahrzeugtechnik
- Dienstleistungskaufleute
- Kaufmännische Büroberufe
- Recht und Steuer
- Handel und Verkauf
- Industriekaufmann/-frau
- Bank, Sparkasse, Versicherung
- Informationstechnologie
- Kreative Berufe
- Grüne Berufe
- Spedition und Lager
- Handwerk
- Gastgewerbe
- Medizin
- Pflege und Gesundheit
- Polizei
- Feuerwehr
- Zoll
- Bundeswehr
- Öffentlicher Dienst

Der Einstellungstest/Eignungstest zur Ausbildung bei Polizei und Zoll
820 Seiten
ISBN 978-3-95624-040-9

39,90 €